Guida illustrata all'identificazione
VESPA
Illustrated guide to the identification

Guida illustrata all'identificazione
VESPA
Illustrated guide to the identification

Alessandro Pozzi

GIORGIO NADA EDITORE

Giorgio Nada Editore

Direzione editoriale
Editorial director
Leonardo Acerbi

Redazione
Editorial
Giorgio Nada Editore

Traduzione
Translation
Neil Davenport

Impaginazione e copertina
Layout and cover
Aimone Bolliger

© 2024 Giorgio Nada Editore, Vimodrone

Tutti i diritti riservati
È vietata la riproduzione dell'opera o di parti di essa in qualsiasi forma e con qualsiasi mezzo, compresa stampa, copia fotostatica, memorizzazione elettronica, riproduzione su internet, diffusione on line e qualsiasi altra forma di archiviazione, senza la preventiva autorizzazione scritta da parte di Giorgio Nada Editore Srl.

All rights reserved
The reproduction of this book or any part of it is forbidden in any form and by any means, including print, photocopying, electronic storage, reproduction or distribution online and any other form of archiving without prior written permission from Giorgio Nada Editore Srl.

Giorgio Nada Editore s.r.l.
Via Claudio Treves, 15/17
20055 VIMODRONE - MI - Italia
Tel. +39 02 27301126
Fax +39 02 27301454
E-mail: info@giorgionadaeditore.it
www.giorgionadaeditore.it

Allo stesso indirizzo può essere richiesto il catalogo di tutte le opere pubblicate dalla Casa Editrice.
The catalogue of Giorgio Nada Editore publications is available on request at the above address.

Vespa, guida illustrata all'identificazione
ISBN: 978-88-7911-935-1

Ringrazio la mia compagna Paola Basaglia per avermi sempre supportato, e anche sopportato, nella mia passione per la Vespa. Ringrazio per aver messo a disposizione le loro Vespa e le loro informazioni:

I would like to thank my partner Paola Basaglia for having supported, and indeed put up with, my passion for the Vespa. Thanks to the following for having made available their Vespas and their information:

Marco Fumagalli, Roberto Donati, Paolo Zanon, Aldo Benardelli, Mauro Pascoli, Stefano Biffi My Vintage, Michele Vecchi, Michele Iatalese Vintage & Derivati, Luca Coriani Vespazio, Antonio Cannone Old Garage, Gary del Puppo, Elia De Caro OMG, Simone Osto, Vincenzo d'Angelo, Oliver Ian Filio, Glenda Pascual Filio, Enrico Ceccarini, Francesco Astorino, Alberto Marzaioli, Gaetano Califano, Ferdinando Chianese, Mauro Calestrini, Gianluca e Andrea Arciuolo, Rosario Brilla, Rosario De Francesco, Antonio Fratianna, Fabio Cofferati, Lorenzo Bozzo, Claudio Gherbezza, Luca Pioli, Pierluigi Sposato, Giovanni Mauro Garage del Vespista, Mario Gelsomino Le Origini Restauri, Massimo Castiglione, Paolo Ferri, Riccardo Orizzonte, Giampaolo Molinari, Adriano Mancini, Giuliano Arrigoni, Fabio Gnecchi, Saverio Capozzi, Vincenzo Panico, Mimmo Peluso, Andrea Cavallo, Corrado Mantelli, Simone Toffaloni, Alessandro Momesso, Carmelo Chiaramida, Dario Aglietti, Giorgio Gentile, Luigi Muscà, Franco Canta, Valter Giordano, Salvo Genova, Diego Pozzi, Alaimo Santo Santino, Andrea Ferrari, Francesco Ligato, Fabiano Bortolato, Alessandro Faraglia, Emanuele Ciapetti, Nicola Chieppe, Stefano Bergamelli, Filippo Altieri, Fabio Caiani, Bruno Lorenzetti, Weber Richard, Pio D'Amore, Marco Pavan, Luca Assaloni, Antonio Anfuso, Roberto Vacchini, Alessandro Cheodarci, Andrea e Matteo Botrini, Gianluca Falvo, Vincenzo Fortunato, Davide Olgiati, Antonio Zoroddu, Dennis Tagliaferri, Luca Giussani, Gianluca Zandonà, Alessandro Faraglia.

Sommario • Summary

Guida alla consultazione • *Reference guide*	6
Prefazione • *Preface*	7
L'evoluzione del logo Piaggio / *The evolution of the Piaggio logo*	8
Paperino MP5	10
Prototipi MP6 - *MP6 Prototypes*	14
Vespa 98 MP6 L Serie Zero	18
Vespa 98 MP6 Normale	22
Vespa 98 MP6 Lusso	26
Vespa 125 - V0T/V1T/V11T/V12T/V13T/V14T/V15T	30
Vespa 125 - V30T/31T/32T/33T	34
Vespa 125 - VM1T	38
Vespa 125 - VM2T	42
Vespa 125 U - VU1T	46
Vespa 125 - VN1T	50
Vespa 125 - VN2T	54
Vespa 125 - VNA1T	58
Vespa 125 - VNA2T	62
Vespa 125 - VNB1T	66
Vespa 150 - VL1T/VL2T/VL3T	70
Vespa 150 T.A.P.	74
Vespa 150 - VB1T	78
VESPA 400 - V400	82
Vespa 150 - VBA1T	86
Vespa 150 GS - VS1T	90
Vespa 150 GS - VS2T/VS3T/VS4T	94
Vespa 150 GS - VS5T	98
Vespa 50 - V5A1T	102
Vespa 50 L - V5A1T	106
Vespa 50 SS - V5SS1T	110
Vespa 50 R - V5A1T	112
50 Special - V5A1T/V5B1T/V5A3T	116
Vespa 50 Elestart - V5A3T/V5B2T/V5B4T	122
Vespa 90 - V9A1T	126
Vespa 90 SS - V9SS1T	130
Vespa 125 - VNB2T/3T/4T/5T/6T	134
Vespa 125 Super - VNC1T	138
Vespa 125 GT - VNL2T	142
Vespa 125 Nuova - VMA1T	146
Vespa 125 Primavera - VMA2T	150
Vespa 125 GT R - VNL2T	154
Vespa 150 - VBB1T	158
Vespa 150 - VBB2T	162
VESPA 150 GL - VLA1T	166
Vespa 150 Super - VBC1T	170
150 Sprint - VLB1T/VLB2T	174
Vespa 150 Sprint Veloce - VLB1T	178
Vespa 160 GS - VSB1T	182
Vespa 180 SS - VSC1T	186
180 Rally - VSD1T	190
Vespa 125 Primavera ET3 - VMB1T	194
Vespa 125 TS - VNL3T	198
Vespa P125X - VNX1T	202
Vespa P150X - VLX1T	206
200 Rally - VSE1T	210
P200E - VSX1T	214
Vespa PX125E - VNX2T	218
Vespa PX150E - VLX1T	222
Vespa PX200E - VSX1T	226
Codici colore • *Colour codes*	230

Guida alla consultazione · Reference guide

▶ L'obiettivo di questo libro è quello di far conoscere al lettore tutti i dati relativi a:

Dati Matricolari
Nella prima pagina a sinistra di ogni scheda-modello troverete:
- totale esemplari prodotti
- dati della omologazione
- sigla motore
- sigla telaio
- numero di partenza numerazione telaio.

Igm e Dgm
IGM – Applicato nelle omologazioni da luglio/agosto del 1960, in seguito all'approvazione e pubblicazione del "nuovo" Codice della Strada con il D.P.R. del 15 giugno 1959, n. 393, pubblicato il 23/06/1959.
DGM – Il cambio di dicitura da I.G.M (Ispettorato Generale Motorizzazione Civile) a D.G.M. (Direzione Generale Motorizzazione Civile) è avvenuto in data 14/12/1967, in seguito alla pubblicazione della Legge 31 ottobre 1967 n. 1085, sulla Gazzetta Ufficiale n. 298 del 29-11-1967.
Prima del 1959 non compariva nessuna sigla ma faceva fede Atto n° e data che compare sulla scheda tecnica di omologazione del modello.

Posizione punzonatura sigla e n° telaio
Per ogni modello troverete la foto della posizione.

Posizione punzonatura sigla e n° motore
Per ogni modello troverete la foto della posizione.

Colori utilizzati
Da pagina 230 trovate tutti i nomi e i relativi codici e anni di utilizzo sui vari modelli.

Come individuare il giusto colore della propria Vespa?
Risalite prima di tutto al modello tramite la sua sigla, quindi con il numero di telaio cercate l'anno di produzione con il quale troverete i rispettivi codici colori.
Purtroppo in Piaggio non esiste un data base dei singoli numeri di telaio con il rispettivo colore applicato: l'unica soluzione è quella di incrociare l'anno di produzione con i codici colori utilizzati su quel modello e in quel periodo a Pontedera. Visto che per ogni modello, in un primo momento, veniva utilizzato un unico colore, più vecchio è l'anno di produzione più semplice sarà individuarlo. Via via in Piaggio cominciarono a utilizzare qualche tinta in più, ma solo verso la fine degli anni '60 iniziarono a impiegare parecchie colorazioni differenti per ogni modello. Adottare il colore corretto è anche molto importante per superare brillantemente l'ispezione degli esaminatori per l'iscrizione al Registro Storico Vespa o degli altri vari organi competenti che emettono un certificato di rilevanza storica.

▶ *The objective of this book is to make available to the reader all the data relating to:*

Registration details
On the left of the first page of every model file you will find:
- *Total No. of examples produced*
- *Homologation data*
- *Engine designation*
- *Frame Designation*
- *Frame numbering starting number*

IGM and DGM
IGM – Applied in homologations from July/August 1960, following approval and publication of the "new" Highway Code with the Presidential Decree of 15 June 1959, No. 393, published on 23/06/1959.
DGM – The change from the acronym I.G.M (Ispettorato Generale Motorizzazione Civile) to D.G.M. (Direzione Generale Motorizzazione Civile) took place on 14/12/1967, following publication of the Law of 31 ottobre 1967 No. 1085 in the Gazzetta Ufficiale No. 298 of 29/11/1967. Prior to 1959, no abbreviation appeared but the Act number and date that appeared on the model's homologation file was binding.

Frame designation and number stamp position
You will find a photo of the position for each model.

Engine designation and number stamp position
You will find a photo of the position for each model.

Colours used
From page 230 you will find the names and relative codes and years used on the various models.

How should you identify the correct colour for your Vespa?
Firstly, find the model through its designation and then use the frame number to find the year of production with which you will find the respective colour codes.
Unfortunately, Piaggio does not have a database of individual chassis numbers with the respective colour applied: the only solution is to cross-reference the year of production with the colour codes used at Pontedera on that model and at that time. Since only one colour was used for each model at first, the older the year of production, the easier it will be to identify the correct colour. Piaggio gradually began to introduce more colours, but only towards the end of the 1960s did they begin to use numerous different liveries for each model. Adopting the correct colour is also very important if you wish to pass the inspection of the examiners for enrolment in the Registro Storico Vespa or the various other competent bodies issuing certificates of historical significance.

Prefazione • Preface

Vespa. Non l'insetto pungente ma quello strano e fumante trabiccolo nato nell'immediato dopoguerra, capolavoro di semplicità ed efficienza, conosciuto e apprezzato nel mondo intero, compagno di vita di intere generazioni, protagonista di epico dualismo con la rivale Lambretta e chi più ne ha più ne metta. Oggi la Vespa si è adeguata al progresso tecnologico e sociale, ma quanti ancora ricordano con piacere e nostalgia "la Vespa", quella ancora fumante e fedele alla scocca in metallo, al cambio a manopola sul manubrio, al rubinetto della benzina e alla ruota di scorta… Sulla storia e sulle vicende legate allo scooter più famoso del mondo si sono versati fiumi di inchiostro: non tutte le ciambelle sono riuscite col buco perché non è difficile incappare in imprecisioni che non sfuggono agli intenditori e collezionisti più attenti. Questo non per cattiva informazione o superficialità di chi si è cimentato nello scrivere di Vespa ma perché alcuni dati (come ad esempio numeri di telaio e colori) sono tutt'oggi argomento di discussione per singoli modelli.

In questo panorama si inserisce alla grande l'opera di Alessandro Pozzi, appassionato di Vespa come pochi e autore di un'impresa titanica: non più la storia e la cronologia di modelli più o meno approfondite, ma una guida al riconoscimento con fotografie dei vari modelli di Vespa e loro anno di produzione attraverso le variazioni di particolari come scritte, tachimetri, organi meccanici, gruppi ottici, colori, devioluci e quant'altro.

Un'opera davvero unica che ha richiesto mesi di duro lavoro, a cui – non ho dubbi – arriderà un sicuro e meritato successo.

Aldo Benardelli

Vespa. The wasp, not the stinging insect, but that strange, smoky contraption born in the immediate post-war period, a masterpiece of simplicity and efficiency, known and appreciated the world over, a lifetime companion for entire generations, a protagonist of an epic duel with its rival Lambretta and so on and so forth. Today, the Vespa has adapted to technological and social progress, but how many still remember with pleasure and nostalgia "the" Vespa, the one that is still smoking and still retains the metal bodywork, the handlebar grip shift, the fuel tap and the spare wheel… Rivers of ink have been spilled on the history and events associated with the world's most famous scooter: there is an expression in Italian whereby not every donut comes out with a hole and in fact it is not rare to come across inaccuracies that do not escape the most attentive connoisseurs and collectors. This is not so much down to misinformation or superficiality on the part of those who have tried their hand at writing about Vespas, but because certain data (such as frame numbers and colours) are still the object of debate today for individual models.

This major work by Alessandro Pozzi, a Vespa enthusiast like few others and author of a titanic feat, fits perfectly into this panorama: not a history and chronology of models treated in greater or lesser depth, but an identification guide with photographs of the various Vespa models and their year of production with all the detail variations such as badging, speedometers, mechanical organs, lighting units, colours, switchgear and so on.

A truly unique book that has required months of hard work that, I have no doubt, will enjoy certain and well deserved success.

Aldo Benardelli

L'evoluzione del logo Piaggio • The evolution of the Piaggio logo

Nello sperimentale MP6 n° 2 compare il logo Piaggio con ali dorate, ancora strettamente legato al passato aeronautico dell'azienda. Compare per la prima volta la scritta Vespa (disegno del 20 febbraio 1946) su uno degli ultimi tre prototipi MP6 dei sei costruiti, ma non era ancora presente lo scudetto Piaggio. Anche sulle pubblicità e sulle immagini date alla stampa si spingeva più sul nome Vespa che su quello dell'azienda.

Lo studio del logo Piaggio

Si è partiti dallo scudo francese moderno, detto anche scudo sannitico moderno, che è uno scudo di forma rettangolare i cui angoli inferiori sono arrotondati da archi di cerchio con raggio di mezzo modulo. Lo scudo è diviso in due campi, con una barra diagonale. I due campi presentano due tonalità di colore, l'azzurro scuro in alto e l'azzurro chiaro in basso. Riportavano la P maiuscola sul campo superiore e sul campo inferiore il nome esteso PIAGGIO con sotto la scritta GENOVA.

Gli scudetti

I primissimi scudetti da applicare allo scudo erano leggermente più stretti e alti, poi modificati leggermente, smaltati e commissionati, e prodotti, per tutto il 1946, dalla ditta Lorioli di Milano. dal 1947 vengono poi utilizzati scudetti laccati, prodotti anche dalla ditta milanese Paccagnini.
A metà circa degli anni '50 viene tolta la scritta GENOVA, mentre rimane invariato il resto.

Cambia il logo Piaggio

Dal 1° ottobre del 1967 il logo Piaggio cambia e lo troviamo sempre posizionato in mezzo allo scudo. Non più rettangolare, viene ridisegnato dall'arch. De Silva di Torino in forma esagonale e viene così descritto nel volume *Il libro della Comunicazione* di Maurizio Boldrini e Omar Calabrese: «*Il marchio fu realizzato con un'immagine molto sintetica, un esagono con uno stelo, che tuttavia richiama in qualche modo anche il frutto dell'elaborazione grafica della lettera P, espansa in modo da ottenere un disegno geometrico con una quasi simmetria attorno all'asta centrale. La geometria è angolare, come andava di moda nell'era della optical art, e al tempo stesso forma quasi il disegno di una pista (del resto esistente nella fabbrica di Pontedera)*».
Un marchio moderno che traghetterà tutti i modelli nel nuovo decennio degli anni '70.

The experimental MP6 No. 2 carried the Piaggio logo with the gilded wings, still closely associated with the firm's aeronautical past. The Vespa name appeared for the first time (drawing from the 20th of February 1946) on one of the last three of the six MP6 prototypes constructed, but the Piaggio shield logo was not yet present. The promotional material and the photos sent to the press also insisted on the Vespa name rather than that of the company.

Designing the Piaggio logo

The basis was the modern French shield, also known as the modern Samnite shield with a rectangular shape, with the lower corners rounded with arcs of a circle the radius of which is a half module. The shield was divided diagonally into two fields. The two fields present two shades of blue, dark at the top and light at the bottom. They carried a capital P on the upper field with the full name PIAGGIO and GENOVA on the lower.

The shields

The very first shield badges to be applied to the leg shield were slightly narrower and taller, later modified slightly, commissioned, enamelled and produced throughout 1946 by the Lorioli firm of Milan. From 1947, lacquered shields were used, also produced by the Milanese company Paccagnini.
Around the middle of the 1950s, the GENOVA lettering was removed with the rest of the design unchanged.

The Piaggio logo changes

From the 1st of October 1967, the Piaggio logo changed but continued to be positioned in the centre of the leg shield. No longer rectangular, it was redesigned by the architect De Silva of Turin with a hexagonal shape. It was described as follows in Il libro della Communciazione by Maurizio Boldrini and Omar Calabrese: "The logo was created with a very simple image, a hexagon with a symbol that was in a way the fruit of the graphic development of the letter P, expanded so as to obtain a geometric, almost symmetrical design about the central axis. The geometry is angular, as was fashionable in the era of optical art while at the same time it almost forms the layout of a track (actually existing in the Pontedera factory)".
A modern logo that was adorn all the models of the new decade, that of the 1970s.

▲ Il logo Piaggio con ali dorate.
Il logo Piaggio con ali dorate.

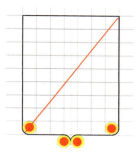

▲ Lo scudo sannitico moderno.
Lo scudo sannitico moderno.

▼ Lo scudetto smaltato dalla ditta Lorioli di Milano.
Lo scudetto smaltato dalla ditta Lorioli di Milano.

▼ Lo scudetto laccato della ditta Paccagnini di Milano.
Lo scudetto laccato della ditta Paccagnini di Milano.

▼ La scritta GENOVA viene tolta.
La scritta GENOVA viene tolta.

UN MARCHIO NUOVO PER UNA SOCIETÀ CHE SI RINNOVA

Piaggio: un imponente complesso industriale all'avanguardia nel settore della motorizzazione leggera. Capitale sociale: L. 5.000.000.000 — oltre 6.000 dipendenti — sede Centrale a Genova — stabilimenti in Toscana, a Pisa ed a Pontedera su una superficie totale di oltre 530.000 mq. Produce motorscooters «Vespa» motofurgoni «Ape» - ciclomotori «Ciao». Esporta in 120 Paesi, assicura l'efficienza dei suoi prodotti con una rete di oltre 10.000 punti vendita-service nel mondo, di cui 4.700 in Italia.

◀ La pagina pubblicitaria del nuovo logo.
La pagina pubblicitaria del nuovo logo.

▲ Rimane una sola tonalità di azzurro per il nuovo e moderno scudetto.
Rimane una sola tonalità di azzurro per il nuovo e moderno scudetto.

▲ Un marchio dalla grafica semplice che rimarrà nella storia.
Un marchio dalla grafica semplice che rimarrà nella storia.

Paperino MP5

▶ Il progetto fu affidato all'ing. Renzo Spolti che ispirandosi alla linea del Simat, scooter prodotto dall'ing. Vittorio Belmondo a Torino nel 1941, a fine agosto del 1944, negli stabilimenti Piaggio a Biella, elaborò il primo disegno riguardante un nuovo progetto di scooter. Il Simat era equipaggiato da un motore Sachs 98 cc dotato di un cambio a due velocità, comandato da una leva posta al centro della scocca. Era dotato di ampie pedane e privo di cavalletto: lo si parcheggiava coricandolo di lato.

MP5 e perché 5?

È risaputo che MP sia l'acronimo di Motocicletta Piaggio, ma ai più era sconosciuto perché fosse stato utilizzato il n° 5. Consultando il registro dei disegni MP1 – 5, in cui sono inventariati 1.200 disegni, Paolo Zanon e Roberto Donati sono giunti alla conclusione che MP5 fosse il susseguirsi di studi e tentativi di progettazione che hanno via via assunto codici numerici crescenti.

In nessun documento vi è traccia del nome Paperino. Il collaudatore Natale Biasci affermò di essere stato lui, insieme al collega Miro Mori, a chiamarlo così, senza motivarne il perché… forse in riferimento alla Fiat 500 soprannominata a sua volta Topolino?

Solo il primo prototipo assemblato da Renzo Spolti nel 1945 montava il motore Sachs 98 cc in posizione centrale. Nel frattempo la Piaggio progettava un nuovo motore, sempre di cilindrata 98, dotato di un ampio convogliatore d'aria per raffreddare il gruppo termico e con messa in moto a spinta. Una curiosità è che il sistema di raffreddamento tramite convogliatore, utilizzato sul Paperino, non fu poi adottato sulla prima MP6 sperimentale.

Tanti i progetti intrapresi per il Paperino dall'ing. Renzo Spolti dopo aver studiato a fondo gli scooter americani dotati di cambio automatico e trasmissione a cardano. I primi prototipi, infatti, adottavano questa soluzione, ma poi si optò per la trasmissione a catena moto più semplice da realizzare.

Contemporaneamente la Piaggio sperimentava sia il cambio automatico che quello manuale a due marce.

Non esiste un dato certo sulla produzione totale di Paperino, si sa che era stata preventivata la costruzione di un centinaio di esemplari, ma il numero preciso di quelli realizzati è sconosciuto.

▲ Lo scooter Simat dell'ing. Vittorio Belmondo: notare la leva del cambio posizionata davanti alla sella nel centro della scocca.

The Simat scooter by Ing. Vittorio Belmondo: note the gear lever positioned in front of the seat, in the centre of the frame.

▶ *The design of the Paperino was entrusted to Ing. Renzo Spolti who, drawing inspiration from the styling of the Simat, a scooter produced by Ing. Vittorio Belmondo in Turin in 1941, developed the first drawing relating to a new scooter project in late August 1941. The Simat was powered by a 98 cc Sachs engine equipped with a two-speed gearbox controlled via a lever placed in the centre of the frame. It featured broad footplate but was not fitted with a stand: it was parked by leaning it on its side.*

MP5: why 5?

It is well known that MP is an acronym for Motocicletta Piaggio, but most were unaware why the number 5 was used in the name. Consulting the register of drawings MP1 – 5, containing an inventory of 1,200 drawings, Paolo Zanon and Roberto Donati came to the conclusion that MP5 derived from the succession of studies and design stages that were assigned progressive numerical codes.

There is no trace of the name Paperino (Donald Duck) in any document. The test rider Natale Biasci claims that it was him, together with his colleague Miro Mori, who coined the name, without explaining why… Perhaps in reference to the Fiat 500 which was of course nicknamed Topolino (Mickey Mouse)?

Only the first prototype, assembled by Renzo Spolti in 1945, was fitted with the 98 cc Sachs engine, mounted centrally. In the meantime, Piaggio was working on a new engine, again with a displacement of 98 cc, equipped with a large air duct designed to cool the cylinder assembly and push starting. An interesting fact is that the cooling system with a duct used on the Paperino was not adopted on the first experimental MP6.

Numerous designs were developed by Ing. Renzo Spolti for the Paperino following in-depth study of American scooters with automatic transmission and shaft drive. The first prototypes, in fact, adopted this system, but the firm then opted for a chain drive as it was simpler to manufacture.

At the same time, Piaggio was experimenting with both autavailable transmission and a manual two-speed gearbox.

There is no reliable figure for the total production of the Paperino; it is well-known that the construction of around a hundred examples was provided for, but

▶ Il Paperino n° di telaio 0554 di proprietà del collezionista Roberto Donati.
Paperino with frame number 0554 owned by the collector Roberto Donati.

▼▶ Il Paperino n° di telaio 0510 esposto al Museo Piaggio a Pontedera.
Paperino with frame number 0510, exhibited at the Museo Piaggio in Pontedera.

anni '40

L'unica certezza a oggi è che esistono solo due esemplari riportanti i n° di telaio 0510 e 0554, per cui è lecito pensare che la numerazione iniziasse da 0500.
L'esemplare di proprietà di Roberto Donati n° 0554 è dotato di cambio a 2 marce, azionato da una manetta posizionata dalla parte dell'acceleratore, e di trasmissione a catena; quello esposto al Museo Piaggio n° 0510 riporta entrambe le caratteristiche pensate inizialmente da Spolti: cambio automatico e trasmissione a cardano (non avendo il cambio, è sprovvisto della manetta a sinistra dell'acceleratore).

Bibliografia
Cft Roberto Donati, Paolo Zanon *Vespa Risorgere su due ruote*, Edizioni TEP, Piacenza, 2010.
Cft Paolo Zanon *Piaggio dal cielo alla terra*, Edito da New Print, Portogruaro, 2016.

▲ In questa foto si può notare che lo scudo è fissato con delle viti al resto della scocca. In mezzo al tunnel centrale troviamo uno sportellino che consente di accedere alla zona motore.
This photo shows how the leg shield is attached to the frame with screws. At the centre of the central tunnel we find a hatch allowing access to the engine.

▲ Il devioluci è dotato di due posizioni e non è previsto nessun pulsante del clacson non essendo in dotazione su questo mezzo.
The light switch has two positions while no horn button is provided as the accessory was not fitted to this vehicle.

the precise number that actually came off the line is unknown.
The only certainty to date is that just two examples survive, carrying frame numbers 0510 and 0554, hence it is reasonable to surmise that the numbering began with 0500.
The example owned by Roberto Donati No. 0554 is equipped with a two-speed gearbox, actuated via a lever positioned near the accelerator and chain drive; the example on show in the Museo Piaggio, No. 0510, boasts both features originally conceived by Spolti: automatic transmission and shaft drive (given that it was not fitted with a manual gearbox it had no need of the lever to the left of the throttle).

Bibliography
Cf Roberto Donati, Paolo Zanon, Vespa Risorgere su due ruote, *Edizioni TEP, Piacenza, 2010.*
Cf Paolo Zanon Piaggio dal cielo alla terra, *published by New Print, Portogruaro, 2016.*

▲ Per accedere al tappo del serbatoio bisogna sollevare la sella sbloccandola azionando una levetta posizionata sotto la piastra di battuta delle molle.
In order to acess the fuel filler cap you have to raise the seat, unlocking it via a lever located below the spring plate.

▼ Il n° di telaio si trova sulla piastra di battuta delle molle, su cui troviamo punzonato P5 0554.
The frame number P5 0554 is punched into the spring plate.

▲ Sulla destra troviamo il pedale che aziona il freno posteriore a tamburo.
On the right we find the pedal actuating the rear drum brake.

▲ L'acceleratore e la leva del freno anteriore; l'esemplare del Museo Piaggio, non avendo il cambio, è sprovvisto della manetta vicino all'acceleratore.
The throttle and the front brake lever; as the example in the Museo Piaggio has an automatic transmission, it is not fitted with the lever near the throttle.

▶ L'esemplare di Roberto Donati dotato di cambio ha la levetta che consente il cambio di marcia, posizione non proprio comoda che costringe a lasciare la presa della manopola del gas.
Roberto Donati's example equipped with a gearbox has the gear change lever, located rather inconveniently as you have to let go of the throttle to change gear.

▶ Particolare del tamburo posteriore con il cavo che lo aziona collegato al pedale sulla pedana. Dall'altra parte troviamo saldata la corona della trasmissione.
Close-up of the rear drum with the cable actuating it connected to the pedal on the footplate. The transmission sprocket is welded on the other side.

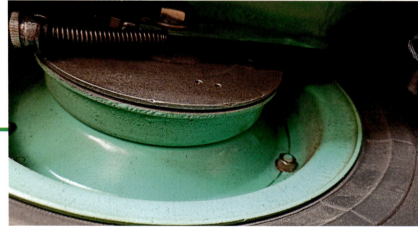

▲ I cerchioni delle ruote sono del tipo scomponibile e incorporano il freno a tamburo. Non sono intercambiabili in quanto sul cerchio posteriore è saldata la corona della trasmissione a catena.
The wheel rims are detachable and incorporate the drum brake. They are not interchangeable, however, as the chain drive sprocket is welded to the rear wheel.

▼ Solo il primo prototipo assemblato nel 1945 montava un motore Sachs 98 cc, mentre nella foto vediamo il motore della stessa cilindrata progettato dalla Piaggio.
Only the first prototype, assembled in 1945, was fitted with a 98 c Sachs engine; this photo shows the engine of the same displacement designed by Piaggio.

▲ Sulla sinistra troviamo una griglia da dove il motore, dotato di un ampio convogliatore d'aria per raffreddare il gruppo termico, aspira aria.
On the left we find a grille from where the engine, equipped with a large duct cooling the cylinder assembly, draws in air.

▲ La marmitta è fissata tramite un collare alla filettatura posta sul cilindro in ghisa.
The silencer was attached to the thread on the cast-iron cylinder via a collar.

Prototipi MP6 - MP6 Prototypes

Pochi sanno che l'Alfa Romeo ha prodotto i lamierati della scocca della Vespa per la Piaggio dal 1946 fino alla fine del 1949. Ebbene sì, i due prestigiosi marchi italiani hanno collaborato in modo significativo nello sviluppo della carrozzeria dello scooter, due aziende che cercavano di rinascere dopo la Seconda guerra mondiale. La Piaggio aveva delocalizzato la produzione a Biella poiché gli stabilimenti di Pontedera erano stati pesantemente danneggiati durante il conflitto. Sorte simile ebbe lo stabilimento Alfa Romeo del Portello con il mercato delle automobili praticamente fermo. L'Italia usciva fiaccata da quella guerra, con città, strade e ponti distrutti. Bisognava diversificare la produzione e mentre Enrico Piaggio provava con gli scooter, con il Paperino MP5 del 1945 e poi con il prototipo MP6, in Alfa Romeo, Pasquale Gallo differenziò la produzione fabbricando cucine a gas ed elettriche, infissi metallici, motori elettrici, respingenti per carrozze ferroviarie, mobili e manufatti vari. Nel 1945, con i componenti automobilistici non andati distrutti dai bombardamenti si ricominciò a produrre la 6C 2500, dalla linea elegante e tondeggiante nelle sue varie versioni. Enrico Piaggio da parte sua, scartata l'idea di produrre il Paperino, si rivolse a Corradino d'Ascanio perché sviluppasse qualcosa di diverso. Ne venne fuori il progetto MP6: via il tunnel centrale, via la catena, con il motore che diventa un corpo univo con la ruota posteriore. Al posto della doppia forcella anteriore del Paperino optò per un monotubo a sbalzo come i carrelli di atterraggio degli aerei. Per ultimo, il cambio al manubrio che si poteva azionare con la sola mano sinistra. A questo punto Enrico Piaggio si concentrò sulla MP6 e già dai primi giorni di gennaio 1946 aveva deciso che la Vespa sarebbe stata fabbricata in ben 5.000 esemplari. Un progetto ambizioso che nello stesso tempo si dimostrò lungimirante visto poi il successo ottenuto. Muoversi, infatti, in giro per l'Italia sulle poche strade disponibili con uno scooter leggero e agile era effettivamente più semplice ed economico. Il problema era produrre in serie la Vespa.

Il primo prototipo sperimentale MP6, assemblato artigianalmente a Biella, era stato collaudato, altri cinque costruiti a Pontedera modificati e migliorati, e alla fine si arrivò alla soluzione del raffreddamento a circolazione forzata con la ventola applicata al volano. Ma con la produzione artigianale giornaliera non si poteva certo pensare e sperare di fare grandi numeri e, soprattutto, i costi produttivi erano troppo alti. In Piaggio si cercò un'azienda che fosse in grado di stampare i lamierati della scocca con i dirigenti "armati" di disegni, che erano al lavoro per individuare il produttore più idoneo, dotato delle presse non presenti in Piaggio. Nel frattempo, una ventina di esemplari della cosiddetta Serie Zero furono assemblati. In questi esemplari le forme dei lamierati venivano modellate a colpi di martello sopra stampi che potevano

It is not widely known that Alfa Romeo produced the Vespa body panels for Piaggio from 1946 though to the end of 1949. The two prestigious Italian companies in fact collaborated significantly on the development of the scooter's bodywork, with both intent on rebuilding after the Second World War. Piaggio had relocated production to Biella and the Pontedera plant had been heavily damaged during the war. A similar fate befell Alfa Romeo's Portello plant and the market for car was stagnating. Italy came out of that war exhausted, with cities, roads and bridges destroyed. It was necessary to diversify production and while Enrico Piaggio tried scooters, with the Paperino MP5 of 1945 and then the MP6 prototype, at Alfa Romeo, Pasquale Gallo turned to the manufacturing of gas and electric cookers, metal fixtures, electric motors, buffers for railway carriages, furniture and various other fabricated articles. In 1945, production of the 6C 2500 with its elegant, rounded lines in its various versions was restarted, using automotive components that had not been destroyed by the bombing. Enrico Piaggio for his part, having discarded the idea of producing the Paperino, turned to Corradino d'Ascanio to develop something different. The result was the MP6 project, which did away with the central tunnel and the chain, while the engine became a single integrated unit with the rear wheel. Instead of the Paperino's double front fork, d'Ascanio opted for a cantilevered monotube like that used on aircraft landing gear. Lastly, the handlebar gear change could be operated with just the left hand. At this point Enrico Piaggio focused on the MP6 and by early January 1946 had already decided that as many as 5,000 Vespas would be made. While this was an ambitious project it eventually proved to be far-sighted given its success. Getting around Italy on the few roads available with a light and agile scooter was indeed easier and cheaper. The problem was mass-producing the Vespa.

The first experimental MP6 prototype hand-assembled in Biella had been tested, five others built in Pontedera had been modified and improved and in the end forced air cooling with the fan attached to the flywheel was the way to go. However, with day-to-day artisan production, one could hardly think or hope to make large numbers and, more to the point, production costs were too high. Piaggio therefore needed a company capable of pressing the body panels and its managerial staff, "armed" with drawings set about identifying the most suitable manufacturer equipped with the presses that were not available at Piaggio. Meanwhile, some 20 examples of the so-called Zero Series were assembled. On these examples, the sheet metal forms

▲ La forma della Vespa comincia a prendere... forma.
The shape of the Vespa begins to take... shape.

▲ Uno dei prototipi esposti al Museo Piaggio con ancora il logo di ispirazione aeronautica.
One of the prototypes exhibited at the Piaggio Museum, still carrying the aeronautically-inspired logo.

▼ La differenza dal Paperino è evidente.
The difference with respect to the Paperino is clear.

▲ L'ispirazione al monotubo a sbalzo come i carrelli di atterraggio degli aerei.
The inspiration for the cantilevered single tube came from aircraft undercarriage.

▶ Ormai è quasi Vespa.
This is getting close to the Vespa.

15

anni '40

essere sia in legno che metallo. Le lamiere, una volta rifilate, venivano poi saldate "testa con testa", una procedura che, come si può intuire, comportava uno spreco di tempo inammissibile per un veicolo destinato a una produzione dai grandi numeri. L'accordo fu concluso appunto con l'Alfa Romeo di Milano che si attivò, disegni alla mano, a produrre gli stampi consegnando poi i primi lamierati in leggero ritardo, non il 10 febbraio, come da accordi, ma alla fine di marzo. Per porre rimedio a questo slittamento, in Piaggio non rimasero fermi e alla ventina di esemplari già prodotti se ne aggiunsero altri quaranta, arrivando a un totale di ben sessanta Vespa 98 montate. La versione poi assemblata con i nuovi lamierati arrivati dall'Alfa Romeo si differenziava per una più pratica soluzione di montaggio della scocca attraverso la saldatura per sovrapposizione. Per aggraziare le giunture e dare maggior rigidità alla scocca, sui due lamierati più importanti (copertura superiore e diaframma anteriore), fu prevista anche una nervatura che sarebbe poi diventata caratteristica di tutte le Vespa costruite fino alla primavera del 1950.

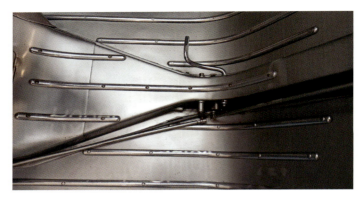

◀ Nove strisce pedana in alluminio senza gomma. Curioso il pedale del freno a sinistra.
Nine aluminium footboard runners without rubber. Curiously, the brake pedal is on the left.

▼ Il cambio al manubrio si poteva azionare con la sola mano sinistra.
The gear shift on the handlebar could be actuated with just the left hand.

▼ I tecnici pensavano che grazie alla posizione laterale del motore fosse sufficiente aprire delle feritoie sul cofano. Il raffreddamento si dimostrò in realtà quasi inesistente a causa dell'ampio scudo che impediva all'aria di lambire il motore del veicolo in corsa.
The engineers felt that thanks to the side-mounted engine, it would be sufficient to open louvres in the side panel. In reality, cooling proved to be virtually non-existant due to the broad leg shield which prevented the air from flowing over the vehicle's engine when on the move.

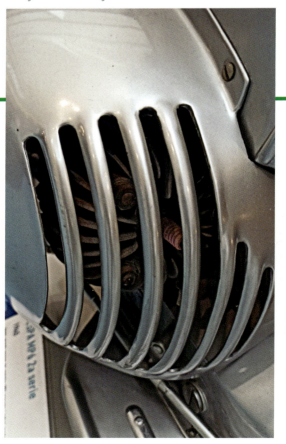

▲ La marmitta del prototipo che usciva lateralmente con il lungo tubo di scarico.
The silencer of the prototype that emerged from the side with the long exhaust pipe.

were hammered out over dies of either wood or metal. Once the panels had been cleaned up, they were then butt welded, a procedure which, as you might imagine, was unacceptably time-consuming for a vehicle destined for large-scale production. An agreement was signed with Alfa Romeo of Milan, which, drawings in hand, set about producing the dies and then delivered the first sheet metal panels, not on 10 February as agreed, but slightly later, at the end of March. To make up for this delay, Piaggio did not stand still and another 40 were added to the 20 or so already produced, bringing the total to 60 assembled Vespa 98s. The version then assembled with the new panels delivered by Alfa Romeo differed in that the more practical lap welding technique was used. To make the joints more attractive and lend greater rigidity to the body, a rib was added to the two most important panels (upper cover and front diaphragm), there was also a rib that would later become characteristic of all Vespas built through to the spring of 1950.

▲ Avantreno quasi definitivo.
The front end was almost definitive.

▲ Zero: luce spenta; 1; luce piccola; 2 luce grande; pulsante avvisatore (clacson).
Zero: light off; 1: small light; 2: large light; horn button.

▼ I cofani sono più bassi e meno capienti. Mancava poco alla Vespa 98 Serie Zero.
The side panels were lower and less capacious. We were now close to the Zero Series of the Vespa 98.

▲ Due grandi marchi italiani insieme nel progetto.
Two great Italian marques come together for this project.

▼ Sportellino vano carburatore e leva a strappo del rubinetto del serbatoio.
The carburettor access hatch and the pull-action fuel tap.

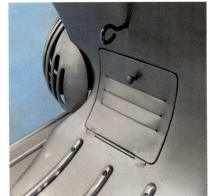

▼ Questo è l'aspetto delle 98 Serie Zero costruite artigianalmente alla Piaggio.
This was how Piaggio's artisan-built 98 Serie Zero looked.

▲ Vespa di serie: nelle 98 di serie si può notare la nervatura che segue la forma della scocca, i lamierati provenienti dalla Alfa Romeo.
Production Vespa: on the production 98, we can see the rib that follows the shape of the body, the panels having been supplied by Alfa Romeo.

Vespa 98 MP6 L Serie Zero

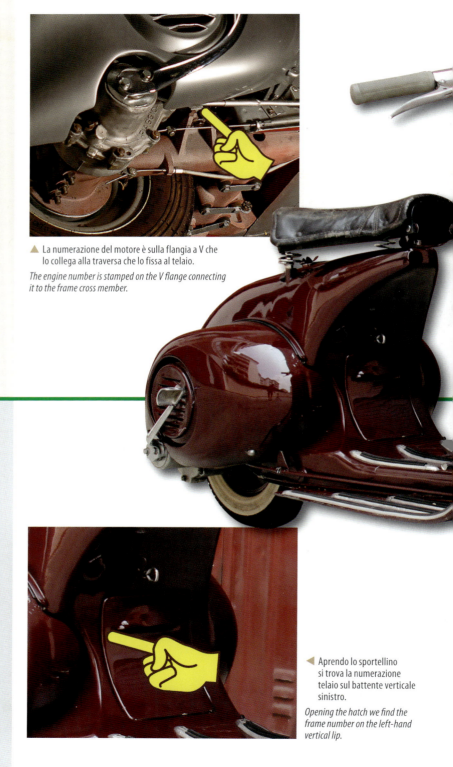

In genere e in modo superficiale, per la Vespa si fissa come data di nascita il 23 aprile 1946 solo perché allora venne depositato il "Brevetto di utilità". A onor del vero il primo debutto ufficiale avvenne il 24 marzo 1946 alla Fiera della Meccanica e Metallurgia a Torino dove furono anche stipulati diversi contratti di vendita. L'esemplare di queste pagine è del maggio 1946, una Serie Zero telaio n° 1048 e motore 00048, nella elegante colorazione Amaranto. Un colore raro, ottenibile su ordinazione con sovraprezzo, abbinato a gomme con fascia bianca. La numerazione dei telai parte da 1001 per cui è la quarantottesima prodotta. Bisogna specificare che in Piaggio non classificarono mai le Vespa 98 con delle serie ma, come ampiamente documentato nel libro *Risorgere su due ruote* di Roberto Donati e Paolo Zanon, solo le prime 60 furono contraddistinte come Serie Zero. Solo questa serie di esemplari si presenta con una scocca liscia, dovuta a un dispendioso e complicato sistema di saldatura delle lamiere, soluzione poi abbandonata con l'arrivo delle scocche stampate da Alfa Romeo. Le scocche di questi primi 60 esemplari artigianali sono composte da 8 lamierati ottenuti

▲ La numerazione del motore è sulla flangia a V che lo collega alla traversa che lo fissa al telaio.
The engine number is stamped on the V flange connecting it to the frame cross member.

98 MP6	
Totale esemplari prodotti *Total no. of examples produced*	
60	

98 MP6 L	
1.001 a/to 1060	1946

Generally and rather superficially, the 23rd of April 1946 has been established as the date of birth for the Vespa simply because this was when the "Utility Patent" was filed. In truth, the first official debut had already taken place on the 24th of March 1946 at the Mechanics and Metallurgy Fair in Turin, where several sales contracts were actually signed. The example on these pages is from May 1946, a Serie Zero frame No. 1048 with engine No. 00048, in the elegant Amaranth maroon colour scheme. A rare colour, available to order at extra cost, combined with white-wall tyres. The chassis numbering started at 1001, making this the 48th produced. It should be specified that Piaggio never subdivided the Vespa 98 production into series although, as amply documented in the book Risorgere su due ruote, by Roberto Donati and Paolo Zanon, the first 60 only were distinguished as Serie Zero. This batch only had a smooth bodyshell, thanks to a costly and complicated system of welding the sheet metal panels, something later abandoned with the arrival

◀ Aprendo lo sportellino si trova la numerazione telaio sul battente verticale sinistro.
Opening the hatch we find the frame number on the left-hand vertical lip.

▼ Una linea invariata dal 1946 che continua a riscuotere successo.
A livery unchanged since 1946 that continues to enjoy great success.

▲ L'eleganza della colorazione Amaranto e delle gomme con fascia bianca.
The elegance of the Amaranto maroon livery with white-wall tyres.

▶ La Serie Zero era realizzata in modo artigianale saldando 8 lamierati che venivano modellati dai battilastra a colpi di martello sopra stampi di legno. Le lamiere poi venivano saldate "testa con testa".
The Serie Zero was craft-produced, with eight panels being hand beaten over wooden dies and then welded together. The panels were butt welded.

manualmente dagli operai battilastra della Piaggio, questo perché Alfa Romeo era in ritardo nella prima consegna. Il cofano motore asportabile è fissato tramite 2 pulsanti applicati a linguette di metallo elastiche (pigiando i pulsanti si abbassano e permettono al cofano di essere tolte), sostituiti poi da 2 clips tra i telai 2150/2190 circa. Nelle prime 600 il numero di telaio è punzonato sul battente verticale sinistro dello sportello vano carburatore. Poi passa sulla punta della scocca anteriore, sotto la sella, per tutta la produzione.

▲ Zero: luce spenta; 1: luce piccola, 2: luce grande; pulsante avvisatore (clacson).
Zero: light off; 1: small light; 2: large light; horn button.

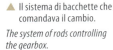

▲ Il sistema di bacchette che comandava il cambio.
The system of rods controlling the gearbox.

◀ Il cambio al manubrio che si può azionare con la sola mano sinistra.
The gear shift on the handlebar could be actuated with just the left hand.

▼ La scocca liscia delle Serie Zero: a destra sul cofano motore si vede uno dei due pulsanti che permettono allo stesso di essere tolto. La forma simile al corpo dell'insetto vespa generò la leggenda secondo la quale Enrico Piaggio, guardandola per la prima volta, esclamò "Sembra una Vespa!!!". Da li la scelta del nome.
The smooth frame of the Serie Zero, on the right on the engine cover can be seen one of the two buttons allowing the cover to be removed. The shape resembling the body of a wasp was responsible for the legend whereby Enrico Piaggio, seeing it for the first time, exclaimed "It looks like a Wasp!!!". Hence the choice of name.

▼ La pedivella dritta e rivolta verso l'alto.
The straight, up-turned footboard.

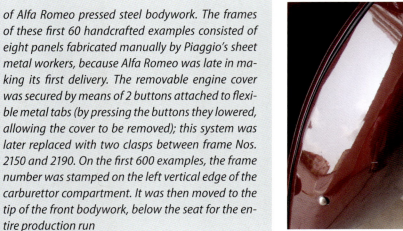

of Alfa Romeo pressed steel bodywork. The frames of these first 60 handcrafted examples consisted of eight panels fabricated manually by Piaggio's sheet metal workers, because Alfa Romeo was late in making its first delivery. The removable engine cover was secured by means of 2 buttons attached to flexible metal tabs (by pressing the buttons they lowered, allowing the cover to be removed); this system was later replaced with two clasps between frame Nos. 2150 and 2190. On the first 600 examples, the frame number was stamped on the left vertical edge of the carburettor compartment. It was then moved to the tip of the front bodywork, below the seat for the entire production run

▲ Queste due asole fungevano da bloccasterzo utilizzando un comune lucchetto.
These two loops acted as a steering lock using an ordinary padlock.

▲ La grossa sella con copertura in pelle e molle cromate.
The large saddle with a leather cover and chrome-plated springs.

▼ Il clacson della ditta Feme - Augusto Basili di Milano.
The horn manufactured by Feme - Augusto Basili di Milano.

▲ Il faro diametro 85 mm con ghiera cromata marchiata ditta Feme - Augusto Basili di Milano.
The 85 mm diameter headlight with a chrome-plated bezel marked Feme - Augusto Basili di Milano.

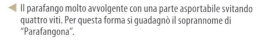

◄ Il parafango molto avvolgente con una parte asportabile svitando quattro viti. Per questa forma si guadagnò il soprannome di "Parafangona".
The enveloping mudguard with a part that could be removed by undoing four screws. This voluminous shape earned it the nickname "Parafangona" or large mudguard.

► La scritta è dotata di tre ribattini non passanti.
The badge was fitted with three blind rivets.

▼ La leva del freno anteriore è dritta, si può vedere anche il mozzo-sospensione di chiara ispirazione aeronautica.
The front brake lever was straight; here we can also see the suspension hub of clear aeronautical inspiration.

Vespa 98 MP6 Normale

▶ Probabilmente per strategia commerciale, puntando a un prezzo più basso, in Piaggio decisero di avviare la produzione della MP6 Normale. Si differenziava dalla Lusso per la totale assenza di cromature, una sella più economica con copertura in pergamoide (imitazione industriale del cuoio, ottenuta ricoprendo un tessuto o della carta con una sostanza a base di celluloide) e strisce pedana in profilato Dural (lega di alluminio temprata) senza listelli in gomma. Come riportato nel libro *Risorgere su due ruote* di Roberto Donati e Paolo Zanon, non esistono dati produttivi ma solo disegni tecnici delle parti modificate e una lettera di Enrico Piaggio del 30 agosto 1946 in cui si legge che, una volta esauriti gli ordini pervenuti fino a quella data, si era deciso di abolire il modello Normale. La MP6 Normale di queste pagine è al momento l'unica conosciuta a essere arrivata ai giorni nostri, in perfetto stato di conservazione. È dotata di un accessorio ufficiale Piaggio dell'epoca, il contachilometri marca Metron con rinvio montato sulla ruota posteriore. Accessorio montato con un supporto artigianale allo scudo, non essendoci ancora la base applicata successivamente di serie

▶ *Probably as part of a commercial strategy aiming to achieve a lower retail price, Piaggio decided to start production of the MP6 Normale. This version differed with respect to the Lusso in the total absence of chrome plating, a cheaper saddle with a Pergamoid cover (an industrial imitation leather, obtained by coating fabric or paper with a celluloid-based substance) and Dural (a hardened aluminium alloy) footboard runners with no rubber strips. As reported in the book* Risorgere su due *by Roberto Donati and Paolo Zanon, no production data is available but only technical drawings of the modified parts and a letter from Enrico Piaggio dated 30 August 1946 stating that once the orders received up to that date had been completed, it had been decided to abolish the Normale model. The MP6 Normale on these pages is currently the only one known to have reached the present day in perfect condition. It is equipped with an official Piaggio accessory of the time, the Metron speedometer driven off the rear wheel. The accessory was mounted on a handmade*

▼ Non ci sono dati su quante MP6 Normale furono prodotte.
There is no data regarding the number of MP6 Normales produced.

◀ Posizione numero telaio sulla punta della scocca anteriore sotto la sella.
Frame number position on the tip of the front bodywork below the saddle.

▲ La numerazione del motore è sulla flangia a V che lo collega alla traversa che lo fissa al telaio.

The engine number stamped on the V flange connecting the engine to the frame cross member.

▲ La scocca di colore grigio opaco metallizzato.

The matte metallic grey bodywork.

◀ Essendo un telaio superiore al n° 3.500 di fine 1946 è dotato del nuovo parafango di dimensione minore e senza parte smontabile.

As this example from late 1946 has a frame number above 3.500, it is equipped with the new smaller mudguard without the removable section.

anni '40

dalla Piaggio. Manubrio, supporto leve e bacchette cambio sono verniciate del colore della scocca. La sella con copertura in pergamoide e molle verniciate di nero. Fu consegnata a Milano a gennaio 1947 al Concessionario Ghizzoni in via Paolo Sarpi n. 53.

◀ Il manubrio verniciato dello stesso colore della scocca.
The body-colour handlebars.

▲ La sella più economica con copertura in pergamoide e molle verniciate in nero. Altro accessorio aftermarket dell'epoca, il tappo con indicatore litri della ditta Silma.
The more economical saddle with a Pergamoide cover and black-painted springs. Another aftermarket accessory from the period, the Silma fuel filler cap with the litre indicator.

▶ Scritta in ottone cromato con spessore 0,85 mm, con 6 fori di fissaggio allo scudo, montata con ribattini.
The badging in chrome-plated brass was 0.85 mm thick and had six holes for rivetting it to the leg shield.

support attached to the leg shield as the base later fitted as standard by Piaggio was not yet available. The handlebars, lever supports and gear change rods were painted the same colour as the bodywork. The saddle had a Pergamoid cover with the springs painted black. This example was delivered to the Ghizzoni dealer in Via Paolo Sarpi no. 53, Milan in January 1947.

▲ Le due asole fungevano da bloccasterzo utilizzando un comune lucchetto.
These two loops acted as a steering lock using a standard padlock.

▶ Le bacchette del cambio sono verniciate in tinta con la scocca.
The gear change rods were painted the same colour as the bodywork.

▲ Corpo faro in alluminio, diametro 95 mm, con la flangia rivettata al parafango. Non è prevista la cresta.
Headlight body in aluminium with a diameter of 95 mm and the flange rivetted to the mudguard. A crest was not fitted.

▲ La scocca ha le nervature della produzione Alfa Romeo.
The bodywork has the rib indicating its Alfa Romeo origin.

▲ Il clacson di colore nero della ditta Feme - Augusto Basili di Milano.
The horn manufactured by Feme - Augusto Basili di Milano.

▼ Le strisce pedana in profilato Duralluminio senza listelli in gomma.
The Dural footboard runners without rubber strips.

▲ Il contachilometri della Metron è montato con un supporto artigianale allo scudo.
The Metron speedometer is mounted on the leg shield with a handmade bracket.

▲ La targhetta del Concessionario Ghizzoni con indicato il numero di contratto.
The Ghizzoni dealer plate carryng the contract number.

▶ Il cavo nero del rinvio alla ruota posteriore del contachilometri accanto a quello dell'acceleratore.
The black speedometer cable to the rear wheel, alongside that of the accelerator.

anni '40

Vespa 98 MP6 Lusso

Consegnati i telai stampati dell'Alfa Romeo, prende avvio la produzione delle 98 che nell'arco dei tre anni di vita continua a subire variazioni e migliorie. Iniziamo con il dire che il motore di 98 cc era un'esigenza tutta italiana da ricondurre al Decreto Ministeriale 8 agosto 1941 XIX sulla disciplina della produzione dei motocicli, delle motocarrozzette, dei moto furgoncini e dei motocarri. Al punto 3 si leggeva: "Resta libera da parte delle fabbriche costruttrici la produzione di biciclette a motore provviste di motore a scoppio con cilindrata non superiore a 100 cmc". In Piaggio, probabilmente per essere liberi nella produzione da ogni tipo di imposizione, optarono per la cilindrata 98 cc. Il motore 125 cc, infatti, era già disponibile e utilizzato sui mezzi da inviare all'estero. La variante più vistosa è stata il cambio del parafango dal telaio n° 3.400 che diventa di dimensione minore e perde la parte asportabile sul lato. Essendo infatti meno avvolgente, per sostituire la ruota, questa parte non era più necessaria. La 98 non era dota di cavalletto e per parcheggiarla veniva inclinata e appoggiata direttamente alla pedana. Vennero poi studiate delle mezzelune in alluminio che proteggevano la

◀ Posizione numero telaio sulla punta della scocca anteriore sotto la sella.
Frame number position on the tip of the front bodywork below the saddle.

98 L
Totale esemplari prodotti *Total no. of examples produced* 16.977 15.239 - 98 cc 1.738 - 125 cc rigide/*rigid** Motore senza sigla parte dal numero **00001** *Engine without designation starting from number **00001***

MP6 Serie Zero	
1.001 a/*to* 1060	1946
MP6	
2.347 esemplari/*examples*	1946
9.466 esemplari/*examples*	1947
3.426 esemplari/*examples*	1948

**Modello mercato estero*
**Export market model*

▶ With Alfa Romeo's pressed frames having been delivered, production of the 98 could begin. Over its three-year lifespan the model was subjected to continual variations and improvements. Let's start by saying that the 98 cc engine was an all-Italian requirement that could be traced back to the Ministerial Decree 8 August 1941 XIX regarding the regulation of the production of motorcycles, motor scooters, motor vans and motor cars. Point 3 read: "Factories are free to produce motorised bicycles equipped with an internal combustion engine with a cylinder capacity not exceeding 100 cc". At Piaggio, probably to be free from any kind of imposition regarding their output, they opted for the 98 cc displacement. The 125 cc engine was actually already available and used on vehicles destined for export. The most conspicuous variation was the adoption of a new mudguard from frame No. 3400, which was less voluminous and lost the removable section on the side. Given that the mudguard was smaller, this part was no longer necessary to permit the wheel to be removed. The 98 was not equipped with a stand and it was parked by tilting it and allowing it to rest directly on the footboard. Aluminium half-moon overriders were then designed to protect the footboard. Throughout the entire production run, we find the fuel tap and the ignition cut-off button to stop the engine above

▲ La numerazione del motore è sulla flangia a V che lo collega alla traversa che lo fissa al telaio.
The engine number is stamped on the V flange connecting it to the frame cross member.

▲ Dal motore n° 05250 il copriventola adotta feritoie più grosse. Dal motore n° 05779 leva accensione curva e più lunga.
From engine No. 05250 the fan cover had larger apertures. From engine No. 05779 the starting lever was curved and longer.

▼ L'Argento opaco metallizzato è stato il colore più utilizzato.
Matte metallic Silver was the most common colour.

▶ L'Amaranto era un colore su ordinazione con sovraprezzo.
Amaranth maroon was a colour available to order at an extra cost.

anni '40

pedana. Per tutta la produzione, sopra lo sportellino del vano carburatore, troviamo la leva del rubinetto del serbatoio a strappo e il pulsante della massa per arrestare il motore. Il carburatore, fino al n° di motore 01010, è un dell'Orto T2 16/17 in fusione di alluminio. Dopo di che monta il Dell'Orto TA 17 e dal n° di motore 04700 è dotato di filtro dell'aria. Cambia anche la forma dei carter da circa il seicentesimo motore, che diventa squadrata nella parte posteriore fino a circa il motore 04500. Anche i fari subiscono dei cambiamenti fino al telaio n° 6739, con quello posteriore che è a forma di pera, poi diventa a forma cilindrica. Il faro anteriore, invece, dal telaio n° 6745, diventa di diametro 95 mm con parabola a un solo foro per la lampada biluce. Circa dal telaio n° 6.400, dietro allo scudo viene applicato il supporto su cui fissare il contachilometri che è un optional. Dal telaio n° 6.600 il mozzo anteriore diventa in fusione di alluminio e le nuove molle a spirale sono fissate sotto il perno della ruota. Dal telaio n° 8.200 cambia il sistema di chiusura del serbatoio.

▼ Dal telaio n° 8.200 cambia il sistema di chiusura del serbatoio. In alto, a sinistra, quello precedente.
From frame No. 8.200 the tank closing system was changed. Top, left, the earlier version.

▲ Il faro anteriore dal telaio n° 6745 diventa di diametro 95 mm con parabola a un solo foro per la lampada biluce.
From frame No. 6745 the headlight had a diameter of 95 while the reflector had a single hole for the dual-filament bulb.

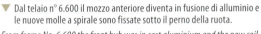

▲ Una delle due clips, che hanno sostituito i due pulsanti, che permettono al cofano di essere tolto.
One of the two clips which replaced the buttons allowing the engine cover to be removed.

▼ Dal telaio n° 6.600 il mozzo anteriore diventa in fusione di alluminio e le nuove molle a spirale sono fissate sotto il perno della ruota.
From frame No. 6.600 the front hub was in cast aluminium and the new coil springs were fixed below the wheel axle.

▲ La nuova versione di marmitta più silenziosa, voluta da Enrico Piaggio che aveva notato la rumorosità della Vespa.
The new quieter version of the silncer introduced at the behest of Enrico Piaggio who had noticed how noisy the Vespa was.

the flap of the carburettor compartment. Through to engine No. 01010, the carburettor was a cast aluminium dell'Orto T2 16/17. The model was then fitted with the Dell'Orto TA 17 and from engine No. 04700 it was also equipped with an air filter. The shape of the engine casings also changed from about engine No. 600, which becomes squared off at the rear up to about engine number 04500. The lights were also subjected to changes through to chassis No. 6739, with the rear one initially being pear-shaped and then cylindrical. A 95 mm diameter headlight was adopted from frame No. 6745 with a single-hole reflector for the dual-filament bulb. From approximately frame No. 6,400, a support was installed behind the leg shield is for optional the speedometer. From frame No. 6,600 the front hub was made of cast aluminium and the new coil springs were attached below the wheel axle. From frame No. 8.200 the tank locking system changed.

▶ Da circa il motore n° 04500 i carter non sono più squadrati nella parte posteriore.
From around the 600th engine No. 04500, the engine casings were no longer squared off at the rear.

▲ Da circa il seicentesimo motore il carter diventa squadrato nella parte posteriore.
From around the 600th engine, the crankcase was squared off at the rear.

▶ La staffa dietro lo scudo che serve per fissare il contachilometri.
La staffa dietro lo scudo che serve per fissare il contachilometri.

▲ Fino al telaio n° 6739 il faro posteriore è a forma di pera (foto in alto) poi diventa a forma cilindrica.
Through to frame No. 6739, the rear light was pear-shaped (top photo) and then became cylindrical.

▼ Dall'estate 1946 viene adottata una protezione per evitare che il passeggero appoggi il piede sulla bacchetta del cambio compromettendone il buon funzionamento.
From the summer of 1946, a guard was added to prevent the passenger resting a foot on the gear change rod, compromising its operation.

▲ Il nuovo parafango, essendo meno avvolgente, non necessita della parte asportabile per sostituire la ruota in caso di foratura.
The new mudguard was less voluminous and no longer need the removable section to allow the wheel to be changed in case of a puncture.

▶ Dal n° di motore 04700 il carburatore è dotato di filtro dell'aria.
From engine No. 04700 the carburettor was fitted with an air filter.

anni '40

Vespa 125 - V0T/V1T/V11T/V12T/V13T/V14T/V15T

125
Totale esemplari prodotti
Total no. of examples produced
117.753

V0T	
01 - 077	1948

Sigla motore **V0M**
Engine designation **V0M**

V1T	
066 - 24.790	1948/49

Sigla motore
V0M, V1M, V2M
Engine designation
V0M, V1M, V2M

V11T	
24.319 - 58.805	1949/50

Sigla motore **V11M, V19M**
Engine designation
V11M, V19M

V12T	
56.999 - 58.659	1950

Sigla motore **V20M**
Engine designation **V20M**

V13T	
56.530 - 80.424	1950

Sigla motore **V20M**
Engine designation **V20M**

V14T	
79.518 - 101.863	1950

Sigla motore **V20M, V21M**
Engine designation
V20M, V21M

V15T	
93.535 - 104.096	1950

Sigla motore **V21M**
Engine designation **V21M**

Alla fine del 1947 Enrico Piaggio decise di cessare la produzione della Vespa 98 per rimpiazzarla con la nuova 125 "elastica", così chiamata per differenziarla dalla precedente 125 MP6 "rigida" venduta all'estero. Rispetto alla MP6 la forcella monotubo passa da sinistra a destra e manterrà questa posizione per tutte le successive produzioni di Vespa fino alla PX. Inoltre il nuovo modello è dotato di sospensione anteriore a molla elicoidale, mentre quella posteriore, oltre alla molla elicoidale, ha un ammortizzatore di ritorno idraulico. Si inizia con una versione "pre serie", la V0T, con una produzione di 77 esemplari. Non tutti commercializzati perché alcuni utilizzati all'interno dei vari reparti come cavie per le future modifiche o come base per futuri modelli da competizione. Con la V1T inizia la produzione di "serie" con il primo telaio numero 066. Inizialmente i cavi frizione e acceleratore sono esterni come sulla MP6, poi passeranno all'interno del telaio. Il cofano motore è incernierato nella parte superiore e si solleva per raggiungere il propulsore. È anche intagliato attorno al copriventola in modo che quest'ultimo, con l'escursione della ruota, non tocchi il cofano. Il cofano sinistro è modellato in basso per lasciare spazio alla grossa marmitta. La V1T mantiene il comando del cambio tutto a bacchette come la MP6, da qui il soprannome di Vespa "bacchetta". Successivamente, dalla V11T, è adottato il nuovo sistema Telefex con cavo d'acciaio nella parte centrale. La leva a strappo del rubinetto del serbatoio ha ora tre posizioni: tutta fuori aperto, intermedio riserva e tutta dentro chiuso. Sulla V1T rimane montato il carburatore della MP6, il Dell'Orto TA17 con filtro dell'aria di nuova forma. Successivamente, sulla V11T, è montato il nuovo carburatore Dell'Orto TA17 B con starter e leva per azionarlo sotto la sella. Dal telaio n° 16.800 fu montato di serie il bloccasterzo, spariscono le due asole che fungevano da bloccasterzo utilizzando un comune lucchetto. Fino al telaio V11T n° 29.665 rimane il pulsante massa per arresto motore sopra comando al rubinetto del serbatoio. Fino al telaio V1T n° 5.000 circa rimane il deviluci rotondo come sulla MP6. I primi modelli sono privi di cavalletto, in seguito fu montato un cavalletto laterale a stampella a destra, poi spostato a sinistra per migliorare la stabilità dal telaio V1T n° 4.884. Il cavalletto laterale viene sostituito dal telaio V1T n° 16.500 con quello centrale (diametro 15 mm) con i terminali a ricciolo. Dal telaio V13T n° 63.601 cambia il cavalletto (sempre diametro 15 mm), non ha più i terminali a ricciolo, per cui è dotato di scarpette di gomma di colore grigio. Queste ultime, poi, sul modello V14T diventano di colore nero. Dal motore V20M n° 54.009 la leva di avviamento diventa

---

At the end of 1947, Enrico Piaggio decided production of the Vespa 98 would cease, with the model replaced with the new "elastic" 125, so called to differentiate it from the previous "rigid" 125 MP6 sold abroad. Compared to the MP6, the single-tube fork shifted from left to right and was to maintain this position for all subsequent Vespa models through to the PX. In addition, the new model had coil-spring front suspension, while the rear was equipped with a hydraulic return shock absorber in addition to the coil spring. Production started with a "pre-series" version, the V0T, produced in a batch of 77 units. Not all of these were sold as some were used within the various departments as guinea pigs for future modifications or as the basis for future competition models. With the V1T, serial production actually began with the first frame number 066. Initially, the clutch and throttle cables were external, as on the MP6, whereas later they were to run inside the frame. The engine cover was hinged at the top and lifted up to offer access to the power unit. It was also cut away around the fan cover so that the latter did not foul the bonnet as the suspension travelled. The left-hand side panel was shaped at the bottom to leave space for the large silencer. The V1T retained the rod gear change system as on the MP6, hence the Vespa's nickname "bacchetta" or "rod" nickname. From the V11T onwards, the new Teleflex system with a steel cable in the central section was adopted. The fuel tap lever now had three positions: fully outm open, intermediate, reserve and fully in, closed. The V1T retained the MP6's carburettor, the Dell'Orto TA17 with a new shape air filter. Subsequently, the V11T was fitted with the new Dell'Orto TA17 B carburettor with a choke control, the lever for which was located under the saddle. From frame No. 16.800 a steering lock was fitted as standard, the two loops that acted as a steering lock using an ordinary padlock were eliminated. Through to V11T frame No. 29,665 the ignition off button to stop the engine remained above the fuel tank tap. Up to frame V1T No. 5.000 the round light switch from the MP6 was retained. The early examples lacked a kickstand, subsequently a side stand was fitted on the right, later moved to the left to improve stability from V1T frame No. 4.884. The side stand was replaced on V1T frame No. 16.500 with a centre stand (15 mm diameter) with curled ends. On V13T frame No. 63.601 the stand (again a 15 mm diameter) was replaced with a centre stand (also 15 mm diameter), which no longer has the curled ends and was instead fitted with grey rubber boots. These were then black on the V14T model. From the V20M engine No. 54.009 onwards, the starting lever was in Duralumin with a non-slip rubber boot. The saddle was equipped with a spring at the front for the first time, and also with a

▼ Una V11T con cavalletto con i terminali a ricciolo.
A V11T with the stand with curled ends.

▶ Dalla V14T finisce la produzione Alfa Romeo e sparisce la nervatura nella parte posteriore.
From the V14T Alfa Romeo production ended and the rib on the rear part was eliminated.

▶ La numerazione del motore è sulla flangia a V che lo collega alla traversa che lo fissa al telaio.
The engine number stamped on the V flange connecting the engine to the frame cross member.

▼ Una V1T conservata.
An original V1T.

▲ Posizione nelle V1T numero telaio sulla punta della scocca anteriore sotto la sella.
Frame number position on the tip of the front bodywork below the saddle.

▲ Posizione dalla V11T alla V15T della sigla telaio e numerazione.
Frame designation and numbering position from the V11T to the V15T.

in duralluminio con gommino antiscivolo. La sella è dotata per la prima volta di una molla nella parte anteriore e anche di un pratico gancio appendi borse. Fanale posteriore fino al telaio V1T n° 3.630 è marca Feme con ghiera cromata, vite e vetro rosso con bugne, lo stesso della MP6. Poi cambia sempre marca Feme ma senza ghiera cromata. Non cambia il vetro rosso con bugne, che poi nella V11T sarà in plastica senza bugne fino a fine produzione V15T. Il corpo del faro anteriore in alluminio, diametro 95 mm con flangia da rivettare al parafango e dotato di taglio fessure per la cresta dal telaio V1T a V14T. Cambia sulla V15T che utilizza sempre corpo in alluminio con diametro vetro 95 mm, ma modello corto da imbullonare e del tipo registrabile. Una variante molto importante è che dal modello V14T finisce l'era della produzione lamierati di disegno Piaggio prodotti da Alfa Romeo e inizia la produzione tramite disegni e stampi Budd. Sparisce la nervatura nella parte posteriore che ha contraddistinto quasi tutta la produzione del MP6, esclude le prime 60 artigianali e la produzione dalla V1T alla V13T.

▲ Il motore di una V1T con gruppo termico radiale.
The engine of a V1T with radial barrel and head finning.

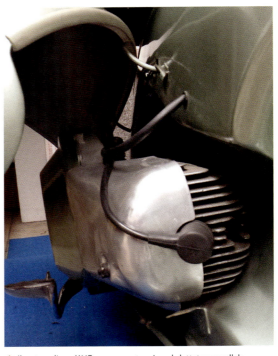

▲ Il motore di una V11T con gruppo termico ad alettatura parallela.
The engine from a V11T with parallel finning.

practical bag hook. Through to V1T frame No. 3.630 the model was fitted with the same Feme rear light as the MP6 with a chrome bezel, screws and red dimpled lens, the same. Subsequently, a Feme light was fitted but without the chrome bezel. The red dimpled lens was retained through to the V11T which was fitted with a plastic lens with no dimples to the end of V15T production. The 95 mm diameter headlight body was in aluminium with a flange to be riveted to the mudguard and had slots cut for the crest from V1T to V14T. There was a change with the V15T which still used a 95 mm diameter lens and an aluminium body, but a short bolt-on model of the adjustable type. One particularly important change was that from the V14T model onwards, the era of Piaggio-designed pressed panels produced by Alfa Romeo ended, with production using Budd designs and dies beginning. This led to the disappearance of the rib at the rear that had characterised almost all versions of the MP6, excluding the first 60 handcrafted examples, and all models from the V1T to the V13T.

◀ Il primo tipo di faro marca Feme con ghiera cromata e vetro rosso con bugne.
The first type of Feme rear light with a chrome bezel and red dimpled lens.

▶ Dal telaio n° 16.800 fu montato di serie il bloccasterzo.
From frame No. 16.800 a steering lock was fitted as standard.

◀ L'ultimo tipo di faro sempre marca Feme ma con gemma in plastica.
The final Feme rear light with a plastic lens.

▲ Il devioluci rotondo come sulla MP6.
The round switch unit as on the MP6.

▲ Il devioluci a ventaglio con due luci e posizione massa.
The fan-shaped switch unit with two light and an engine off position.

▲ La sella è dotata per la prima volta di una molla nella parte anteriore e anche di un pratico gancio appendi borse.
The saddle was equipped with a spring at the front for the first time and with a practical bag hook.

▶ Il sistema del cambio tutto con bacchette che passano all'interno del telaio nella zona pedale del freno.
The rod-actuated gear change system, with the rods running inside the frame in the brake pedal area.

▲ Il cavalletto centrale con scarpette nere dalla V14T.
The centre stand with black boots fitted to the V14T.

◀ Dal motore V20M n° 54.009 la leva di avviamento diventa in duralluminio con gommino antiscivolo.
From V20M engine No. 54.009 the starting lever was in Dural with an anti-slip rubber boot.

▶ Il nuovo sistema Telefex con cavo d'acciaio nella parte centrale, che entra all'interno del telaio in zona diversa.
The new Teleflex system with a steel cable in the central section running through the frame in diverse areas.

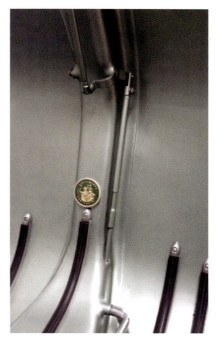

anni '40

Vespa 125 - V30T/31T/32T/33T

125
Totale esemplari prodotti
Total no. of examples produced
191.312

Certificato di omologazione
Homologation certificate
Atto/*Act* n° 327
7 giugno/*June* 1953

Sigla motore **VM1M**
Engine designation **VM1M**

V30T
| 104.097 - 161.455 | 1950/51 |

Sigla motore **V30M**
Engine designation **V30M**

V31T
| 125.811 - 231.133 | 1951/52 |

Sigla motore **V30M** e **V32M**
Engine designation
V30M and **V32M**

V32T
| 225.224 - 232.228 | 1952 |

Sigla motore **V32M**
Engine designation **V32M**

V33T
| 230.196 - 251.820 | 1952/53 |

Sigla motore **V32M**
Engine designation **V32M**

Nel 1950, sul modello V30T, la novità più importante è la sparizione del comando del cambio a "bacchetta", sostituito da un nuovo sistema a cavi d'acciaio flessibili Bowden. Con questa modifica la manovrabilità del cambio migliora sensibilmente e così il piacere di guida. Il motore è dotato di un carburatore Dell'Orto TA 17 B con filtro dell'aria maggiorato e, in aggiunta, un decantatore in vetro per filtrare il carburante da eventuali sedimenti.

Cambia il rubinetto del serbatoio che da sistema a tirante passa a quello più comodo a rotazione. Nuova anche la leva della messa in moto, in alluminio lucidato a specchio, dotata di gommino antiscivolo nero. La marmitta scatolata – punzonata App.128/S – è dotata di un lungo terminale che passa sotto i carter motore fin quasi all'attacco dell'ammortizzatore posteriore, questo fino alla serie V31T, poi il terminale diventerà corto e passerà a sinistra dalla versione V32T fino a fine produzione V33T. Il manubrio è fissato da un nuovo attacco composto da due semigusci dotati all'interno di 6 silent block in gomma per limitare le vibrazioni. La forcella anteriore si arricchisce di un ammortizzatore idraulico mono effetto adottato fino al telaio V31T n° 181.900. Dal numero dopo viene sostituito con uno di sezione maggiore fino a fine produzione V33T. Sempre sulla forcella troviamo un biscotto coprimozzo in alluminio in tinta con la scocca. Quest'ultimo, fino al telaio n° 112.997, è più piccolo e fissato da una vite a taglio, sostituito poi con uno più grosso, che ricopre tutto il mozzo, fissato ai lati e sempre in tinta. Per migliorare il confort del passeggero, la pedana si allunga posteriormente di circa 10 cm. Essendoci delle rimanenze di pedane della V15T, per un certo periodo veniva aggiunto a quelle un pezzo di lamiera per raggiungere la misura corretta. La scocca presenta delle parti in alluminio: la pancia destra e sinistra, lo sportello vano carburatore, lo sportello della pancia sinistra, il corpo faro anteriore e posteriore, il parafango e il nasello. Il portapacchi ha 4 ganci ai lati che spariscono sulla V31T. Il fanalino posteriore non è più cilindrico ma rettangolare marca Siem, in alluminio verniciato in tinta con la scocca. Il corpo del faro anteriore, imbullonato e registrabile, ha le stesse dimensioni e forma della serie V15T, diametro fanale 95 mm con corpo corto in alluminio fino al telaio V30T n° 104.446. Dal numero dopo cambia, diventa leggermente più lungo e con il fanale meno

---

▶ In 1950, on the V30T model, the most important change was the elimination of the rod-type gear change control, replaced by a new Bowden flexible steel cable system. With this modification the gearbox was far smoother to operate with a consequent improvement in the riding experience. The engine was fitted with a Dell'Orto TA 17 B carburettor with an enlarged air filter, along with a glass fuel filter bowl to capture any sediment. The fuel tap was changed from a pull-type system to the more convenient rotary type. Also new was the starting lever, made of mirror-polished aluminium and fitted with a black non-slip rubber boot. Through to the V31T series, the boxy silencer – stamped App.128/S – was fitted with a long tail pipe passing under the engine casings almost as far as the rear shock absorber mount, subsequently the exhaust pipe was shorter and passed to the left from the V32T version through to the end of production of the V33T. The handlebar was attached via a new mount composed of two half-shells equipped inside with 6 rubber silent blocks to restrict vibration. The front fork was fitted with a single-acting hydraulic shock absorber until V31T frame number 181.900. From the next number this was replaced with one with a larger section through to the end of production of the V33T. The fork was also fitted with a body-coloured aluminium "biscuit" hub cap. Up to frame no. 112.997, the cap was smaller and secured with a slotted screw, later replaced with a larger one covering the entire hub, fixed at the sides and and as previously body-coloured. To improve passenger comfort, the footboard was extended by about 10 cm to the rear. As there were leftover footboards from the V15T, for a while a piece of sheet metal was welded to them to achieve the correct size. The bodywork had aluminium parts: the right and left side panels, the carburettor access hatch, the left side panel hatch, the front and rear light bodies, the mudguard and the fairing. The luggage rack had four hooks on the sides were eliminated on the V31T. The Siem rear light was no longer cylindrical but rectangular, in body-coloured painted aluminium. The headlight body, bolted and adjustable, had the same dimensions and shape as the V15T series, headlight diameter 95 mm with short aluminium body through to V30T frame No. 104.446. From the number after it became slightly longer, with the light lantern less steeply inclined, then remaining unchanged until the final V33T series. Both were equipped with an aluminium crest and a Siem chrome-plated headlight and bezel. The switching unit had the two-position light plus ground switch, the

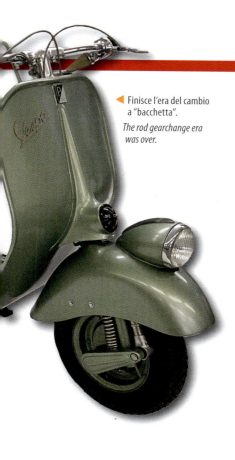

◀ Finisce l'era del cambio a "bacchetta".
The rod gearchange era was over.

◀ Posizione sigla motore e numerazione.
Engine designation and numbering position.

▼ Erano disponibili accessori per tutti gli utilizzi.
Accessories of all kinds were available.

◀ Posizione sigla telaio e numerazione.
Frame designation and numbering position.

▼ Soprannominata "Vacanze Romane".
The model was nicknamed "Roman Holiday"

35

inclinato rimanendo invariato fino alla serie finale V33T. Entrambi sono dotati di una cresta in alluminio e di faro e ghiera cromata marca Siem. Nel commutatore l'interruttore a due posizioni luci più massa, il pulsante del clacson e la parte sottostante è in plastica grigia mentre il coperchietto è in metallo cromato. Sulle V30T basse, numero di telaio troviamo clacson delle "bacchetta" marca GPM poi, finite le scorte, sostituiti dai Bachel. La sella della V30T ha una copertura di colore verde, è più comoda perché maggiormente imbottita di gommapiuma marca A. Rejna. Dalla V31T il colore diventa verde molto scuro fino a fine produzione V33T. Aumenta anche la grandezza del tamburo posteriore per migliorare la frenata; nuovo è anche il pedale ora cromato in lamiera stampata con gommino antiscivolo. Ormai è evidente a tutti che la Vespa è un vero boom commerciale, e dal 1950 comincia a essere prodotta anche su licenza all'estero: Francia, Germania e Inghilterra. Con questo modello la Vespa si fa conoscere in tutto il mondo grazie anche al suo ruolo da protagonista nel celebre film *Vacanze Romane*, da cui prende anche il soprannome.

▲ Il nuovo sistema a cavi d'acciaio flessibili Bowden.
The new Bowden flexible steel cable system.

◀ Cambia il rubinetto del serbatoio che da sistema a tirante passa a quello più comodo a rotazione.
The fuel tap was changed from a pull-system to the more convenient rotary-type.

▲ Il corpo del faro anteriore è imbullonato, registrabile, e durante il corso della produzione cambia leggermente.
The headlight body was bolted on, adjustable and was modified slightly during the production run.

horn button with the lower part made of grey plastic while the cover was in chrome-plated metal. On the low, frame number V30Ts we find a GPM "baton" horn, but when stocks ran out this was replaced with a Bachel unit. The A. Rejna saddle of the V30T had a green cover and was more comfortable thanks to its increased foam rubber padding. From the V31T, the colour changed to a very dark green through to the end of production of the V33T. The size of the rear brake drum was also increased to improve stopping power; also new was the pedal which was now in chrome-plated pressed steel with a non-slip rubber cover. By now it was clear to everyone that the Vespa was a huge commercial success, and from 1950 it also began to be produced under licence abroad in France, Germany and England. With this model, the Vespa became known all over the world thanks in part to its starring role in the famous film *Roman Holiday*, from which it also took its nickname.

▲ Sotto la sella troviamo il comando dello starter. Sul tappo non c'è nessun adesivo riportante la percentuale di olio per la miscela.
The choke control is located under the saddle. There is no sticker on the cap indicating the percentage of oil to use in the mixture.

▲ La sella della V30T ha una copertura di colore verde e dalla V31T il colore diventa verde molto scuro fino a fine produzione V33T.
The seat of the V30T was upholstered in dark green and from the V31T the shade became very dark green through to the end of production of the V33T.

▶ Scritta in ottone cromato con spessore mm 0,85, con 6 fori di fissaggio allo scudo, applicata con ribattini.
The badging in chrome-plated brass was 0.85 mm thick and had six holes for rivetting it to the leg shield.

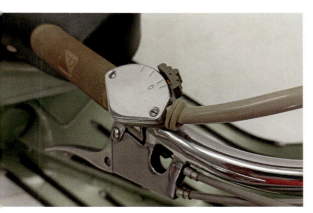

▲ Fino al telaio n° 112.997 il coprimozzo in tinta con la scocca è più piccolo e fissato da una vite a taglio.

Through to frame No. 112.997 the body-coloured hub cover was smaller and secured with a slotted screw.

▲ Nel commutatore l'interruttore a due posizioni luci più massa, il pulsante del clacson e la parte sottostante è in plastica grigia mentre il coperchietto è in metallo cromato.

The switching unit with two lighting positions and ground, the horn button and the lower part was in grey plastic while the cover was in chrome-plated metal.

▲ Il manubrio fissato da un nuovo attacco, composto da due semigusci dotati all'interno di 6 silent block in gomma per limitare le vibrazioni. La parte sopra poteva essere sostituita per ospitare il contachilometri optional.

The handlebar attached with a new mount composed of two half-shells with six internal silent blocks in rubber to restrict vibration. The upper part could be replaced to house an optional speedometer.

▼ Il motore è dotato di un carburatore Dell'Orto TA 17 B con filtro dell'aria maggiorato e in aggiunta un decantatore in vetro per filtrare il carburante da eventuali sedimenti.

The engine was fitted with a Dell'Orto TA 17 B carburettor with a larger air filter and the addition of a glass filter bowl to capture any sediment in the fuel.

▶ Dal telaio n° 112.998 è più grosso, sempre in tinta, ricopre tutto il mozzo ed è fissato ai lati.

From frame No. 112.998 it was larger, covering the whole of the hub, was still body-coloured and was secured at the sides.

▶ Sulle V30T basse, numero di telaio troviamo clacson delle "bacchetta" marca GPM poi, finite le scorte, sostituiti dai Bachel.

On the early V30Ts we find a GPM horn which, once the stocks had been used, was replaced with a Bachel unit.

anni '50

Vespa 125 - VM1T

▶ Nel 1953 arriva sul mercato un nuovo modello, dotato di un inedito motore con alesaggio e corsa uguali 54x54, soprannominato "quadro". Questa la maggiore novità. Cambia il colore della scocca non più Verde Metallizzato, ma di una sobria tinta pastello Grigia. La scocca è rinforzata sia nella parte centrale che in quella anteriore. Nuove le pance laterali, ora in alluminio, quella di destra che copre interamente il motore ed è dotata di sette feritoie. Inedito il disegno del copriventola in bachelite, che non ha più le feritoie ma solo un foro centrale. Foro che serve per aspirare l'aria per il raffreddamento, il copriventola è in tinta con la scocca. Piccole modifiche le troviamo anche sul manubrio, nella parte centrale figura un supporto dello stesso colore della scocca. I cavi della frizione e freno anteriore passano ora al suo interno e si uniscono a quelli del cambio e dell'impianto elettrico entrando nel tunnel centrale della scocca. Il devioluci è interamente in plastica di color grigio, con scritta Vespa in rilievo a due luci, posizione zero che funge da massa per arrestare il motore e pulsante clacson nella parte inferiore. Il fanale anteriore è ora più grande di diametro 105 mm anziché 95 mm.

125
Totale esemplari prodotti
Total no. of examples produced
84.870

Certificato di omologazione
Homologation certificate
Atto/*Act* n° 327
7 giugno/*June* 1953

Sigla motore **VM1M**
Engine designation **VM1M**

VM1M	
1.001 – 8.830	1952
8.831 – 85.870	1953

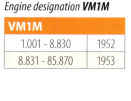

▲ Posizione sigla telaio e numerazione.
Frame designation and numbering position.

▼ Posizione sigla motore e numerazione.
Engine designation and numbering position.

▶ *In 1953 a new model was launched, equipped with a brand-new engine with 54x54 mm square bore and stroke dimensions. This was the major novelty. The paintwork changed from metallic green to a sober pastel grey shade. The body was reinforced in the middle and front. The side panels were new and now in aluminium, the right one entirely covering the engine and equipped with seven slots. The design of the body-coloured Bakelite fan cover was new and no longer has louvres but only a central hole. An aperture that served to suck in cooling air. Small changes are also found on the handlebars with a body-coloured bracket in the central section. The clutch and front brake cables now ran internally inside along with those of the gearbox and electrical system entering the central tunnel of the bodywork. The light switch was made entirely of grey plastic, with embossed Vespa lettering, two lighting positions, a zero position representing an engine off switch and a horn button at the bottom. The headlight was now larger with a diameter of 105 mm rather than 95 mm. The brake drums*

38

▼ Lanciata nel 1953 ma prodotta in più di 8.000 esemplari anche nell'anno prima.
Launched in 1953 but produced in more than 8,000 examples the previous year too.

▲ Il cofano motore in alluminio con sette feritoie.
The metal engine cover with seven slots.

▶ Presentata assieme alla sfortunata 125 U ebbe un buon successo commerciale.
Presented together with the unpopular 125 U, it enjoyed considerable commercial success.

Tamburi freno di maggiori dimensioni con diametro 124 mm all'anteriore e di 126 mm al posteriore. Ma è il motore, come detto, la vera novità. Dotato di ammissione a luci incrociate e del nuovo pistone ha deflettore ridotto, collegato a un nuovo e rinforzato albero motore. Cuscinetti di banco maggiorati, la crociera del cambio, coperchio frizione e boccola d'avviamento. Rinforzata anche la frizione ora dotata di 3 dischi anziché 2.
La candela è ora inclinata di 45°. Il carburatore è un Dell'Orto TA 18 C con diffusore da 18 mm. Aumenta la potenza (4,5 CV a 4.500 giri/min) e di conseguenza anche la velocità massima che arriva a 75 km/h il tutto senza aumentare però i consumi.
Marmitta punzonata App. I.G.M. 129/S. Serbatoio maggiore che passa dai 5 litri ai 6,25 complessivi.

▲ La manetta del cambio a tre marce.
The three-speed gear shift.

▲ Scritta in ottone cromato con spessore 0,85 mm con 6 fori di fissaggio allo scudo, da fissare con i ribattini.
The badging in chrome-plated brass was 0.85 mm thick and had six holes for rivetting it to the leg shield.

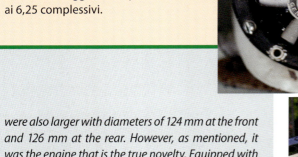

◀ Il clacson nero marca Bachel fissato da 4 viti a taglio.
The black Bachel horn secured with four slotted screws.

▼ Di serie il bloccasterzo. Le chiavi sono marchiate Vespa.
The steering lock was standard. The keys carried the Vespa name.

were also larger with diameters of 124 mm at the front and 126 mm at the rear. However, as mentioned, it was the engine that is the true novelty. Equipped with cross-port induction and a new piston with a smaller reduced deflector, connected to a new and reinforced crankshaft. Oversized main bearings and new gearbox spider, clutch cover and starter bushing. The clutch was also reinforced and now equipped with three plates instead of two.
The spark plug was now angled at 45°. The carburettor was a Dell'Orto TA 18 C with an 18 mm diffuser. Power output increased (4.5 hp at 4,500 rpm) and consequently so did the top speed, which rose to 75 kph, while fuel consumption remained unchanged.
The silencer was stamped punched App. I.G.M. 129/S. The fuel tank capacity was increased from 5 litres to 6.25 litres overall.

◀ Il supporto del manubrio e il logo Piaggio. Si intravede il bordoscudo che non è di serie ma aftermarket.
The handlebar bracket and the Piaggio logo. You can also see the leg shield trim which was an aftermarket accessory.

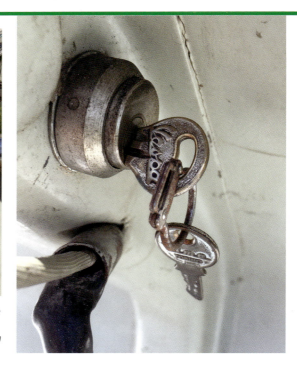

▲ Sul manubrio, nella parte centrale, troviamo un supporto dello stesso colore della scocca. I cavi della frizione e freno anteriore passano ora al suo interno e si uniscono a quelli del cambio e dell'impianto elettrico entrando nel tunnel centrale della scocca.

In the central sectiuon of the handlebars we find a bracket in the same colour as the bodywork. The clutch and front brake cables now ran internally and joined those of the gearbox and the electrical system in the central tunnel of the frame.

▲ Devioluci in plastica grigia con coperchio con scritta Vespa in rilievo, con 2 posizioni luci, massa di arresto e pulsante clacson.

Grey plastic light switch unit with raised Vespa lettering and two lighting and engine-off positions and a horn button.

▲ La posizione zero funge da massa per arrestare il motore, nella parte inferiore vediamo il pulsante del clacson.

The zero position was an engine off switch, on the lower part we can see the horn button.

▲ Il nuovo faro da 105 mm di diametro, dotato di crestina e ghiera cromata. La palpebra in foto è un accessorio aftermarket.

The new 105 mm headlight equipped with a small crest and a chrome-plated bezel. The peak in the photo was an aftermarket accessory.

▲ Inedito il disegno del copriventola in bachelite, che non ha più le feritoie ma solo un foro centrale.

The Bakelite fan cover design was new with a central aperture rather than slots.

▶ Il filtro dell'aria in metallo del carburatore Dell'Orto TA 18 C.

The metal air filter fitted to the Dell'Orto TA 18 C carburettor.

▲ Nove strisce pedana in alluminio con gomma, pedale freno con gommino antiscivolo. La staffa centrale avvitata alla pedana è un accessorio aftermarket.

Nine aluminium footboard runners with rubber, brake pedal with an anti-slip rubber boot. The central bracket screwed to the footboard was an aftermarket accessory.

anni '50

Vespa 125 - VM2T

▶ Il 29 ottobre 1953, alle ore 11:30, esce dalle catene di montaggio di Pontedera la Vespa numero 500.000. In meno di sette anni la Vespa raggiunge il suo primo mezzo milione di esemplari e questa volta è una 125 VM. L'evento fu festeggiato alla presenza dei dipendenti e di tutti i dirigenti Piaggio, nonché autorità e rappresentanze estere.

La versione VM2 1954 è sostanzialmente identica alla VM1. La modifica più grossa è che ha l'impianto elettrico modificato per adeguarsi al nuovo Codice della Strada che prevede le luci di posizione. Di conseguenza cambia anche il devioluci ora a tre posizioni, sempre interamente in plastica di color grigio e con scritta Vespa in rilievo. Altra piccola modifica è l'aggiunta di una spia al corpo del faro per indicarne l'accensione. Per ospitarla, la cresta in alluminio è più corta e si ferma prima. Cambia anche il faro posteriore leggermente più grande. Sopra i 100.000 esemplari circa i cofani laterali tornano a essere in ferro.

125
Totale esemplari prodotti
Total no. of examples produced
90.143

Certificato di omologazione
Homologation certificate
Atto/*Act* n° 327
7 giugno/*June* 1953

Sigla motore VM2M
Engine designation VM2M

VM2T	
85.871 - 100.619	1953
100.620 - 176.014	1954

▶ At 11:30 a.m, on the 29th of October 1953, Vespa number 500,000 rolled off the Pontedera assembly line. In less than seven years, the Vespa had reached its first half-million units and on this occasion the record was marked by a 125 VM. The event was celebrated in the presence of employees and all the Piaggio executives, as well as local authorities and foreign representatives.

The 1954 VM2 version was to all intents and purposes identical to the VM1. The biggest change was that its electrical system was modified to comply with the new Highway Code, which required position lights. Consequently, the light switch unit also changed and now had three positions. It was again entirely in grey plastic with Vespa lettering in relief. Another small change was the addition of a tell-tale to the body of the headlight indicating it was on. To accommodate it, the aluminium crest was shorter and stopped earlier. Also new was the slightly larger rear light. From about frame No. 100.000, the side panels were once again in steel.

▲ Similissima alla VM1T.
Very similar to the VM1T.

42

▲ Posizione sigla telaio e numerazione.
Frame designation and numbering position.

▲ Una VM2T con molti accessori aftermarket.
A VM2T with numerous aftermarket accessories.

▼ Unico colore Grigio per tutta la produzione.
Grey, a single colour throughout the production run.

▲ Posizione sigla motore e numerazione.
Engine designation and numbering position.

▲ La piccola spia e la cresta in alluminio che si ferma prima per lasciargli spazio.
The small tell-tale was also retained with the aluminium crest shorter to allow it room.

▲ Pedale del freno ha il gommino antiscivolo.
The brake pedal had a non-slip rubber boot.

▲ Un convogliatore in alluminio accessorio aftermarket dell'epoca.
An aluminium manifold, a period aftermarket accessory.

▲ Altro accessorio, la griglia di protezione per il faro.
Another accessory, a protective grille for the headlight.

▲ Visto il successo della Vespa, tantissime ditte producono accessori per personalizzarle. In foto, porta targa in alluminio con faro più grosso dotato di stop e luci supplementari sui cofani.

Given the success of the Vespa, many companies produced accessories to personalise it. In this photo, aluminium number plate holder, a larger rear light with a brake light and supplementary lights on the side panels.

▼ Copriventola in bachelite, che non ha più le feritoie ma solo un foro centrale.

The Bakelite fan cover design was new with a central aperture rather than slots.

▲ Il diverso devioluci a tre tacche con l'aggiunta delle luci di posizione.
The different switch unit with three positions for the extra lights.

▲ Cambia anche il faro posteriore leggermente più grande, a sinistra quello della VM1T.
The rear light was slightly larger, on the left that of the VM1T.

▲ Come nella VM1T, sotto la sella troviamo la leva del comando dell'aria.
As with the VM1T, below the saddle we find the choke control.

▲ Il clacson nero marca La - Bachel.
The black La -Bachel horn.

▲ Scritta in ottone cromato con spessore 0,85 mm con 6 fori di fissaggio allo scudo, da fissare con i ribattini.
The badging in chrome-plated brass was 0.85 mm thick and had six holes for rivetting it to the leg shield.

▼ Belle placche ricordo di eventi Vespa, da sempre ideali di applicarle allo scudo.

Attractive plaques commemorating Vespa events, always ideal for attaching to the leg shield.

Vespa 125 U - VU1T

125 U
Totale esemplari prodotti
Total no. of examples produced
6.028
Certificato di omologazione
Homologation certificate
Atto/ *Act* n° 327
7 giugno / June 1953
Sigla motore **VU1M**
Engine designation **VU1M**

VU1T	
1001 - 7.028	1953

Nel 1953 la gamma Piaggio si arricchisce di un nuovo modello denominato Vespa mod. 53 U, dove U sta per Utilitaria.
Il progetto prese forma nell'estate del 1952 con la denominazione Vespa E, che stava per Economica, infatti l'obbiettivo era quello di avere un mezzo che costasse 20.000 lire in meno della versione 125 mod. 53. Non era il primo tentativo di avere a listino, per il mercato italiano, un modello più economico, si era già vista nel 1946 la 98 N, per indicare Normale.
Fu ufficialmente presentata il 7 dicembre ai concessionari italiani presso l'Hotel Gallia di Milano e il giorno successivo fu esposta al 30° Salone del Motociclo di Milano del 1952. Con la Vespa U, in casa Piaggio si volle, a livello di motore, fare un mix tra l'attempata 125 '51 e la nuova 125 '53. Infatti questo nuovo modello con la prima condivideva il gruppo termico a un travaso con pistone a deflettore, il copriventola e la cuffia motore, mentre la marmitta, molto simile a quella della 51, con tubo di scarico che usciva a sinistra, ma con una nuova omologazione (Atto 128/S del 9-6-53 e punzonata IGM 128 S). Con la seconda condivideva lo statore del volano, i nuovi carter, il cambio e la frizione. La scocca più contenuta per ridurre i costi e quindi anche il prezzo al pubblico. L'unica parte cromata era la ghiera del fanale anteriore in alluminio, di piccole dimensioni (diametro 95 mm), e come novità, dal parafango fu trasferito sul manubrio. Furono aboliti i 3 listelli pedana, con i rimanenti costruiti in alluminio e privi del profilo in gomma. Pedale freno e leva messa in moto senza protezione in gomma. Parafango e sacche laterali (nei primi esemplari fissati senza guarnizioni) in acciaio e non in alluminio. Il cofano

In 1953, Piaggio expanded its range with a new model designated as the Vespa mod. 53 U, with the U standing for Utilitaria or "Utility".
The project took shape in the summer of 1952 under the designation Vespa E, with the E here standing here for Economica or "Economical", the aim was in fact to build a vehicle that cost 20,000 lire less than the 125 mod. 53. This was not the first attempt to launch a cheaper model on the Italian market; the 98 N, or Normale, had been presented as early as 1946.
The Vespa 125 U was officially presented to Italian dealers on the 7th of December at the Hotel Gallia in Milan and the following day it was already on show at the 30th Milan Motorcycle Show in 1952. With the U model, in terms of the engine Piaggio intended to create a hybrid between the aging 125 '51 and the new 125 '53. In fact this new model shared with the former the single transfer port and deflector piston, the fan cover and the engine cowl, while the silencer was very similar to that of the '51, with the exhaust pipe exiting to the left, but with a new type-approval (Act 128/S of 9-6-53 and stamped IGM 128 S). With the '53 model it instead shared the flywheel stator, the new casings, the gearbox and the clutch. The bodywork was more restrained to reduce costs and thereby keeping the retail price down. The only chrome part was the small (95 mm diameter) aluminium headlight bezel, with the unit being transferred from the mudguard to new position on the handlebars. The three footboard strips were eliminated, with the remaining ones made of aluminium and without the rubber profile. The brake pedal and starting lever had no rubber grips. The mudguard and the side panels (in the earliest examples fixed without seals) were steel rather than aluminium. The cutaway engine

46

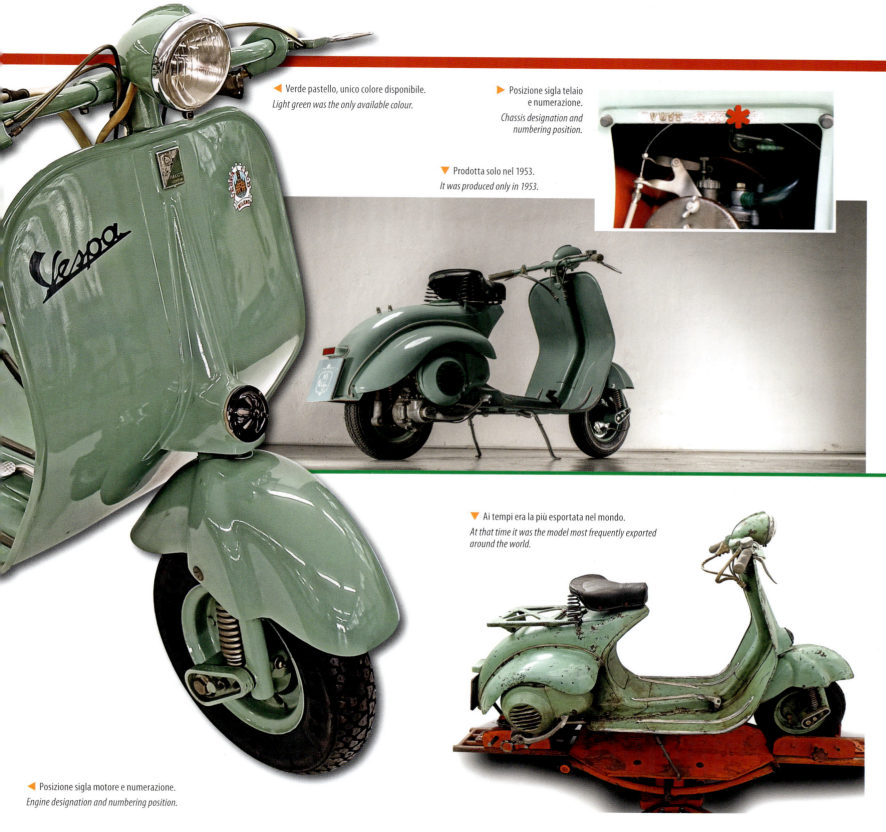

◀ Verde pastello, unico colore disponibile.
Light green was the only available colour.

▶ Posizione sigla telaio e numerazione.
Chassis designation and numbering position.

▼ Prodotta solo nel 1953.
It was produced only in 1953.

▼ Ai tempi era la più esportata nel mondo.
At that time it was the model most frequently exported around the world.

◀ Posizione sigla motore e numerazione.
Engine designation and numbering position.

47

anni '50

motore è di ridotte dimensioni e quello sul lato sinistro (con bauletto senza serratura), sono fissati con viti alla scocca. Il portapacchi era un optional. È priva dell'ammortizzatore anteriore e di bloccasterzo. Il tappo del serbatoio semplificato e a chiusura a incastro, come sugli Ape. Cavalletto senza piedini in gomma. La misura della sella ridotta e le due molle coniche verniciate in verde scuro. La scritta Vespa è verniciata direttamente sullo scudo e lo stemma Piaggio è in ottone stampato e non smaltato. Sebbene pensato come modello a basso prezzo per invogliarne l'acquisto, si rivelò un grande insuccesso commerciale; era probabilmente ritenuta, e lo era effettivamente, troppo spartana. Per smaltire le scorte accumulate divenne ai tempi il modello maggiormente esportato nel mondo. Come tutti gli esemplari poco apprezzati all'epoca, oggi, per la sua rarità, è un modello particolarmente ricercato dai collezionisti.

cover and the left-hand side panel (with unlocked glovebox) were fixed to the frame with screws. The luggage rack was an optional extra. The model lacked the front shock absorber and steering lock. The twist on fuel filler cap was simplified and similar to that on the Ape. The stand had no rubber tips. The seat was reduced in size and the two conical springs were painted in dark green. The Vespa lettering was painted directly onto the leg shield and the Piaggio badge was in stamped brass and not enamelled. Although intended as an entry-level model priced to sell, it proved to be a major commercial failure; it was probably considered, and indeed was, too spartan. To dispose of the accumulated stock, it became the most frequently exported model of its day. Like all those models that were under-appreciated at the time, today it is particularly sought-after by collectors due to its rarity.

▼ Il devioluci in plastica è lo stesso della 125 modello '53.
The plastic light switch was the same as that on the 53' 125 model.

◀ Sospensione anteriore elastica con molla elicoidale; si notino i due ingrassatori.
Front suspension with coil spring; note the two grease nipples.

◀ La forma del cofano motore che lasciava spazio per intervenire sul motore. Il copriventola in tinta con la scocca è del modello '51.
The shaping of the engine cover that allowed room to work on the engine. The body-colour fan cover was from the '51 model.

▼ I listelli pedana sono un pezzo unico in alluminio.
One-piece aluminium footboard runners.

▲ A parte le leve, tutti i componenti del manubrio sono verniciati in tinta con la scocca.
Apart from the levers, all the handlebar components were painted the same colour as the bodywork.

▲ Unica cromatura, la ghiera del fanale anteriore di piccole dimensioni in alluminio (diametro 95 mm).
The only chrome was on the small aluminium headlight bezel (diameter 95 mm).

▲ Scritta Vespa verniciata direttamente sullo scudo e stemma Piaggio in ottone stampato e non smaltato.
The Vespa lettering was painted directly onto the leg shield while the Piaggio badge was in pressed brass and not enamelled.

▼ La pedivella dell'accensione è sprovvista della protezione in gomma.
The starting lever was not fitted with a rubber tip.

▲ Il gruppo termico ha un travaso con pistone a deflettore e la cuffia in tinta con la scocca del modello '51.
The engine had one transfer port with a deflector piston and a body-coloured cowl from the '51 model.

▲ Pedale del freno senza protezione in gomma.
The brake pedal without a rubber grip.

◄ Il parafango in acciaio, di una forma inedita e unica, sagomato attorno alla piega del tubo della forcella.
The steel mudguard with a new, unique form, was shaped around the bend in fork tube.

▲ Il cofano motore in acciaio è di ridotte dimensioni e fissato con cinque viti alla scocca. Nei primi esemplari è fissato senza guarnizioni come quello sulla sinistra.
The engine cover in steel was cutaway and fixed to the frame with five screws. In the earliest examples it was fitted without seals, like the left-hand side panel.

Vespa 125 - VN1T

Nel 1954 debutta la serie VN1T, che fu l'ultimo modello prodotto con il faro sul parafango.
Infatti, dopo averlo già fatto sulla 125 U, alla Piaggio si abbandona questa posizione riportando il faro sulla 150 VL (Struzzo) sul manubrio. Con questo modello in Piaggio si puntava a un prezzo molto competitivo e inferiore alla VM, per cui l'unica soluzione era quella di abbassare i costi di produzione. Vengono eliminate due strisce pedana, ora solo sette.
Si monta la piccola sella dalla 125 U con le molle verniciate in verde scuro senza maniglia per il passeggero. La pedivella avviamento e pedale freno sono in alluminio non lucidato, entrambi senza gommino ma solo con una grigliatura antiscivolo. La scritta "Vespa" anteriore è verniciata in verde scuro. Logo Piaggio in metallo verniciato con graffette da ripiegare per il montaggio senza scritta Genova. Il cavalletto è piegato a L in basso verso l'esterno ed è senza scarpette di gomma. Meccanicamente rimane invariata, adotta però il carburatore Dell'Orto TA 17 C senza starter per cui sparisce la leva dell'aria sotto la sella. Migliora la sospensione posteriore con molla elicoidale biconica a flessibilità

▲ Posizione sigla telaio e numerazione.
Frame designation and numbering position.

▶ Posizione sigla motore e numerazione.
Engine designation and numbering position.

125
Totale esemplari prodotti
Total no. of examples produced
49.100

Certificato di omologazione
Homologation certificate
Atto/*Act* n° 327
7 giugno/*June* 1953

Sigla motore **VN1M**
Engine designation **VN1M**

VN1T	
1.001 - 23.000	1954
23.001 - 50.100	1955

1954 saw the debut of the VN1T series, the last model to be produced with the headlight on the mudguard. In fact, Piaggio had already abandoned this position on the 125 U and then equipped the 150 VL (Struzzo) with a headlight on the on the handlebars. With the 125 model, Piaggio was aiming for a very competitive price, lower than that of the VM, and the only way to achieve this was to lower production costs. Two footboard runners were eliminated, with only seven now being fitted. The small saddle from the 125 U was fitted with the springs painted dark green and without a passenger handle. The starting lever and brake pedal were in unpolished aluminium, both with only a non-slip grating and no rubber boot. The front "Vespa" lettering was painted dark green. The painted metal Piaggio badge was attached with folding tabs and lacked the Genova lettering. The L-shaped stand folded outwards and

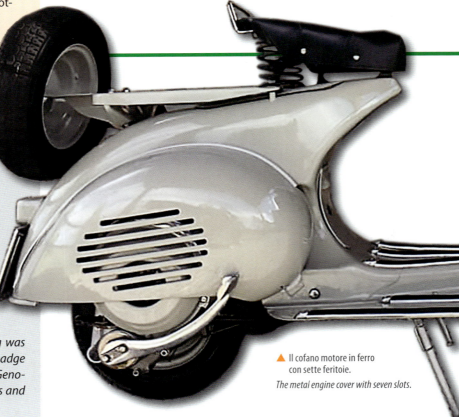

▲ Il cofano motore in ferro con sette feritoie.
The metal engine cover with seven slots.

▲ Ai tempi costava meno della precedente VM.
At the time it cost less than the earlier VM.

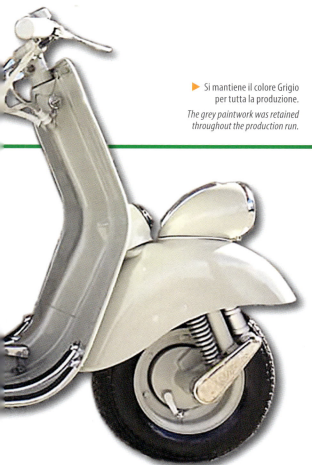

▶ Si mantiene il colore Grigio per tutta la produzione.
The grey paintwork was retained throughout the production run.

anni '50

variabile e ammortizzatore idraulico a doppio effetto ereditato dalla 150. Cambia il disegno del portapacchi posteriore uguale alla VL1.

▼ Mantiene il copriventola in bachelite in tinta con la scocca.
The body-coloured Bakelite fan cover was retained.

▲ La sospensione posteriore con molla elicoidale biconica a flessibilità variabile e ammortizzatore idraulico a doppio effetto ereditato dalla 150.
The rear suspension with the biconical variable rate coil spring and dual action hydraulic damper inherited from the 150.

was not fitted with rubber boots. Mechanically the model was unchanged, but it adopt the Dell'Orto TA 17 C carburettor without no choke and consequently the choke lever under the saddle was eliminated. The rear suspension was improved with a variable rate biconical coil spring and dual action hydraulic shock absorber inherited from the 150. The design of the rear luggage rack was changed and was now the same as the VL1.

▶ Sullo sportellino del vano carburatore il concessionario applicava la sua targhetta in metallo.
The dealer would apply its metal badge to the carburettor access hatch.

▲ Il nuovo disegno del portapacchi posteriore uguale alla VL1. La maniglia per il passeggero è un optional aftermarket.
The new rear luggage rack design was the same as that of the VL1. The passenger handle was an aftermarket accessory.

52

▲ Solo sette strisce pedana al posto delle nove.
Only seven footboard runners instead of nine.

▲ La piccola sella dalla 125 U con le molle verniciate in verde scuro.
The small saddle from the 125 U with the springs painted dark green.

▶ Scritta in alluminio verniciato verde scuro con 6 fori di fissaggio allo scudo, fissata con i ribattini.
Aluminium lettering painted dark green with six holes allowing it to be rivetted to the leg shield.

◀ Rimane la piccola spia e la cresta in alluminio che si ferma prima per lasciargli spazio.
The small tell-tale was also retained with the aluminium crest shorter to allow it room.

▼ La marmitta con punzonato "App. I.G.M. 129/S", stessa omologazione della VM.
The silencer stamped "App. I.G.M. 129/S", the same homologation as the VM.

▲ La misura del faro rimane diametro 105 mm come sulla VM.
The 105 mm headlight diameter like that of the VM was retained.

▲ Il manubrio rimane invariato come il percorso dei cavi.
The handlebar and the cable routing were unchanged.

Vespa 125 - VN2T

Arriviamo al 1957 con l'ultimo modello di Faro Basso che porta sigla VN2T. Viene utilizzato lo scudo della 150 VL per ottimizzare la produzione, che è leggermente più bombato e avvolgente. L'attacco della ghiera del faro anteriore è di poco diverso. La sella è più grande e con maniglia per passeggero e ha sempre le molle verniciate verde scuro. Il portapacchi diventa leggermente più largo. Cambia il copriventola, lo stesso della 150 VL, con disegno a forma di Y. Cambia anche il carburatore, un Dell'Orto TA18 E con starter che riporta la leva dell'aria sotto la sella. Logo Piaggio In alluminio verniciato con 3 fori per il fissaggio allo scudo, con ribattini automaschianti.
Mi sono stati segnalati degli ultimi esemplari prodotti con la scritta "Vespa" sullo scudo e le molle della sella non più verniciate ma cromate.

125
Totale esemplari prodotti
Total no. of examples produced
75.500

Certificato di omologazione
Homologation certificate
Atto/*Act* n° 327
7 giugno/*June* 1953

Sigla motore **VN2M**
Engine designation **VN2M**

VN2T
50.101 - 96.569	1956
96.570 - 125.600	1957

1957 saw the launch of the last Faro Basso (low headlight) model, the VN2T. The slightly more convex and enveloping leg shield from the 150 VL was used in order to optimise production. The headlight bezel attachment was slightly different. The seat was larger, had a passenger grab handle and still had dark green painted springs. The luggage rack was slightly wider. The fan cover was modified and was now the same as the one on the 150 VL, with a Y-shaped design. The carburettor also changed, with a Dell'Orto TA18 E with choke was adopted, which meant that the choke lever under the saddle was restored. The painted aluminium Piaggio badge was attached to the leg shield via three holes and self-tapping rivets.
I have heard of late examples produced with "Vespa" badging on the leg shield and seat springs that were chrome-plated rather than painted.

▲ Lo scudo è più bombato e avvolgente.
The leg shield was more convex and enveloping.

▲ Posizione sigla telaio e numerazione.
Frame designation and numbering position.

▶ Il Grigio è leggermente diverso con codice MaxMeyer 15081.
The grey was slightly different: Max Meyer code 15081.

▲ Posizione sigla motore e numerazione.
Engine designation and numbering position.

▶ Non ha subito grandi modifiche.
No major modifications were made.

anni '50

◀ Scritta in alluminio verniciato verde scuro con 6 fori di fissaggio allo scudo, fissata con i ribattini.
Aluminium lettering painted dark green with six holes for rivetting to the leg shield.

▶ Logo Piaggio in alluminio verniciato con 3 fori per il fissaggio allo scudo, con ribattini automaschianti.
The Piaggio badge in painted aluminiuym with three holes for attachment to the leg shield with self-tapping rivets.

▶ Il devioluci non subisce alcuna modifica.
The light switch unit was unchanged.

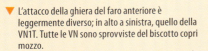

▼ L'attacco della ghiera del faro anteriore è leggermente diverso; in alto a sinistra, quello della VN1T. Tutte le VN sono sprovviste del biscotto copri mozzo.
The attachment of the headlight bezel was slightly different; to left, that of the VN1T. None of the VN models were fitted with the "biscuit" hub cover.

▲ Una modifica fatta ai tempi per adeguarsi al Codice della Strada che richiedeva la luce dello stop.
A modification made at the time to conform to the Highway Code which required a brake light.

◀ La chiave originale del bloccasterzo con la scritta Vespa.
The original steering lock key with Vespa lettering.

◀ Il copriventola, lo stesso della 150 VL, con disegno a forma di Y.
The fan cover was the same as that of the 150 VL, with a Y-shaped design.

▲ Sostituendo la parte superiore del supporto centrale si poteva montare il contachilometri che era un optional aftermarket.
By replacing the upper part of the central support, an optional aftermarket speedometer could be fitted.

▼ Sempre con le molle verniciate verde scuro. Il portapacchi diventa leggermente più largo.
The seat springs were still painted dark green. The luggage rack was slightly wider.

▶ La sella è più grande e con maniglia per passeggero.
The saddle was larger and fitted with a passgenger grab handle

◀ Questa Vespa monta un accessorio aftermarket, un seggiolino posteriore dotato di schienale brevettato e costruito dalla ditta L. Bensi di Carpi.
This Vespa is fitted with an aftermarket accessory, a rear seat with a backrest, patented and manufactured by the L. Bensi firm of Carpi.

▶ La chiave serratura bauletto marchiata Fisam di Milano.
The Fisam of Milan glove box lock.

Vespa 125 - VNA1T

La VNA1T viene presentata alla stampa a Milano l'8 ottobre 1957 al ristorante e nel parco della Triennale. L'ing. Baldino Baldini, direttore della Sarpi, insieme al Dott. Renato Tassinari, capo ufficio stampa e propaganda della Piaggio, illustrano ai presenti le grandi novità di questo modello. Finiva l'era delle Faro Basso. Partiamo dalla innovativa scocca che è composta da due semigusci saldati assieme nella parte centrale. Il vantaggio è che il telaio pesa ben 4 kg in meno rispetto alle 125 precedenti. Nuovo anche il manubrio che è costituito da due semigusci apribili stampati in lamiera. Al suo interno, il faro, tutti i cavi dell'impianto elettrico e quelli dell'acceleratore, cambio e frizione. Fino al telaio n° 20.220 non era provvisto di foro per il contachilometri. Tutto nuovo anche il motore, con il carter e

The VNA1T was presented to the press in Milan on the 8th of October 1957 at the Triennale restaurant and in the park. Ing. Baldino Baldini, director of Sarpi, together with Dr. Renato Tassinari, Piaggio's head of press and promotion, illustrated the model's major new features to those present. The Faro Basso era had come to an end. Let's start with the innovative bodywork, which was composed of two half-shells welded together in the central section. The advantage was that the frame weighed a healthy 4 kg less than the previous 125s. Also new are The handlebars were also new and composed of two opening half-shells in pressed steel. Inside were the headlight, all the electrical system cables and those for the accelerator, gearbox and clutch. Through to frame No. 20.220 the model lacked an aperture for a speedometer. The engine was also all-new, with the crankcase and cross-member being a single casting, with the whole unit more compact. It was fitted with

125

Totale esemplari prodotti
Total no. of examples produced
67.031

Certificato di omologazione
Homologation certificate
Atto/*Act* n° 701/57/0
1 ottobre/*October* 1957

Sigla motore VNA1M
Engine designation **VNA1M**

VNA1T		
1001 - 10.300	1957
10.301 - 68.031	1958

▼ Finisce l'era delle Faro Basso.
The end of the Faro Basso era.

▲ La Vespa in foto monta faro con luce stop, porta targa e marmitta aftermarket.
The Vespa seen here is fitted with an aftermarket brake light, number plate holder and silencer.

▲ Posizione sigla telaio e numerazione prime produzioni.
Frame designation and numbering position.

▲ Posizione sigla telaio e numerazione.
Frame designation and numbering position.

▲ Posizione sigla motore e numerazione.
Engine designation and numbering position.

▲ Linea più compatta e filante grazie anche al nuovo motore meno ingombrante.
More compact and sleeker lines thanks in part to the less bulky new engine.

la traversa che sono un corpo unico, e il tutto risulta più compatto. Monta un carburatore Dell'Orto UA 16 SI con diffusore da 16 mm e aspira aria dall'interno della scocca tramite un manicotto in gomma. Dal motore VNA1M n° 36.777 monta il Dell'Orto UB16 SI. Sotto la sella troviamo il comando dell'aria. Il cambio è a tre marce e funzionava con miscela al 4%. Inedito il selettore del cambio cui si accede togliendo un coperchietto in alluminio. Proprio per le minori dimensioni del motore i cofani sono meno sporgenti e quello del motore lo si asporta completamente. I primissimi esemplari avevano sigla e numeri di telaio punzonati sul lato destro e fondo antiruggine di colore rosso. Non avevano il foro sul telaio per montare il parabrezza. Avevano un tubicino in metallo saldato alla scocca per il passaggio del tubo in plastica della miscela. Attacchi cavalletto sempre a un bullone ma non in alluminio.

a Dell'Orto UA 16 SI carburettor with a 16 mm diffuser and drew air from inside the bodywork via a rubber sleeve. The engine VNA1M No. 36.777 the Dell'Orto UB16 SI was fitted. The choke control was located under the saddle. The gearbox offered three speeds and and the scooter ran with a 4% mixture. The gear selector was new and was accessible by removing an aluminium cover. Due to the smaller size of the engine, the side panels were less prominent and the engine cover was removed completely. The very first examples had frame designation and numbers stamped on the right-hand side and red rust-proofing. There was no provision on the bodywork for fitting a windscreen. The model had a small metal tube welded to the bodywork for passing the plastic two-stroke mixture tube. The stand mounts were always one-bolt but not in aluminium.

▲ Il manubrio fino al telaio n° 20.220 non era provvisto di foro per il contachilometri.
Through to frame No. 20.200, the model was not provided with an aperture for a speedometer.

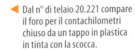

◀ Dal n° di telaio 20.221 compare il foro per il contachilometri chiuso da un tappo in plastica in tinta con la scocca.
From frame No. 20.221 a hole was provided for a speedometer, plugged with a body-coloured plastic blank.

▲ Il devioluci in tinta con la scocca.
The body-coloured light switch unit.

▲ Il contachilometri non era di serie.
The speedometer was not standard equipment.

▲ I primi esemplari (foto a sinistra) non avevano il foro sul telaio per montare il parabrezza.
The earliest examples (photo left) had no provision for fitting a windscreen.

▶ Attacchi del cavalletto sempre a un bullone ma non in alluminio.
The stand mounts always had a single bolt, but not in aluminium.

▲ Le otto strisce pedana di questa serie.
The eight footboard runners on this series.

▲ Il pedale del freno è senza gommino.
The brake pedal was not fitted with a rubber boot.

▲ In questa foto si vede bene il rinforzo centrale della scocca dove i due semigusci vengono saldati.
This photo clearly shows the central bodywork reinforcement were the two half-shells were welded.

▼ Il carburatore aspira aria dall'interno della scocca tramite un manicotto in gomma. La cuffia motore è in alluminio.
The carburettor drew air from within the bodywork via a rubber sleeve. The engine shroud was in aluminium.

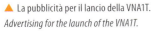

▲ La pubblicità per il lancio della VNA1T.
Advertising for the launch of the VNA1T.

▲ Il tubicino in metallo saldato alla scocca per il passaggio del tubo in plastica della miscela.
The metal tube welded to the bodywork to allow the passage of the plastic two-stroke mixture tube.

Vespa 125 - VNA2T

La cosa che si nota da subito è che rispetto alla VNA1T cambia il colore che da Grigio pastello diventa Grigio Beige. Il telaio, sotto il cofano sinistro, subisce delle varianti durante le varie produzioni VNA. Solo circa le prime 1000 VNA1T non hanno la sagomatura per ospitare il raddrizzatore e hanno solo una sola nervatura orizzontale. Successivamente compare la sagomatura e rimane una sola nervatura orizzontale. Sulla VNA2T le nervature diventano due a X (hanno unificato i telai con quelli della VBA). Per essere conformi al nuovo Codice della Strada (entro il 15 luglio 1960), gli ultimi esemplari montano un faro con luce stop Siem (omologazione APPR. I.G.M. N° 872 - 58 - C1), lo stesso della VBA e GS VS4, con corpo verniciato in tinta con la scocca. In aggiunta monta un interruttore per luce stop con contatto chiuso a tirare. Le strisce pedana seguono la curvatura posteriore della pedana. Il contachilometri rimane un optional. A livello di motore non cambia nulla, la cuffia motore è in ferro. La marmitta è sempre punzonata I.G.M. 0112 S. È l'ultimo propulsore costruito dalla Piaggio con alimentazione convenzionale al cilindro.

125
Totale esemplari prodotti
Total no. of examples produced
48.400

Certificato di omologazione
Homologation certificate
Atto/*Act* n° 701/57/O
1 ottobre/*October* 1957

Sigla motore VNA2M
Engine designation **VNA2M**

VNA2T	
68.032 - 107.007	1958
107.008 - 116.431	1959

What is immediately noticeable is that compared to the VNA1T, the colour changed from pastel Grey to Beige Grey. The frame under the left-hand side panel was subjected to modifications during the various iterations of the VNA. Only around the first 1,000 VNA1Ts did not have the moulding to accommodate the rectifier and had only one horizontal rib. Subsequently, the moulding appeared and the single horizontal rib remained. On the VNA2T the ribs became two X-shaped versions (they unified the frames with those of the VBA). In order to comply with the new Highway Code (by 15 July 1960), the final

▲ L'esemplare fotografato monta accessori aftermarket: borchie cerchi cromate, supporto bandierina e bordoscudo Ulma 261 inox.
The example seen here is fitted with aftermarket accessories: chrome-plated studs, a flag support and Ulma 261 stainless steel leg shield trim.

▲ Posizione sigla telaio e numerazione.
Frame designation and numbering position.

▲ La si distingue subito dalla VNA1T per il diverso colore Grigio Beige.
The model was immediately distinguished from the VNA1T by its different Beige Grey livery.

◀ Sul portapacchi si può montare un cuscino per il passeggero.
A cushion could be fitted to the luggage rack for a passenger.

▲ Posizione sigla motore e numerazione.
Engine designation and numbering position.

63

anni '50

La sella non cambia e ha sempre il telaio verniciato in tinta con la scocca. Per il resto non subisce grandi cambiamenti. Questo modello divenne famoso nel 1960 perché protagonista degli inseguimenti dei paparazzi nel film *La dolce vita*, il capolavoro di Federico Fellini. Dopo il film *Vacanze Romane* del 1953 con la Faro Basso, sette anni dopo una Vespa si fa ammirare in tutto il mondo sulle scene del film.

▶ La leva che comanda il rubinetto del serbatoio carburante.
The lever controlling the fuel tap.

▶ Come sulla VNA1T il telaio della sella è verniciato in tinta con la scocca.
As on the VNA1T, the saddle frame was body-coloured.

▶ Il faro con luce stop Siem, lo stesso della VBA e GS VS4, con corpo verniciato in tinta con la scocca.
The body-coloured Siem brake light unit, the same as the one on the VBA and the GS VS4.

▲ La sagomatura per ospitare il raddrizzatore e le due nervature a X.
The moulding accommodating the rectifier and the single horizontal rib.

models were fitted with a body-coloured Siem rear light unit with a brake light (homologation APPR. I.G.M. N° 872 - 58 - C1), the same as the VBA and GS VS4. In addition a brake light switch with closed pull contact was fitted. The runners followed the rear curvature of the footboard. The speedometer remained an optional extra. In terms of the engine, nothing changed, the engine shroud was made of steel. The silencer was still stamped I.G.M. 0112 S. This was the last engine built by Piaggio with conventional induction. The saddle was unchanged and still had the frame painted to match the bodywork. There were no other major changes. This model became famous in 1960 when it starred in the paparazzi chases in Federico Fellini's movie masterpiece La dolce vita. Following the 1953 film Vacanze Romane featuring the Faro Basso, seven years later a Vespa was again to be seen on screens throughout the world.

▶ La sagomatura per ospitare il raddrizzatore e la sola nervatura orizzontale.
The moulding accommodating the rectifier and the two X-shaped ribs.

▲ Il raro supporto da fissare al telaio per poter montare il parabrezza.
The rare support to be fixed to the frame allowing a widnscreen to be fitted.

▲ Il portapacchi delle due serie VNA è leggermente diverso come misure e fori.
The luggage rack on the the two VNA series was slightly different in size and perforations.

▲ Il particolare del bordoscudo aftermarket Ulma 261 da fissare con viti a grano.
The Ulma 261 leg shield trim secured with grub screws.

▶ È l'ultimo propulsore costruito dalla Piaggio con alimentazione convenzionale al cilindro.
This was the last power unit built by Piaggio with conventional induction.

▼ Le strisce pedana seguono la curvatura posteriore della pedana.
The runners followed the rear curvature of the footboard.

▼ La marmitta per tutta la produzione VNA è punzonata I.G.M. 0112 S.
Throughout the production run the VNA silencer was stamped I.G.M. 0112 S.

◀ La leva, solo per le VNA, è leggermente più corta e verniciata in argento.
For the VNAs only, the lever was slightly shorter and painted silver.

Vespa 125 - VNB1T

Dopo circa un anno dalla presentazione della 150 VBA1T e gli ottimi risultati commerciali del nuovo motore con l'ammissione a valvola a disco rotante, il 10 ottobre 1959 a Milano fu presentata la 125 VNB1T. In questa tipologia di motore, il collettore di aspirazione è direttamente connesso al carter, la fase di aspirazione viene controllata dalla cosiddetta valvola o disco rotante. In pratica tale valvola assume la forma di un disco solidale all'albero motore, che con un opportuno profilo controlla la fase di aspirazione. Il carburatore è posizionato sul carter con un collettore cortissimo, ottenendo una buona coppia ai bassi regimi e di conseguenza un motore molto elastico. La nuova cilindrata non è altro che una diminuzione di cilindrata, con l'adozione di un nuovo gruppo termico, in pratica è lo stesso motore con le stesse caratteristiche. Mantiene lo stesso albero motore della 150 con medesima corsa di 57 mm e alesaggio ridotto a 52,5 mm per una cilindrata effettiva di 123,4 cc. È alimentato da un carburatore di "tipo automobilistico", un Dell'Orto SI 20/15 con diffusore 20 mm privo di starter. Cambio a 3 marce e marmitta punzonata IGM 0112 S.

Around a year after the presentation of the 150 VBA1T and with the new rotary disc valve engine enjoying great commercial success, the 125 VNB1T was launched on the 10th of October 1959 in Milan. In this type of engine, the intake manifold is directly connected to the crankcase and the intake phase is controlled by the so-called rotary valve or disc. In practice, this valve takes the form of a disc integral with the crankshaft, which controls the intake phase thanks to its specific profile. The carburettor is positioned on the crankcase with a very short manifold, resulting in good torque at low revs and consequently a very flexible engine. The new displacement was simply a reduction in cubic capacity, with the adoption of a new combustion chamber but to all intents and purposes it was the same engine with the same characteristics. It retained the same crankshaft as the 150 with the same 57 mm stroke and but with the bore reduced to 52.5 mm for an effective displacement of 123.4 cc. The unit was fuelled by an "automotive type" carburettor, a Dell'Orto SI 20/15

125

Totale esemplari prodotti
Total no. of examples produced
88.850

Certificato di omologazione
Homologation certificate
n° 1134 OM
30 luglio/*July* 1960
IGM 1134 OM
per tutte le serie/*for all series*

Sigla motore **VNB1M**
Engine designation **VNB1M**

VNB1T	
1001 - 16.275	1959
16.276 - 80.686	1960
80.697 - 89.850	1961

▲ Posizione sigla motore e numerazione.
Engine designation and numbering position.

▼ Posizione IGM, sigla telaio e numerazione.
IGM, frame designation and numbering position.

▶ Prodotta in un unico colore Grigio Celeste chiaro.
The model was available in a single colour, light Blue-Grey.

▲ La scocca è la stessa del modello precedente VNA.
The bodywork was the same as the previous VNA model.

▶ Per tutta la produzione non ha subito modifiche.
It was not subjected to modifications throughout the production run.

Manubrio scomponibile in due semi gusci trasversali e faro piccolo da 105 mm di diametro. Il contachilometri è un optional. Il devioluci è lo stesso della VNA. La scocca è la stessa del modello precedente VNA, il fanale posteriore, con luce stop, è lo stesso della 150 GS VS5 ma con parte in metallo verniciata del colore della scocca. Scritta identificativa "Vespa" sullo scudo in alluminio verniciata blu scuro con 6 fori di fissaggio con relativi ribattini. Il manubrio rimane scomponibile. Un modello che dal 1959 al 1966 ebbe un discreto successo con più di 300.000 esemplari prodotti in sei diverse versioni.

▲ Il contachilometri è un optional, fondo chiaro scala 90 km/h.
The optional speedometer had a light ground and a 90 kph scale.

▲ Offerta con la mono sella marca A. Rejna o Aquila con molla regolabile.
The model was offered with an A. Rejna or Aquila single saddle with adjustable spring.

with a 20 mm diffuser and no choke. A three-speed gearbox was fitted along with a silencer stamped IGM 0112 S.
The handlebars could be split into two transverse half-shells and a small 105 mm diameter headlight. The speedometer was an optional extra. The light switch unit was the same as the one on the VNA. The bodywork was the same as that of the previous VNA model, the tail light, fitted with a brake light, was the same as that of the 150 GS VS5 but with the metal shell body-coloured. The "Vespa" badging was in dark blue painted aluminium shield fixed via six holes and rivets. Between 1959 toand 1966 the model enjoyed considerable success, with more than 300,000 examples being produced in six different versions.

▲ Logo Piaggio rettangolare.
The rectangular Piaggio logo.

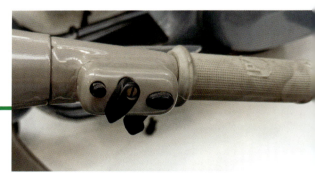

▲ Il devioluci è lo stesso della VNA.
The light switch unit was the same as that on the VNA.

▼ Anche le strisce pedana sono le stesse della VNA ultima versione.
The footboard runners were also the same as those on the final version of the VNA.

▲ Manubrio scomponibile in due semi gusci trasversali e faro piccolo da 105 mm di diametro.
Split handlebar composed of two transverse half shells and a small 105 mm diameter headlight.

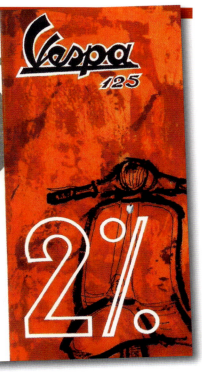

▲ Il dépliant che descriveva le caratteristiche del nuovo modello.
The brochure describing the features of the new model.

▶ Il clacson di colore nero con guarnizione chiara.
The black horn with a light seal.

▼ Motore con cambio a tre marce.
Engine with three-speed gearbox.

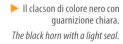

▶ Sul portapacchi si può montare un cuscino per il passeggero.
A cushion could be fitted to the luggage rack for a passenger.

▲ Scritta identificativa "Vespa" sullo scudo in alluminio, verniciata blu scuro con 6 fori di fissaggio con relativi ribattini.
The Vespa badging on the leg shield was in aluminium painted dark blue and attached with six small rivets.

anni '50

Vespa 150 - VL1T/VL2T/VL3T

150

Certificato di omologazione
Homologation certificate
Atto/*Act* n° 412
27 dicembre/*December* 1954

Sigla motore **VL1M**
Engine designation **VL1M**

VL1T	
1.001 - 8.173	1954
8.174 - 17.000	1955*

Totale esemplari prodotti
Total no. of examples produced
16.000

VL2T	
17.001 - 63.001	1955

Totale esemplari prodotti
Total no. of examples produced
46.001

Certificato di omologazione
Homologation certificate
Atto/*Act* n° 412
27 dicembre/*December* 1954
modifiche approvate con
Circolare/*modifications
approved with Circular* n° 570
29 dicembre/*December* 1955
prot. n° 9758 (22) 509/13
a partire dagli esemplari di
produzione/*starting with those
examples produced in* 1956

Sigla motore **VL3M**
Engine designation **VL3M**

VL3T	
63.101 - 130.693	1956**
130.694 - 132.000	1957

Totale esemplari prodotti
Total no. of examples produced
68.900

*Sulla Scheda di Omologazione
è riportato fino al telaio 17.000
esemplari sprovvisti di batteria
**100 numeri di telaio non utilizzati
(vedi Scheda di Omologazione).

* *The Homologation Certificate records
through to frame No. 17.000 those
examples without a battery.*
** *100 frame nos. not used (see
Homologation Certificate).*

▶ Nel 1954 la Piaggio lancia in sordina un nuovo modello dotato di manubrio in tubo metallico, come le Faro Basso, ma con il faro posizionato in mezzo a quest'ultimo, come sulla Vespa 125 U. In effetti, al 32° Salone del Motociclo di Milano, non c'era traccia di questo modello già in produzione, e tutta la scena è puntata sulla innovativa 150 GS VS1T. Consultando i dati matricolari ufficiali nel 1954, a Pontedera se ne produssero ben 7.173 esemplari, solamente l'anno dopo debuttava la GS 150 VS1 che era però dotata di un diverso motore. Il motore della 150 VL non era altro che il 125 aumentato di cilindrata, leggermente più potente. Per quella nuova posizione del faro prese il soprannome di "Struzzo" e fu anche la prima Vespa ad adottare un motore di cilindrata 150. I cofani e il parafango sono in lamiera. Il cavalletto da 17 mm nelle prime due serie ha i due tubi leggermente piegati, nella VL3T sono perfettamente dritti. In ogni caso è sempre dotato di scarpette in gomma. Questo modello fu anche il primo ad adottare di serie il contachilometri alloggiato nel corpo del faro dove troviamo anche la spia rettangolare che indica l'accensione delle luci. Il quadrante è di colore verde nelle prime due serie mentre nella VL3T ha colore bianco, in quest'ultima serie cambia la forma della spia ora tonda. Il faro da 105 mm ha una ghiera cromata che nell'ultima serie sarà dotata di una vistosa palpebra. La VL1 ha il devio luci a forma di ventaglio, in plastica grigia, che diventerà poi di forma rettangolare in tinta con la scocca. Ho trovato anche esemplari conservati che l'hanno cromato. La VL1T, come riportato dalla scheda di omologazione, fino al n° di telaio 17.000 è priva di batteria, montata poi sulla VL2T e VL3T nel vano porta

▶ *In 1954, Piaggio quietly launched a new model with a tubular metal handlebar, like the Faro Basso models, but carrying the headlight in the centre, as on the Vespa 125 U. In fact, at the 32nd Milan Motorcycle Show, there was no sign of this model which was already in production, with all the attention focused on the innovative 150 GS VS1T. Looking at the official serial numbers for 1954, no less than 7,173 were produced at Pontedera, with the GS 150 VS1 only made its debut the following year, but was fitted with a different engine. The engine of the 150 VL was none other than the 125, increased in displacement and offering slightly more power. The new headlight position earned it the nickname "Struzzo" or "Ostrich" and it was also the first Vespa to adopt a 150 cc engine. The bonnet and mudguard were made of sheet steel. The 17 mm stand of the first two series had the two tubes slightly bent, while in the VL3T they were perfectly straight. In both cases they were fitted with rubber boots. This model was also the first to adopt as standard the speedometer housed in the headlight body, where we also find the rectangular lights on tell-tale. The dial was green on the first two series, while on the VL3T it was white, with the warning light shape now round. The 105 mm headlight had a chrome-plated bezel, which in the last series was to be equipped with a conspicuous peak. The VL1 had a fan-shaped light switch unit in grey plastic, which was later to become rectangular in shape to match the bodywork. I have also found preserved examples that have a chrome-plated unit. As stated on the homologation certificate, through to frame No 17.000 the VL1T had no battery, while one was later fitted to the VL2T and VL3T in the glove compartment. However, it cannot be ruled*

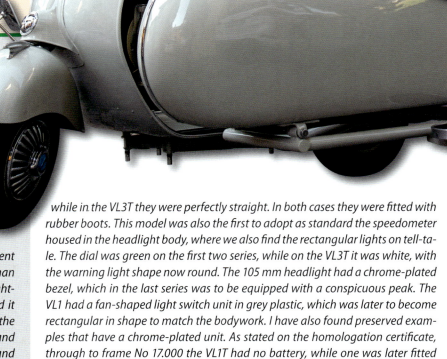

▼ VL3T con sidecar.
VL3T with sidecar.

▲ Posizione sigla telaio e numerazione.
Frame designation and numbering position.

▶ Una VL1T accessoriata.
An accessorised VL1T.

▼ Posizione sigla motore e numerazione.
Engine designation and numbering position.

▼ In questa VL1T si vede la sella con le due molle coniche rovesciate.
On this VL1T we can see the seat with two inverted conical springs.

oggetti. Non si può però porta a escludere che alcuni esemplari di VL1T siano usciti dalla produzione dotati di batteria. La VL1T è priva di serratura allo sportellino vano porta oggetti, montata poi nelle serie successive. Adotta un'inedita sella con due molle coniche rovesciate montate su un telaio rovesciato in tinta con la scocca. Cambierà modello sulla VL3T, ora con una sola molla orizzontale regolabile. Nella VL3T cambiano le strisce pedana, quelle esterne seguono la curvatura della parte finale della pedana. La cresta del parafango anteriore è la stessa adottata poi sulla 150 GS fino alla serie VS4T. L'ultima serie VL3T appartiene alla produzione della milionesima Vespa che esce da Pontedera il 28 aprile 1956. Sulla linea di montaggio, il progettista Corradino D'Ascanio, assieme ad Enrico Piaggio, tengono a battesimo la milionesima Vespa e a tutti i presenti viene dato un modellino di "struzzo" applicato su una base dove compariva da una parte "1.000.000" con la data e, dall'altra, il nome dell'invitato. Fu anche emesso un chiudilettera dalle sembianze di un francobollo.

out that some VL1Ts left the production line equipped with a battery. The VL1T lacked the lock on the glove compartment door, later fitted to subsequent series. A new saddle was introduced with two inverted conical springs mounted on a body-coloured inverted frame. The seat model changed on the VL3T and now had a single adjustable horizontal spring. On the VL3T the footboard runners changed, with the outer ones following the curvature of the end section. The front mudguard crest was the same as the one adopted later on the 150 GS through to the VS4T series. The last VL3T series saw the production of the millionth Vespa to leave Pontedera on the 28th of April 1956. On the assembly line, designer Corradino D'Ascanio, together with Enrico Piaggio, baptised the one millionth Vespa and all those present were given an "ostrich" model mounted on a base with a "1,000,000" inscription, the date on one side and the name of the guest on the other. A letter seal resembling a stamp was also issued.

▲ Il devioluci a forma di ventaglio, in plastica grigia, montato inizialmente.
The fan-shaped switch unit in grey plastic initially fitted.

▲ Il devioluci di nuova forma e in tinta con la scocca.
The new-shape, body-coloured switch unit.

▲ L'inedita sella con due molle coniche rovesciate montate su un telaio rovesciato in tinta con la scocca. Si vede anche il tirante dello starter.
The new saddle with two inverted conical springs fitted to an inverted body-coloured frame. The choke control can also be seen.

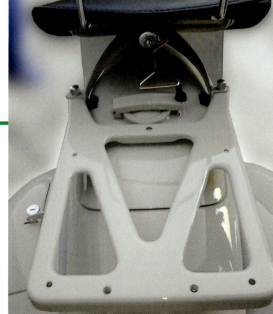

▶ La seconda versione di sella con una sola molla orizzontale regolabile. Si vede anche il tirante dello starter di diversa forma.
The second version of the saddle with a single adjustable horizontal spring. The different choke control can also be seen.

◀ Il chiudilettera simile ad un francobollo, emesso il 28 aprile 1956 in occasione della milionesima Vespa.
The letter seal resembling a stamp issued on the 28th of April 1956 on the occasion of the millionth Vespa.

▲ Una VL3 conservata con devio di nuova forma ma cromato.
A preserved VL3 with the new shape switch unit but chrome-plated.

▲ La cresta del parafango, unica cosa che la accomuna con la 150 GS.
The mudguard crest was the only element shared with the 150 GS.

▲ Il primo tipo di strisce pedana.
The first type of footboard runner.

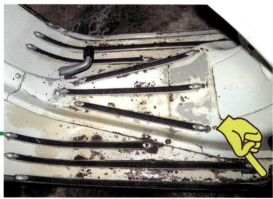

▲ Il secondo tipo di strisce pedana con le due esterne che seguono la curvatura della parte finale della pedana.
The second type of footboard runner with the two outer ones following the curvature of the end section.

◀ Il contachilometri che equipaggia le prime due serie e la spia rettangolare, che indica l'accensione delle luci.
The speedometer fitted to the first two series and the rectangular warning light showing the lights were on.

◀ La ghiera cromata con la vistosa palpebra e la spia rossa tonda, che indica l'accensione delle luci, della serie VL3T.
The chrome-plated bezel and conspicuous peak and the round red lights-on tell-tale from the VL3T series.

▶ Il cavalletto da 15 mm nelle prime due serie ha i due tubi leggermente piegati, nella VL3T sono perfettamente dritti. In ogni caso è sempre dotato di scarpette in gomma.
The 15 mm stand from the first two series had the two tubes slight bent, while on the VL3T they were perfectly straight. In both cases it was fitted with rubber boots.

anni '50

Vespa 150 T.A.P.

Negli anni Cinquanta, tra il 1956 e il 1959, il ministero della Difesa francese commissionò alla controllata Piaggio in Francia, l'ACMA di Fourchambault, la costruzione della prima Vespa utilizzata per scopi militari, la TAP 56, acronimo dell'italiano "Truppe Aereo Paracadutate".

Per la realizzazione di questo mezzo venne fatta una vera e propria gara d'appalto alla quale parteciparono diverse Case: Mors, Jonghi, Peugeot, Motobecane, Valmobile e Bernardet. Alla fine, a spuntarla, fu l'ACMA. Fu presentata ufficialmente a Parigi al Salon du Cycle et de la Motocyclette, tenutosi a Porte de Versailles. Deriva dalla 150 "Struzzo", il motore rimane invariato ed è solo debitamente protetto da lastre di ferro. La prima prodotta fu l'ACMA TAP 56, in 500 esemplari, mentre la seconda fu l'ACMA TAP 59, in 200 esemplari. Produzione che rende quest'ultima una tra le Vespa più rare. La seconda serie, TAP 59, presenta alcune differenze estetiche e funzionali, frutto dell'esperienza della serie precedente: un raggio di sterzata inferiore, una leggera modifica nella griglia del faro anteriore e di quello posteriore, una sella leggermente ribassata. Su 700 TAP prodotte solo circa 100 scesero in guerra poiché si appurò che il mezzo era difficilissimo da guidare nei campi di battaglia. Fino a circa gli anni '70 tutte le altre TAP rimasero stoccate tra l'ACMA e varie caserme per poi essere o demolite o cedute ad alcuni corpi dello Stato (probabilmente pompieri, l'Armée de l'Air e altri). Ma dove venne utilizzata questa speciale Vespa ACMA militare? Spesso si fa l'errore di pensare che fu protagonista della guerra in Indocina. Va chiarito che chi andò in Indocina furono solo i soldati francesi con lo scooter Cushman Air Borne. Gli scenari di guerra della TAP furono

---

In the 1950s, between 1956 and 1959, the French Ministry of Defence commissioned Piaggio's French subsidiary, ACMA in Fourchambault, to construct the first Vespa used for military purposes, the TAP 56, an acronym for the Italian "Truppe Aereo Paracadutate" or "Parachute Troops".

A true tender was called for the construction of this vehicle, with a number manufacturers participating: Mors, Jonghi, Peugeot, Motobecane, Valmobile and Bernardet. In the end, it was ACMA that came out on top. The vehicle was officially presented in Paris at the Salon du Cycle et de la Motocyclette, held at the Porte de Versailles fair ground. Derived from the 150 "Struzzo", the engine remained unchanged and although it was afforded protection with metal plates. The first version was the ACMA TAP 56, produced in 500 examples, while the second was the ACMA TAP 59, produced in 200 examples. These are figures that makes the second one of the rarest of all Vespas. The second series TAP 59 had several aesthetic and functional differences, the result of the experience gained with the previous series: a smaller turning radius, a slight modification to the front and rear light grilles, a slightly lowered seat. Of the 700 TAPs produced, only about 100 went to into service as it was found that the vehicle was extremely difficult to ride in battlefield conditions. Through to around the 1970s, all the other examples of the TAP remained stored at ACMA and various barracks and were then either scrapped or given to certain state bodies (probably the fire brigade, the Armée de l'Air and others). But where was this special military ACMA Vespa actually used? People often make the mistake of thinking that it was used in the Indochina war. It should be made clear that the French troops who went to Indochina were equipped exclusively with the Cushman Air Borne scooter. The TAP's active service theatres were Suez and Algeria. For the Suez war (as testified by an 84-year-old surviving veteran) the TAPs were required to be

▼ Era difficilissimo da guidare nei campi di battaglia a causa anche della pesantezza.
It was very difficult to ride on battlefields due in part to its weight.

◀ La rara colorazione sabbia di questa TAP 56.
The rare sand colour of this TAP 56.

▼ Posizione sigla motore e numerazione.
Engine designation and numbering position.

▼ La più comune colorazione verde di questa TAP 56.
The more common green livery for this TAP 56.

▼ Posizione sigla telaio e numerazione.
Chassis designation and number position

Suez e l'Algeria. Proprio per la guerra di Suez (a testimoniarlo è stato un veterano di 84 anni ancora in vita) venne richiesto che le TAP fossero color sabbia, in modo tale da mimetizzarsi con le altre forze armate. Ne furono modificate circa una decina e anche per questo la TAP sabbia assume un valore ancor più importante. Ma poiché a Suez, alla fine, andarono solo i paracadutisti, le TAP sabbia vennero dipinte di verde nelle caserme in Algeria per essere impiegate durante il conflitto in questo Paese.

Purtroppo, anche per via di segreti militari e della documentazione che di certo venne distrutta, a oggi non siamo in possesso di carte che testimonino quanto detto ma, oltre alla testimonianza dei veterani raccolta da Griveau Didier (vespista belga, fondatore del Registro Storico TAP), la conferma arriva grazie ad alcune TAP conservate che dimostrano la doppia colorazione: base color sabbia e sopra altra mano di verde militare che si scrosta. L'esemplare TAP 56, telaio 66, raffigurato in queste pagine, prima del restauro mostrava chiaramente il doppio colore.

▲ La griglia in metallo che protegge il faro.
The metal grille protecting the headlight.

▲ Il corpo del faro è lo stesso della 150 "Struzzo" ma come si vede non è presente la spia che indica i fari accesi. Notare anche la protezione in ferro del devioluci.
The body of the headlight was the same as that on the 150 "Struzzo" but as you can see there is no tell-tale indicating the headlights were on. Note also the metal shield for the light switch.

▼ Il ritaglio del giornale dell'epoca, con la foto della TAP al Salon du Cycle et de la Motocyclette dove si vede il Ministro della Produzione Industriale, Sig. Lemaire, che si fa spiegare le particolarità della Vespa dal Sig. Dinanceau, direttore commerciale della A.C.M.A.

sand-coloured, so as to blend in with the other armed forces. About a dozen were modified, which makes the sand-coloured TAP even rarer. However, as only the paratroopers eventually went to Suez, the sand TAPs were painted green in the barracks in Algeria for use during the conflict there.

Unfortunately, in part due to military secrecy and documentation that was certainly destroyed, to this day we are not in possession of any papers regarding this episode, but, in addition to the testimony of veterans collected by Griveau Didier (a Belgian Vespista, founder of the TAP Historical Register), confirmation has come in the form of several preserved TAPs that demonstrate the double colouring: sand-coloured base with another coat of military green above that tends to peel off. The TAP 56 example, frame No. 66, depicted on these pages clearly showed the two colours before restoration.

◀ A period newspaper clipping, with a photo of the TAP at the Salon du Cycle et de la Motocyclette where the Minister of Industrial Production, Mr Lemaire, can be seen being shown the special features of the Vespa by Mr Dinanceau, Commercial Director of A.C.M.A.

▼ Ecco il foro nello scudo di appoggio con il sistema di fissaggio del cannone, da cui fuoriesce anteriormente per oltre un metro.

The aperture in the support shield with mounting system for the gun which protrudes at the front for more than a metre.

▼ Altro punto debole della Vespa sono le pedane, debitamente rinforzate sulla TAP da queste lastre in metallo.

Another weak point of the Vespa were the footpegs, duly reinforced on the TAP with these metal plates.

▼ Il motore è quello della 150 "Struzzo", modello da cui deriva la TAP.

The engine was that of the 150 "Struzzo", the model from which the TAP was derived.

▲ Visto il peso non indifferente è stato studiato un apposito cavalletto che scende ai due lati separatamente, sarebbe impossibile sollevare la TAP. Pensate che solo le munizioni avevano un peso di oltre 80 kg.

In view of the vehicle's inconsiderable weight, a special stand was designed that descends on both sides separately, it would be impossible to lift the TAP. Just think that the ammunition alone weighed more than 80 kg.

▲ La marmitta appositamente protetta da uno scivolo di metallo che ne impedisce colpi e relative rotture.

The silencer was protected by a metal chute preventing it from grounding and breaking.

▲ Anche i carter motore sono protetti da pesante e robusta lamiera.

The engine casings were also protected by heavy, robust sheet metal.

▼ Anche il cambio rimane a tre marce come sulla VL.

The gearbox was also the same three-speed as on the VL.

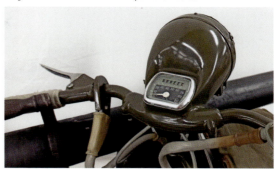

▲ La sella, non certo comodissima, avvolge il cannone M20, ed è ribaltabile per estrarlo. Cannone di fabbricazione americana, senza rinculo da 75 mm, in grado di perforare carrozze fino a 100 mm di spessore, utilizzato da tutte le truppe del Patto Atlantico.

The saddle, certainly not very comfortable, enclosed the M20 cannon and could be folded to remove the gun. The American-made, recoilless 75 mm cannon was capable of perforating bodywork up to 100 mm thick, was used by all Atlantic Treaty troops.

▼ Sebbene sia un modello raro esiste il Registro Storico TAP fondato da Griveau Didier.

Although a rare model, there is a TAP Historical Register founded by Griveau Didier.

Vespa 150 - VB1T

▶ Fu soprannominata "la GS dei poveri" per via della somiglianza con la 150 GS, con cui però non aveva nulla a che fare. Era infatti derivata direttamente dalla VL3T "Struzzo" da cui ereditò il motore, meno potente di quello della GS, tutta la meccanica e le ruote da 8 pollici. Cambia solo il carburatore, un Dell'Orto MA19 D al posto del TA19 C, questo per migliorare e risolvere il problema dei vuoti di carburazione che affliggevano la VL3, a vantaggio dei bassi regimi. L'unica vera novità era il nuovo manubrio in pressofusione simile appunto alla GS, che incorporava il gruppo ottico di maggiori dimensioni da 115 mm di diametro con ghiera cromata. Adotta lo stesso commutatore delle luci della VL3T. Il contachilometri squadrato, simile a quella della VS2, ha fondo bianco e scala 90 km/h.

▶ Nicknamed "the poor man's GS" due to its resemblance to the 150 GS, this model actually had nothing in common with the more luxurious scooter. It was in fact derived directly from the VL3T "Struzzo" from which it inherited all the mechanical organs including the engine, which was less powerful than that of the GS, and the 8-inch wheels.
Only the carburettor was changed, with a Dell'Orto MA19 D being fitted instead of the TA19 C. This was to solve the problem of stuttering under power that plagued the VL3, improving delivery at low revs. The only real novelty was the new die-cast handlebar similar to that of the GS and incorporating the larger 115 mm diameter headlight unit with chrome-plated bezel. The same light switch as the VL3T was adopted. The

150
Totale esemplari prodotti
Total no. of examples produced
98.700

Certificato di omologazione
Homologation certificate
Atto/*Act* n° 412
27 dicembre/*December* 1954

Sigla motore **VB1M**
Engine designation **VB1M**

VB1T		
1.001 - 55.375		1957
55.376 - 99.700		1958

▲ Una VB1T molto accessoriata.
A highly accessorised VB1T.

▲ Per essere in regola con il nuovo Codice della Strada veniva sostituito il faro posteriore con uno dotato di luce stop.
In order to satisfy the new Highway Code, the rear light was replaced with one equipped with a brake light.

▶ Posizione sigla telaio e numerazione.
Frame designation and numbering position.

▶ Posizione sigla motore e numerazione.
Engine designation and numbering position.

▶ Unico colore Grigio Azzurro metallizzato per tutta la produzione.
Grigio Azzurro (Blue Grey) was the only colour available throughout the production run.

A livello di scocca è praticamente invariata rispetto alla VL3, stessa cresta del parafango in alluminio, il cofano laterale sinistro dotato di vano porta oggetti con serratura, al suo interno troviamo il regolatore di corrente e la batteria a 6 Volt. Stesse strisce pedana, quelle esterne seguono la curvatura della parte finale. Stessa sella con una sola molla orizzontale regolabile. Cambia solo la zona del tunnel centrale del piantone dello sterzo, maggiorato per far passare al suo interno tutti i cavi del cambio, frizione e acceleratore.
Prodotta per due anni solo nell'innovativo colore Grigio Azzurro metallizzato, non subì varianti. Ha avuto un discreto successo, in strada era spesso scambiata per una GS, con la sella lunga era quanto mai simile, ma costava quasi 30.000 Lire in meno.

▲ La ghiera cromata con la piccola palpebra.
The chrome-plated bezel with the small peak.

▲ Il faro originale senza luce stop.
The original rear light without the brake light.

▲ Cambia solo la zona del tunnel centrale del piantone dello sterzo, maggiorato per far passare al suo interno tutti i cavi del cambio, frizione e acceleratore.
Only the central tunnel area for the steering column was modified, becoming larger to allow all the gear, clutch and accelerator cables to be run inside.

▼ Il pedale del freno è dotato di gommino antiscivolo, come anche la leva di accensione.
The brake pedal was fitted with a rub grip, as was the starting lever.

square speedometer, similar to that of the VS2, had a white ground and a 90 kph scale.
In terms of the bodywork, the model was practically unchanged with respect to the VL3, with same aluminium mudguard crest, the left-hand side panel bonnet had an oddments compartment with a lock, inside we find the current regulator and the 6-volt battery. The same footboard runners were fitted, the outer ones following the curvature of the end section. The same saddle with a single adjustable horizontal spring. Only the area of the central steering column tunnel changed, being enlarged to accommodate all the gear, clutch and accelerator cables.
Produced for two years only in the innovative metallic Grigio Azzurro (Grey Blue) colour, the model was not subjected to any variations. It was reasonably successful and on the road it was often mistaken for a GS; with the long seat it was particularly similar, but it cost almost 30,000 Lire less.

▲ Il contachilometri squadrato, simile a quella della VS2, ha fondo bianco e scala 90 km/h.

The square speedometer, similar to that of the VS2, had a white ground and a 90 kph scale.

▲ L'unica vera novità era il nuovo manubrio in pressofusione simile appunto alla GS. Dotato di piccola spia rossa che indica le luci accese.

The only real novelty was the new cast handlebar similar to that of the GS. It was equipped with a small red tell-tale indicating that the lights were on.

▲ Adotta lo stesso commutatore delle luci della VL3T.

The same light switch unit as the VL3T was fitted.

◄ Stesse strisce pedana della VL3, quelle esterne seguono la curvatura della parte finale.

The same footboard runners as the VL3, the outer ones following the curvature of the end section.

▲ Il cavalletto da 15 mm di diametro è del tipo dritto come sulla VL3.

The 15 m diameter stand was of the straight type, as on the VL3.

▲ La cresta del parafango in alluminio utilizzata anche sulle GS fino alla VS4.

The mudguard crest in aluminium also fitted to the GS through to the VS4.

▲ Stessa sella della VL3 con una sola molla orizzontale regolabile.

The same saddle as the VL3 with a single adjustable horizontal spring.

▶ Il cofano laterale sinistro dotato di vano porta oggetti con serratura; al suo interno troviamo il regolatore di corrente e la batteria a 6 Volt.

The left-hand side panel equipped with a locking oddments compartment; inside we find the current regulator and the 6-volt battery.

VESPA 400 - V400

400	
Totale esemplari prodotti *Total no. of examples produced*	
30.976	

V400	
1.111 - 2.213	1957
2.214 - 14.343	1958
14.344 - 23.060	1959
23.061 - 30.237	1960
30.238 - 32.087	1961

▶ Progettata inizialmente in gran segreto a Pontedera, la piccola vettura venne poi prodotta solo in Francia dalla partecipata ACMA. Questo perché Enrico Piaggio incontrò Vittorio Valletta, allora presidente della Fiat, e insieme decisero quanto fosse importante per le due aziende non farsi concorrenza almeno sul mercato nazionale. Fiat, infatti, proprio in quel periodo, stava sviluppando il progetto della Nuova 500. La Vespa 400 è stata presenta alla stampa l'11 settembre 1957 a Montecarlo. Successivamente, lo stesso anno, il 26 settembre, al Salone Internazionale dell'Automobile di Parigi. Essendo il motore e la trazione posteriori nell'abitacolo troviamo un tunnel poco ingombrante. Su quest'ultimo è collocata la leva del cambio, quella del freno a mano, dello starter e dell'avviamento. Sempre all'interno del tunnel, in caso di manutenzione ispezionabile, oltre a tutti cavi di comando, passa anche il sistema di riscaldamento. Sotto il sedile di destra è collocata la ruota di scorta che si raggiunge ripiegando il sedile in avanti, mentre la batteria è posizionata nella parte anteriore e la si raggiunge estraendo anteriormente un cassetto camuffato da calandra. È dotata di 4 ruote indipendenti e il sistema dello sterzo è corredato da una scatola a cremagliera autocentrante. È equipaggiata da un motore bicilindrico di 393 cc a due tempi a distribuzione rotante e alimentato con miscela al 2% e raffreddato ad aria. Il cambio è inizialmente a 3 velocità più retromarcia con frizione monodisco a secco.

Malgrado la macchina sia di piccole dimensioni, è lunga m. 2,85 e larga 1,27, i due posti sono comodi e confortevoli, merito anche dei sedili regolabili e acquistando un cuscino opzionale due bambini piccoli potevano sedersi sul retro. Le minime misure d'ingombro, la facilità di guida, il riscaldamento di serie e il tetto apribile in tela ne facevano un mezzo particolarmente gradito dalle signore della buona borghesia in vena di autonomia nel muoversi.

Inizialmente è stata prodotta in due versioni: la Turismo e la Lusso.

Turismo

Questa versione fu esposta al Salone Internazionale dell'Automobile di Parigi solo per due anni, nel 1957 e nel 1958; si trattava della versione economica realizzata contenendo i costi di produzione. In questo modello gli indicatori di direzione sono posti sul montante laterale del tetto, affianco alle portiere. Il cruscotto ha la strumentazione tonda, con solo due spie esterne, tachimetro, una di carica dinamo e l'altra per segnalare il lampeggio degli indicatori di direzione. Quest'ultimi azionati dalla levetta corta a sinistra del piantone dello sterzo. L'altra levetta più lunga, a tre posizioni, serve ad azionare luci posizione, anabbaglianti e abbaglianti. Non è presente la spia della riserva carburante.

È dotata di un solo tergicristallo e di una sola aletta parasole dalla parte del

▶ *Initially designed in great secrecy at Pontedera, this small car was subsequently only produced in France by the Piaggio subsidiary ACMA. This was because Enrico Piaggio had met Vittorio Valletta, then president of Fiat, and together they had decided how important it was for the two companies to avoid competing with one another, at least on the domestic market. Fiat, in fact, was developing the New 500 project at the time. The Vespa 400 was presented to the press on the 11th of September 1957 at Monte Carlo. Later that year, on the 26th of September, it went on display at the Paris International Motor Show. With the engine at the back and rear-wheel drive, the passenger compartment had an unobtrusive tunnel where the gearstick, handbrake, choke and starter levers were located. The heating system also ran inside the tunnel, along with all the control cables, which could be inspected in the case of maintenance. The spare wheel was located under the right-hand seat and accessed by folding the seat forward, while the battery was located at the front and accessed by pulling out a drawer disguised as a grille at the front. The car featured all-round independent suspension and the steering system was equipped with a self-centering rack-and-pinion box. The Vespa 400 was powered by an air-cooled, 393 cc, two-cylinder, two-stroke engine with rotary valve timing and fuelled with a 2% mixture. The gearbox was initially a three-speed plus reverse gear with a single dry plate clutch.*

Although the machine was very compact at 2.85 m long and 1.27 m wide, the two occupants were comfortable thanks to the adjustable seats and by purchasing an optional cushion two small children could be accommodated in the back. The minimal overall dimensions, the ease of driving, the standard heating and the canvas sunroof made it a particularly popular vehicle for upper middle-class ladies in the mood for independent movement.

The car was initially produced in two versions: the Tourisme and the Luxe.

Tourisme

This version was only exhibited at the Paris International Motor Show for two years, in 1957 and 1958; it represented the economy version of the 400, made possible by keeping production costs down. In this model, the indicators were located on the B pillar, next to the doors. The dashboard had a round instrument panel with a speedometer and just two external warning lights, one for dynamo charging and another flashing for the indicators. The latter were actuated by the short lever to the

▼ La prima e unica Vespa a quattro ruote.
The first and only four-wheeled Vespa.

left of the steering column. The other longer lever, with three positions, actuated the sidelights and the dipped and main beam headlights. There was no fuel reserve warning light.

The model had a single windscreen wiper and a single sun visor on the driver's side. There was no ignition key with instead a lever used for starting. The radiator grille had a single silver-painted trim "moustache", with the two smooth bumpers without overriders also finished in the same colour.

The wheel rims were painted ivory white, the same colour used for the luxury version, were devoid of aluminium studs. The side windows were fixed, with only the quarterlights opening. The seats, made especially for this model, had an exposed tubular frame with little padding.

◄ La posizione del numero del motore.
The engine number position.

▲ L'interno vano motore: a sinistra, i numeri di telaio sulla carrozzeria, a destra, la targhetta del costruttore fissata sulla paratia posteriore.
The interior of the engine compartment: on the left, the chassis numbers on the bodywork, on the right the constructor's identification plate on the rear bulkhead.

► Il numero del motore.
The engine number.

► La targhetta riporta il nome del costruttore, l'indicazione del tipo, i numeri di telaio, l'anno e il peso totale trasportato.
The plate bearing the name of the constructor, the type designation, the chassis numbers, the year and the total laden weight.

guidatore. Non c'è la chiave per il contatto e, al suo posto, c'è una leva da azionare. La calandra presentava un solo baffo verniciato di colore argento e anche i due paraurti lisci privi di rostri sono della medesima tinta.
I cerchi dipinti Bianco avorio, la stessa tinta usata per la versione lusso, sono privi di borchie in alluminio. I finestrini laterali sono fissi, apribili solo i deflettori. I sedili, realizzati appositamente per questo modello, hanno la struttura tubolare a vista con poca imbottitura.

Lusso
Questa versione, sempre presentata al Salone Internazionale dell'Automobile di Parigi nel 1957, fu il modello più venduto. Da inizio produzione fino al n° di telaio 18.503 gli indicatori di direzione sono posti sui due montanti laterali dietro le portiere. Successivamente, e fino a fine produzione, gli indicatori di direzione passano sui parafanghi anteriori. In questa versione la strumentazione più completa è a forma di ventaglio con fondo scala a 110 km/h, con contachilometri centrale e spie di carica dinamo e riserva (4 litri miscela) con al centro della scala tachimetro l'indicatore luminoso del funzionamento degli indicatori di direzione. Sul cruscotto troviamo un blocchetto con la chiave contatto marca Siem. Sotto quest'ultimo c'è l'interruttore dei tergicristalli. A destra del piantone l'interruttore delle luci e a sinistra il commutatore dei due clacson (campagna - città). Presente anche un vano portaoggetti privo di sportello e il portacenere. È dotata di due tergicristalli e due alette parasole. La calandra è arricchita da due baffi cromati e su entrambe le fiancate listelli in alluminio. I paraurti, sul modello Lusso, subirono diversi miglioramenti, primo tipo usato da inizio produzione fino al n° di telaio 10.000 lisci con due rostri verticali, secondo tipo usato dal n° di telaio 10.001 a 18.503 prodotti con un rinforzo nella mezzeria del paraurti per offrire maggiore solidità, terzo tipo aderenti alla carrozzeria usati dal n° di telaio 18.503 fino a fine produzione. Per il mercato americano, tra il 1959 e 1960, furono prodotte 1.500 auto modello Lusso, tutte equipaggiate con rostri verticali aderenti alla carrozzeria, usati di serie anche successivamente sul modello lusso 1961 e GT per il mercato europeo. I cerchi sono verniciati e dotati di borchie in alluminio con impresso a rilievo il logo ACMA. I finestrini laterali fissi, fino al n° di telaio 18.503, diventano poi scorrevoli fino a fine produzione.

Gran Turismo
Fu presentata al Salone Internazionale dell'Automobile di Parigi che si tenne dal 6 al 16 ottobre 1960. Questo modello nel 1961 è dotato di miscelatore automatico, spinterogeno e cambio 4 marce. Su questa versione la forma della strumentazione rimaneva come sulla Lusso. Venivano modificate le due spie ora per la carica della dinamo e la riserva dell'olio del miscelatore automatico. La spia rossa della riserva carburante è stata spostata sopra il blocchetto con chiave per accensione. Il vano porta oggetti montava di serie lo sportello per la chiusura. La calandra, oltre ad alloggiare i due listelli cromati, usciva di serie con un listello in alluminio lucidato che seguiva tutta la forma della calandra stessa. Paraurti con rostri verticali aderenti alla carrozzeria.
Con questo modello si chiude la produzione ufficiale della ACMA.

Lusso
The Luxe version, also presented at the Paris International Motor Show in 1957, was the best-selling model. From the start of production through to chassis No. 18.503, the indicators were placed on the B pillars behind the doors. Thereafter and through to the end of production, the they were located on the front wings. In this version, the more complete instrumentation was fan-shaped with a full 110 kph speedometer, a central odometer and tell-tales for dynamo charging and fuel reserve (4 litres of fuel/oil mixture), with the warning light for the indicators in the centre of the speedometer scale. On the dashboard was a Siem-branded ignition lock and key. Under this last was the windscreen wiper switch. To the right of the steering column was the light switch and to the left the switch for the two horns (country – city). There was also a glove compartment without a door and an ashtray. The model was equipped with two windscreen wipers and two sun visors. The radiator grille had two chrome trim "moustaches" and aluminium strips on both sides. The bumpers on the Lusso model were modified several times, with first type used from the beginning of production through to chassis No. 10.000 being smooth with two vertical overriders, the second type used from chassis No. 10.001 to 18.503 featured a reinforcement in the middle of the bumper to provide greater solidity, while the third type adhered to the bodywork and was fitted from chassis No. 18.503 through to the end of production. For the American market, 1,500 Luxe models were produced between 1959 and 1960, all fitted with vertical, body-hugging bumpers, also later fitted as standard on the 1961 Lusso and GT models for the European market. The wheels were painted and fitted with aluminium hubcaps embossed with the ACMA logo. The fixed side windows, through to chassis No. 18.503, later became sliding through to the end of production.

Gran Turismo
*The GT was presented at the Paris International Motor Show held from the 6th to the 16th of October 1960. This 1961 model was equipped with an automatic fuel mixer, a distributor and a four-speed gearbox. On this version the shape of the instrumentation remained the same as that on the Luxe. The two warning lights were modified, now indicating dynamo charging and automatic mixer oil reserve. The red fuel reserve warning light was moved above the ignition key. The glovebox was fitted with a locking flap as standard. The grille, in addition to housing the two chrome trim strips, came as standard with a polished aluminium trim that followed the shape of the grille itself. Bumpers with vertical overriders adhering to the bodywork were fitted.
With this model ACMA's official production came to an end.*

▲ Anteriormente troviamo il Logo della partecipata ACMA.
At the front is the logo of the ACMA subsidiary.

▲ Il vano porta oggetti non ha lo sportello per la chiusura.
The glove compartment was not fitted with a lid.

▲ Dietro la calandra centrale si cela il cassetto in cui è posizionata la batteria.
The central grille concealed the drawer in which the battery was located.

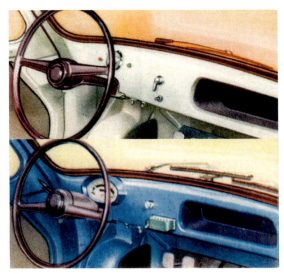

▲ A sinistra, il cruscotto meno rifinito della versione Turismo; a destra, quello della Lusso.
Left, the less well finished dashboard of the Tourisme version; on the right, the Luxe.

▲ Il particolare di un faro anteriore, il faro posteriore e l'indicatore di direzione.
A headlight, a rear light and an indicator.

▶ Il terzo tipo di paraurti con i rostri aderenti alla carrozzeria usati dal telaio n° 18.503 fino a fine produzione.
The third type of bumper with the overriders adhering to the bodywork used from chassis No. 18.503 through to the end of production.

◀ Tutto posteriore. Il motore bicilindrico di 393 cc a due tempi a distribuzione rotante è alimentato con miscela al 2% e raffreddato ad aria. Il cambio è inizialmente a 3 velocità più retromarcia con frizione monodisco a secco.
Rear engine, rear-wheel drive. The air-cooled 393 cc two-stroke twin with a rotary valve ran on a 2% oil/fuel mixture. The gearbox initially had three speeds + reverse with a single dry-plate clutch.

▲ La strumentazione marca Veglia Borletti di una 400 modello americano.
The Veglia Borletti instrumentation of an American model 400.

▲ Strumentazione essenziale ma completa: è sempre mancato l'indicatore del livello di carburante.
Simple but fairly comprehensive instrumentation: a fuel gauge was always missing.

▲ ACMA decise nel 1959, con grande ritorno pubblicitario, di far correre tre equipaggi ufficiali al 28° Rally di Montecarlo. Ben 3.390 chilometri da Stoccolma al Principato di Monaco.
In 1959, ACMA decided to enter three works cars in the 28th Monte Carlo Rally, attracting great interest. No less than 3,390 kilometres separated Stockholm from the Principality of Monaco.

Vespa 150 - VBA1T

150

Totale esemplari prodotti
Total no. of examples produced
124.040

Certificato di omologazione
Homologation certificate
1.100/58/0
26 settembre/*September* 1958

Dal telaio n° 115.638
From frame n° 115.638

Certificato di omologazione
Homologation certificate
1135 OM
30 luglio/*July* 1960 *
IGM 1135 OM

Sigla motore **VBA1M**
Engine designation **VBA1M**

Totale esemplari prodotti
Total no. of examples produced
124.040
Dal/*From* 30 luglio/*July* 1960
con/*with* IGM 1134 OM

VBA1T		
1001 - 16.515		1958
16.516 - 88.519		1959
88.520 - 125.040		1960

*Viene aggiunto alla sigla e numero di telaio IGM
**IGM added to the frame designation and number*

▶ L'anno 1958 porta una grande rivoluzione nel mondo Vespa: arriva il motore a valvola rotante nella cilindrata 150. Un propulsore tutto nuovo derivato dalle gare che, oltre a diminuire i costi di gestione, permetteva di avere un motore meno incrostato, pulito e meno fumoso. Ne guadagnavano in durata la marmitta e la candela. Sistema già adottato e collaudato anche sul bicilindrico a due tempi che equipaggiava la Vespa 400. In questa tipologia di motore, il collettore di aspirazione è direttamente connesso al carter, la fase di aspirazione viene controllata dalla cosiddetta valvola o disco rotante. In pratica tale valvola assume la forma di un disco solidale all'albero motore, che con un opportuno profilo controlla la fase di aspirazione. Il carburatore è posizionato sul carter con un collettore cortissimo, che consente di ottenere una buona coppia ai bassi regimi e di conseguenza un motore moto elastico. Il carburatore è di "tipo automobilistico", un Dell'Orto SI 20/17 20 mm, posizionato sopra il carter motore. Dal motore n° 74.067 monta il Dell'Orto SI 20/17 A 20 mm. È dotato di una grossa scatola del filtro dell'aria collegata con un manicotto di gomma alla zona chiusa della scocca dove si trova il serbatoio e da dove aspira aria più pulita. La miscela di benzina e olio entra direttamente sull'albero motore lubrificandolo così come i cuscinetti di banco per poi lubrificare anche il gruppo termico. Piaggio presenta alla stampa la nuova 150 VBA1T l'11 ottobre 1958 presso la concessionaria di Milano SARPI. La scocca è formata da due semi gusci uniti con una saldatura centrale, che la rende più leggera di peso, con i due cofani più snelli e filanti. Il manubrio è in pressofusione, dotato di una piccola crestina e ingloba il faro da 115 mm impreziosito da una ghiera in ottone cromata. Contachilometri marca Veglia Borletti, con fondo chiaro e scala 100 km/h con il quadrante a sei finestrelle per i chilometri. Sopra quest'ultimo troviamo una piccola spia rotonda rossa che indica l'accensione dei fari. Dall'inizio della produzione il devio luce è in tinta con la scocca. Partendo da destra troviamo il pulsante del clacson, in mezzo la levetta per accendere le luci (spostandola a sinistra luci di posizione, a destra l'anabbagliante) e poi il piccolo bottone di massa. Nella parte sottostante c'è la levetta anabbagliante e abbagliante. Dal telaio n° 76.050

▶ *The year 1958 saw a major revolution in the Vespa world: the rotary valve engine arrived in 150 cc displacements. An all-new power unit derived from racing which, in addition to reduce running costs, offered a less coking, a cleaner and less smoky engine. The silencer and spark plug both benefited in terms of durability. This system had already been adopted and tested on the two-stroke twin-cylinder engine powering the Vespa 400. In this type of engine, the intake manifold is directly connected to the crankcase, with the intake phase controlled by the so-called rotary valve or disc. In practice this valve takes the form of a disc integral with the crankshaft, which controls the intake phase thanks to an appropriate profile. The carburettor mounted on the crankcase with a very short manifold, allowing good torque at low revs and consequently a very flexible engine. The carburettor was of the "automotive type", a Dell'Orto SI 20/17 20 mm, positioned above the crankcase. From engine No. 74.067 a Dell'Orto SI 20/17 A 20 mm was fitted. It had a large air filter box connected with a rubber manifold to the closed area of the body where the tank was located and from where it drew in cleaner air. The fuel/oil mixture entered directly onto the crankshaft, lubricating shaft as well as the bearings, and then lubricated the combustion chamber. Piaggio presented the new 150 VBA1T to the press on the 11th of October 1958 at the SARPI dealership in Milan. The body consisted of two half-shells joined with a central weld, making it lighter in weight, with the two side panels slimmer and sleeker. The handlebar was die-cast, fitted with a small crest and incorporating the 115 mm headlight embellished with a chrome-plated brass bezel. The Veglia Borletti speedometer had a light ground and a 100 kph scale and a six-figure odometer. Above the latter, a small round red tell-tale indicated that the headlights were switched on. From the start of production, the light switch unit was body-coloured. From the right we find the horn button, in the middle the lever for turning on the lights (to the left for the side lights, to the right for the dipped beam headlight) and then the small ignition button. Underneath is the dipped to main beam lever. From frame No. 76.050 the switch unit was modified, the body being chrome-plated like the one on the 150 GL. Through to frame No. 110,485 the model was fitted with a body-coloured rear light (identical to the one on the GS VS4) made of die-cast aluminium with a transparent orange plastic brake light; a Piaggio circular to dealers provided for the brake light plastic to be changed from orange to red. From frame No. 110,486*

▼ La scocca è formata da due semi gusci uniti con una saldatura centrale.
The frame was composed of two half-shells with a central longitudinal weld.

▲ Per tutta la produzione adotta l'Azzurro metallizzato.
Metallic blue used throughout the production run.

▼ Primo modello 150 ad adottare il motore a valvola rotante.
The first 150 model to adopt the rotary valve engine.

▲ Posizione sigla motore e numerazione.
Engine designation and numbering position.

▶ Posizione sigla telaio e numerazione, dal telaio n° 115.638 seguito da IGM.
Frame designation and numbering position, from frame No. 115.638 followed by IGM.

87

anni '50

il commutatore delle luci cambia e diventa cromato uguale a quello della 150 GL. Fino al telaio n° 110.485 adotta il faro posteriore in tinta con la scocca (identico a quello della GS VS4) in pressofusione d'alluminio con plastica trasparente luce stop color arancio; con una circolare Piaggio ai concessionari, era previsto di sostituire la plastica della luce stop da arancione a rossa. Dal telaio n° 110.486 viene sostituito con uno di dimensioni maggiori, marca Siem, con corpo in metallo cromato e con plastica trasparente della luce stop color rosso (identico a quello della GS VS5). Sul tunnel centrale scompaiono i listelli pedana e al loro posto troviamo un tappetino di gomma fissato ai lati da due listelli di acciaio inox. Di serie è dotata di bordo scudo in alluminio anticorodal. La sella di colore blu scurissimo è provvista di un maniglione per il passeggero ricoperto in plastica dello stesso colore. La marca è Aquila. La scritta identificativa sullo scudo in ottone cromato (con 7 fori e da fissare con ribattini), per la prima volta su una Vespa, riporta la cilindrata.

From frame No. 110,486 the unit was replaced with a larger Siem-branded one, with a chrome-plated metal body and transparent red plastic brake light lens (identical to that on the GS VS5). The footboard runners were eliminated from the central tunnel, replaced with a rubber mat secured either side by stainless steel strips. "Anticorodal" aluminium leg shield trim was fitted as standard. The Aquila-branded dark blue saddle has a passenger grab handle covered in plastic of the same colour. For the first time on a Vespa, the chrome-plated badging (attached via seven small rivets) indicated the displacement.

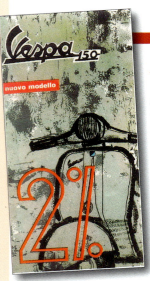

◀ Una grande rivoluzione motoristica nel mondo Vespa.
A major engineering revolution in the Vespa world.

▲ Il collettore di aspirazione è direttamente connesso al carter, la fase di aspirazione viene controllata dalla cosiddetta valvola o disco rotante.
The intake manifold was connected directly to the crankcase with the intake phase controlled by the so-called rotary or disc valve.

▲ Contachilometri marca Veglia Borletti, con fondo chiaro e scala 100 km/h con il quadrante a sei finestrelle per i chilometri.
The Veglia Borletti speedometer with a light-coloured ground and a 100 kph scale and a six-figure odometer.

▲ La scritta identificativa sullo scudo in ottone cromato, per la prima volta su una Vespa, riporta la cilindrata.
For the first time on a Vespa, the leg shield badge in chrome-plated brass indicated the model's displacement.

◀ Fino al telaio n° 110.485 adotta il faro posteriore in tinta con la scocca, identico a quello della GS VS4.
From frame No. 110.486 it was replaced with a larger one, identical to that of the GS VS4.

▲ Dall'inizio della produzione il devioluce è in tinta con la scocca.
From the start of production the light switch unit was painted the same colour as the bodywork.

◀ Il logo Piaggio presente sullo scudo.
The Piaggio logo on the leg shield.

▲ Dal telaio n° 76.050 il commutatore delle luci cambia e diventa cromato uguale a quello della 150 GL.
From frame No. 76.050 the switch unit was modified and had a chrome-plated body like that of the 150 GL.

La sella di colore blu scurissimo è provvista di un maniglione per il passeggero ricoperto in plastica dello stesso colore. ▶
The very dark blue seat was fitted with a grab handle for the passenger covered in plastic of the same colour.

Sul tunnel centrale scompaiono i listelli pedana e al loro posto troviamo un tappetino di gomma fissato ai lati da due listelli di acciaio inox. ▶
The footboard runners on the central tunnel were discontinued, replaced with a rubber mat secured on either side with stainless steel strips.

◀ Dal telaio n° 110.486 viene sostituito con uno di dimensioni maggiori, identico a quello della GS VS5.
Through to frame No. 110.485 the model was fitted with a body-coloured rear lighting unit, identical to that of the GS VS5.

Il foro a cui è collegata la scatola del filtro dell'aria tramite un manicotto di gomma. ▶
The hole to which the air filter box was connected via a rubber manifold.

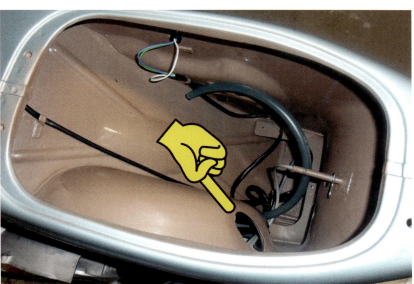

89

anni '50

Vespa 150 GS - VS1T

150 GS
Totale esemplari prodotti
Total no. of examples produced
12.300

Certificato di omologazione
Homologation certificate
413 OM
27 dicembre/*December* 1954

Sigla motore **VS1M**
Engine designation **VS1M**

VS1T

| 1.001 - 13.300 | 19XX |

Un modello davvero innovativo, destinato a stravolgere il mercato degli scooter. Era la 150 GS, presentata al 32° Salone del Motociclo di Milano, che si tenne dal 27 novembre all'8 dicembre del 1954. Sulla base delle date, il modello esposto al Salone probabilmente era un prototipo senza omologazione, quest'ultima infatti indica l'atto n° 413 in data 27 dicembre 1954, quindi posteriore alla chiusura del Salone. Una Vespa tutta nuova, derivata e direttamente ispirata alla famosa Sei Giorni del 1951, la 150 GS è considerata nel mondo dei collezionisti una delle più belle e curate Vespa mai prodotte. In tre anni i tecnici della Piaggio progettarono uno scooter davvero innovativo, silenzioso in marcia, protettivo per il pilota, eccellente nelle sospensioni dal gran confort di guida. La sella lunga, di impostazione motociclistica a due posti, marca Aquila, grossa e confortevole, consentiva anche al pilota di spostarsi indietro e quindi di abbassarsi per assumere una posizione più aerodinamica.

La sigla scelta per questo modello era VS, che indicava Vespa Sport e che seguirà tutte le successive cinque serie della 150. Dopo la Vespa Sport "6 Giorni", che aveva solo la possibilità di montarle, è stata la prima Vespa equipaggiata di serie con ruote da 10 pollici.

Inedito il manubrio in fusione d'alluminio con integrato il faro e il contachilometri dotato di scala 120 km/h. Su di esso, per la prima volta su una Vespa, troviamo un commutatore con chiave per la massa e il comando dei fari. La chiave cilindrica a chiodo funge da contatto di massa solo inserendola, girando da un lato si dava contatto al clacson e alle luci di posizione dei fari e targa a motore spento, dall'altra parte a motore acceso. A destra, accanto alla manopola dell'acceleratore, troviamo un devio ridotto all'essenziale con solo il pulsante clacson, e nella parte inferiore la levetta che comanda gli abbaglianti e anabbaglianti. Le primissime produzioni, le più ricercate dai collezionisti, sono soprannominate "Baffone" per via dei rinforzi allo scudo più lunghi che ricordano dei baffi, poi modificati e diventati più corti. Non si hanno dati certi fino a che numero di telaio, ma con questa caratteristica dovrebbero essere state prodotte meno di 5.000 esemplari. Fu anche la prima a montare il cambio a 4 marce, il motore erogava 8 CV a 7.500 giri, quasi il doppio della 125 che ne aveva 4,5 CV. Questo motore ha adottato tutte le soluzioni tecniche collaudate sulla Sport "6 Giorni".

The 150 GS was a truly innovative model, destined to revolutionise the scooter market and presented at the 32nd Milan Motorcycle Show, held from 27 November to 8 December 1954. Based on the dates, the example exhibited at the show was probably a prototype still lacking type approval, the homologation certificate No. 413 in fact dates from the 27th of December 1954, therefore after the end of the show. An all-new Vespa, derived from and directly inspired by the famous Sei Giorni (Six Days) competition model of 1951, the 150 GS is considered in the collectors' world to be one of the most beautiful and well-specified Vespas ever produced. Over the course of three years, Piaggio's engineers designed a truly innovative scooter, quiet on the move, offering protection for the rider with excellent suspension and great riding comfort. The long, two-seater, motorcycle-style saseatddle, made by Aquila, was large and comfortable, and also allowed the rider to slide backwards and thereby assume a more aerodynamic position.

The acronym chosen for this model was VS, which stood for Vespa Sport and would accompany all the subsequent five series of the 150. Following the Vespa Sport "6 Giorni", on which they were only an option, this was the first Vespa fitted with 10-inch wheels as standard.

The cast aluminium handlebar with integrated headlight and a speedometer with a 120 kph scale was unprecedented. For the first time on a Vespa, we find an ignition switch with a key combined with the headlight control. The cylindrical spike key acts as an ignition contact only when inserted, turning it to one side provided current for the horn and the headlight and licence plate lights when the engine was off, to the other side when the engine was running. On the right, next to the accelerator grip, we find a switch unit reduced to the bare essentials with only the horn button and, at the bottom, the lever controlling the dipped and main beams. The earliest examples, the most sought-after by collectors, earned the "Baffone" nickname thanks to the longer leg shield reinforcements resembling moustaches, which were later modified and made shorter. No reliable data is available regarding up to what chassis number, but probably fewer than 5,000 examples were produced with this feature. The model was also the first to be fitted with a four-speed gearbox, while the engine delivered 8 hp at 7,500 rpm, almost twice as much as the 125, which gave 4.5 hp. This engine adopted all the technical features that had been proven on the Sport "6 Giorni".

▶ Prodotta solo nella colorazione Grigio metallizzato.
This model was only available in metallic Grey.

◀ La grossa sella segue la linea della scocca.
The large seat followed the lines of the scooter.

◀◀ Posizione sigla motore e numerazione.
Engine designation and numbering position.

◀ Posizione sigla telaio e numerazione.
Frame designation and numbering position.

▲ Lo scudo bombato con la pedana rialzata.
The rounded leg shield with the raised footboard.

91

anni '50

La marmitta riporta punzonatura App. I.G.M. 530/S, dove per App s'intende approvato. Il collettore della marmitta è fissato da una fascetta serrata con un bullone brunito da 10 mm, passo 1,5 a testa esagonale da avvitare con una chiave da 14. L'impianto elettrico è dotato di una particolare batteria a libro 6 volt posizionata nel bauletto laterale, che serviva a far funzionare luci di posizione e il clacson a motore spento. Quest'ultima è ricaricata tramite un raddrizzatore da due delle tre bobine delle tre del volano, e la terza serve per alimentare la bobina esterna AT che provvede alla tradizionale accensione a volano magnete. Lo scudetto Piaggio smaltato sullo scudo, marca Paccagnini, fino al telaio VS1T n° 7.664 aveva la scritta Genova, successivamente eliminata. Entrambi fissati con graffette da piegare. Serbatoio di grosse dimensioni contenente ben 12 litri, il più capiente di allora, concedeva una grande autonomia. Il tappo è del tipo ad apertura rapida con fermo a molla. Fu prodotta solo nella colorazione Grigio metallizzato.

▲ La prima Vespa a montare di serie ruote da 10 pollici.
The first Vespa to be fitted 10" wheels as standard.

▲ Il porta ruota di scorta centrale era un accessorio che poteva essere dotato anche di un serbatoio di carburante supplementare nella parte centrale del cerchio.
The central spare wheel holder was an accessory that could also be equipped with a supplementary fuel tank in the central section of the wheel.

▲ La forma delle pance arrotondata e il piccolo faro senza luce stop.
The forms of the rounded side panels and the small rear light without a brake light.

▲ Il grosso serbatoio da 12 litri che oltrepassa la linea della scocca. Il tappo è del tipo ad apertura rapida con fermo a molla.
The large 12-litre fuel tank which extended beyond the line of the bodywork. It was fitted with a quick-release cap with a spring clasp.

▼ La batteria a libro 6 volt posizionata nel bauletto laterale. Aveva quella forma per non portare via spazio al capiente bauletto.
The 6-volt "book" battery located in the side compartment. This shape was chosen so as not to occupy space in the capacious compartment.

The silencer was stamped App. I.G.M. 530/S, with App standing for Approved. The exhaust manifold was attached via a clamp tightened with a 10 mm burnished bolt, with a 1.5 thread and hexagonal head to be screwed in with a 14 mm spanner. The electrical system had a special six-volt "book" battery located in the side compartment, which was used to operate the position lights and horn with the engine switched off. The battery is recharged via a rectifier by two of the three flywheel coils, with the third being used to power the external HT coil providing for the traditional flywheel magneto ignition. The enamelled Piaggio badge on the leg shield, made by Paccagnini, up to frame VS1T No. 7.664 carried the inscription Genova, which was later removed. Both versions were secured with folding metal tabs. The large tank contained no less than 12 litres, making it the most capacious of its time and providing great range. The quick-release filler cap was fitted with a spring catch. The model was only available in metallic grey.

▲ Il sistema di fissaggio del cofano motore.
The system for securing the engine cover.

▲ La bobina AT esterna con circuito primario alimentato da un'apposita bobina interna al volano.
The external HT coil with the primary circuit fed by a dedicated coil inside the flywheel.

◀ Le primissime produzioni sono soprannominate "Baffone" per via dei rinforzi allo scudo più lunghi che ricordano dei baffi.
The earliest examples were nicknamed "Baffone" thanks to the longer leg shield reinforcements which resembled moustaches.

▶ La prima Vespa ad avere il cambio a quattro marce.
The first Vespa to be fitted with a four-speed gearbox.

◀ Il devio ridotto all'essenziale con solo il pulsante clacson e, nella parte inferiore, la levetta che comanda gli abbaglianti e anabbaglianti.
The switch unit reduced to the bare essentials with just a horn button and, below, the lever controlling the dipped and main beams.

▲ Il contachilometri utilizzato solo per questa versione. Si vede anche la spia rettangolare delle luci.
The speedometer used for this version only. The rectangular lights tell-tale can also be seen.

▲ Lo scudetto Piaggio smaltato sullo scudo, marca Paccagnini, fino al telaio VS1T n° 7.664 ha la scritta Genova, poi eliminata.
Up to frame VS1T No. 7.664, the enamelled Piaggio badge on the leg shield made by Paccagnini carried the inscription Genova, later eliminated.

Vespa 150 GS - VS2T/VS3T/VS4T

150 GS

Certificato di omologazione 413 OM del 27 dicembre 1954 modifiche approvate con Nota n° 3568 (22) 509/13 del 7 maggio 1956

Homologation certificate No. 413 OM from 27 December 1954 modifications approved with Note No. 3568 (22) 509/13 from 7 May 1956

VS2T

| 13.301 - 23.310 | 1956 |

Totale esemplari prodotti
Total no. of examples produced
10.010

Sigla motore **VS2M**
Engine designation VS2M

Certificato di omologazione 413 OM del 27 dicembre 1954 modifiche approvate con Nota n° 45/2243/2 del 14 gennaio 1957

Homologation certificate no. 413 OM from 27 December 1954 modifications approved with Note No. 45/2243/2 from 14 January 1957

VS3T

| 23.311 - 35.310 | 1957 |

Totale esemplari prodotti
Total no. of examples produced
12.000

Sigla motore **VS3M**
Engine designation VS3M

Certificato di omologazione 413 OM del 27 dicembre 1954 modifiche approvate con Nota n° 6709/2243/2 del 25 novembre 1957

Homologation certificate no. 413 OM 27 December 1954 modifications approved with Note No. 6709/2243/2 from 25 November 1957.

VS4T

| 35.311 - 47.350 | 1958 |

Totale esemplari prodotti
Total no. of examples produced
12.040

Sigla motore **VS4M**
Engine designation VS4M

La versione 150 GS ha subìto ogni anno un cambio di caratteristiche e di sigle telaio, ecco come distinguerle.

VS2 1956

La differenza più evidente è che ha i cavi di comando interni al manubrio di nuovo disegno con ghiera cromata faro Siem cromata, dotata di una piccola palpebra. Il piantone centrale del telaio è più grande ed è dotato di un bordo scudo in acciaio inox lucidato, composto da due parti unite sotto al faro e fissato da piccole viti a grano. È la prima a montarlo di serie. Contachilometri fondo chiaro scala 120 km/h e spia rossa delle luci tonda anziché rettangolare come sulla VS1. La chiave del commutatore è ora piatta e mantiene le stesse funzioni della precedente. La sella, simile ma di nuovo disegno, è più confortevole ed è di color blu scurissimo e non più verde, sempre scurissimo. È più comoda perché il serbatoio non oltrepassa più la linea della scocca, che perde 2,5 litri di capacità, e questo particolare permette una maggiore escursione alle molle della sella. Il tappo ha un nuovo sistema di chiusura tramite aggancio a galletto. Tecnicamente si passa all'accensione a spinterogeno con bobina esterna e circuito primario alimentato a corrente continua dalla batteria. La marmitta non è più fissata al cilindro con una fascetta e relativo bullone ma da una ghiera in lega di ottone da avvitare.

VS3 1957

Praticamente immutata, in Piaggio dichiarano una potenza minore di 7,8 CV a 7.000 giri. Sul manubrio è inciso uno zero per la posizione della chiave a massa (motore spento) e la cuffia motore e copri filtro sono in ferro anziché in alluminio.

VS4 1958

Stava per entrare in vigore il nuovo Codice della Strada che poneva l'obbligo ai veicoli sprovvisti di stop di installarlo. Per questo motivo in Piaggio adottarono su questo modello un nuovo faro posteriore dotato, nella parte superiore, di luce stop con plastica color arancione. Il corpo del fanale è in tinta con la colorazione della scocca. Viene anche montato un piccolo interruttore al pedale del

---

The 150 GS model was subjected to changing specifications and frame designations on a yearly basis; here's how to tell them apart.

VS2 1956

The most noticeable difference was that the model had new internal handlebar control cables, while the Siem headlight had a chrome-plated bezel featured a small brow. The steering column was larger and the model was the first to be fitted as standard with a polished stainless steel leg shield trim consisting of two parts joined under the headlight and secured by small grub screws. The speedometer had a clear 120 kph scale and a round red tell-tale for the lights instead of the rectangular one found on the VS1. The key was now flat and retained the same functions as its predecessor. The saddle was similar but actually redesigned and more comfortable and was upholstered in dark blue instead of dark green. It was more comfortable because the fuel tank which lost 2.5 litres of capacity no longer protruded above the line of the bodywork, a detail that allowed the seat springs greater travel. The cap has a new clamp and wingnut closing system. There was a shift to distributor ignition with an external coil and a primary circuit fed by direct current from the battery. The silencer was no longer attached to the cylinder with a clamp and bolt but by a brass alloy ring nut.

VS3 1957

This model was virtually unchanged, Piaggio declared a lower power output of 7.8 hp at 7,000 rpm. A zero was engraved on the handlebar indicating the key position for engine off, while the engine shroud and filter cover were made of steel instead of aluminium.

VS4 1958

With a new Highway Code about to come into force that would make it compulsory for vehicles without a brake light to install one, Piaggio adopted a new rear light on this

▲ 1958 150 GS VS4T

▼ Posizione sigla telaio e numerazione.
Frame designation and numbering position.

◀ 1956 150 GS VS2T

▼ Posizione sigla motore e numerazione.
Engine designation and numbering position.

▶ 1957 150 GS VS3T

freno, quest'ultimo ora d'alluminio lucidato anziché in ferro. Al freno della ruota posteriore vengono modificate le ganasce da perno unico a due perni separati. Altra variante: cambiano i ganci in alluminio della scocca di nuovo disegno e a scancio rapido.

▼ Dalla VS2 troviamo il nuovo tappo dotato del sistema di chiusura tramite aggancio a galletto.
From the VS2 we find the new fuel filler cap with the new clamp and wingnut closing system.

▲ L'interno del manubrio della VS2 con i rinvii dei cavi di comando.
The interior of the VS2 handlebar with the control cable pulleys.

◀ Il particolare del bordo scudo marca Ulma tipo 107 in acciaio inox da fissare con viti a grano.
The detail of the Ulma tipo 017 leg shield trim in stainless steel, secured with grub screws.

▼ Il nuovo faro della VS4, dotato nella parte superiore di luce stop con plastica color arancione.
The new headlight of the VS4, equipped in the upper section with a brake light with an orange plastic lens.

▲ A sinistra, la chiave di contatto a chiodo a sezione tonda della VS1; a sinistra, quella piatta della VS2.
Left, the round section ignition key of the VS1; on the right, the flat key of the VS2.

▼ Altra variante sulla VS4, cambiano i ganci in alluminio della scocca di nuovo disegno e a scancio rapido.
Another variation on the VS4, new quick release aluminium bodywork clasps.

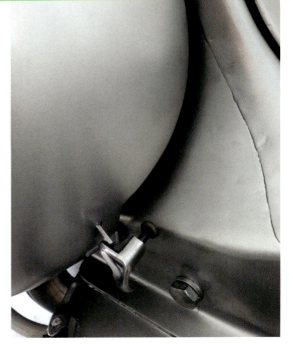

model with a brake light in the upper part covered with orange coloured plastic. The body of the light matched the bodywork colour. A small switch was also fitted to the brake pedal, the latter now made of polished aluminium instead of steel. The rear brake shoes were modified from a single pin design to two separate pins. Another change was the newly designed quick-release aluminium body hooks.

▶ Sul manubrio della VS3 è inciso uno zero per la posizione della chiave a massa (motore spento). Dalla versione VS2 il quadrante del contachilometri è chiaro.

A zero was inscribed on the VS3 handlebar to indicate the engine off ignition key position. From the VS2 version, the speedometer face was a light colour.

▲ Il vetro del faro anteriore marchiato Siem.
The lens of the Siem-branded headlight.

▲ Viene anche montato un piccolo interruttore al pedale del freno, quest'ultimo ora d'alluminio lucidato anziché in ferro.
A small switch was also fitted to the brake pedal which was now in polished aluminium instead of steel.

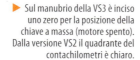

▲ Dalla VS1 alla VS5 la scritta è in alluminio verniciato blu notte con 9 fori di fissaggio allo scudo da fissare con ribattini.
From the VS1 to the VS1 the lettering was in dark blue painted aluminium with nine holes for attaching the badging to the bodywork with small rivets.

◀ A destra, accanto alla manopola dell'acceleratore, troviamo un devio, molto simile a quello della VS1, con solo il pulsante clacson, e nella parte inferiore la levetta che comanda gli abbaglianti e anabbaglianti.
Right, alongside the throttle grip we find a switch unit, very similar to that of the VS1, with just the horn button and, on the lower part, the lever selecting dipped and main beams.

▲ Il logo Piaggio, marca Paccagnini, della VS4.
The Paccagnini-made Piaggio logo from the VS4.

Vespa 150 GS - VS5T

150 GS

Totale esemplari prodotti
Total no. of examples produced
80.000

Certificato di omologazione
Homologation certificate

413 OM del 27 dicembre 1954 modifiche approvate con Nota n° 3327/2243/2 del 4 agosto 1958.
Dal telaio n° 93.194 Certificato di omologazione n° 1136 OM del 30 luglio 1960*
IGM 1136 OM

*413 OM from 27 December 1954 modifications approved with Note No. 3327/2243/2 from 4 August 1958
From frame No. 93.194 Homologation certificate No. 1136 OM from 30 July 1960*.
IGM 1136 OM*

Sigla motore VS5M
Engine designation VS5M

VS5T	
47.351 - 52.363	1958
52.364 - 70.128	1959
70.129 - 103.731	1960
103.732 - 127.350	1961

* Viene spostata la posizione della sigla e n° di telaio nella parte posteriore del bordo scocca, sotto la sacca sinistra.

The frame designation and numbering position moved to the frame edge, behind the left-hand side panel.

▶ Questa versione, a differenza delle altre, fu costruita per tre anni dal 1958 al 1961. Si notano subito i nuovi cerchi con il tamburo dei freni autoventilati fissati ai cerchi scomponibili con 5 dadi da 8 mm, i così detti cerchi aperti, che facilitano il raffreddamento. La sella è più ampia, sempre color blu scurissimo, con piccolo bordino grigio tutt'attorno, dotata di maniglia passeggero fissata con moschettoni fino al n° di telaio 82.388, poi sarà fissata da una fibbia con viti a taglio. Nuovo è il gancio porta borsa in alluminio, fissato sul telaio sotto la sella, simile a quello montato sulla 150 GL. Cambia anche la forma del contachilometri che diventa a forma di ventaglio, di marca Veglia Borletti, con fondo chiaro e scala 120 km/h. Inizialmente (fino a circa il 1960, sconosciuto il numero telaio) il quadrante aveva sei finestrelle per i km, poi è cambiato con uno a una sola finestra. Lo stesso anno, dal n° di telaio 87.590, sparisce la spia rossa sul manubrio che segnala le luci accese. Cambia la cornice del faro anteriore non più con la piccola palpebra, ma con il bordo superiore pronunciato in avanti. Il fanale posteriore con corpo in metallo in tinta con la scocca è lo stesso della VS4 fino al n° di telaio 87.589 (era previsto da una circolare Piaggio ai concessionari, di sostituire la plastica della luce stop da arancione a rossa). Dal telaio n° 87.590 viene sostituito con uno di dimensioni maggiori, marca Siem, con corpo in metallo cromato e con plastica trasparente della luce stop color rosso. Il parafango anteriore ha forma simile ai precedenti ma è dotato nella parte inferiore di un bordino di rinforzo. Dal telaio n° 59.311 la cresta è più piccola e di nuovo disegno, identica a quelle montate sulle GL, VBB, Sprint. La sigla e i numeri di telaio sono sempre

▶ *This version, unlike the others, remained in production for three years from 1958 to 1961. One immediately notices the new wheels with the self-ventilated brake drum attached to the split rims with five 8 mm nuts, these were the so-called open rims, which facilitated cooling. The dark blue saddle was wider, featured thin grey piping all around and was equipped with a passenger grab handle attached with snap hooks through to frame No. 82.388, and subsequently with slotted screws. There was a new aluminium bag hook, attached to the frame under the seat, similar to the one mounted on the 150 GL. The shape of the speedometer also changed, with the fan-shaped Veglia Borletti instrument being fitted that had a 120 kph scale on a light ground. Initially (through to around 1960, chassis number unknown), the odometer had six individual windows, then changed to a single-window configuration. That same year, from chassis number 87.590, the red tell-tale on the handlebar indicating the lights were on was eliminated. The headlight bezel was also modified and no longer had a small peak, but had the upper edge protruding slightly forwards. The body-coloured metal rear light was the same as that on the VS4 through to frame No. 87.589 (a Piaggio circular to dealers required the plastic brake light lens to be changed from orange to red). From frame No. 87.590 the light was replaced with a larger Siem unit, with a chrome metal body and transparent red brake light plastic. The front mudguard was similar in shape to the previous ones, but was equipped with a reinforcing rim at the bottom. From frame No. 59.311 the crest was smaller*

▲ Posizione sigla telaio e numerazione.
Frame designation and numbering position.

▼ Dal 1960, nuova posizione sigla telaio e numerazione sul telaio con aggiunta di IGM.
From 1960, new frame designation and numbering position on the frame with the addition of IGM.

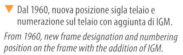

▲ VS5T del 1958 con numero di telaio molto basso.
VS5T from 1958 with a very low frame number.

▲ È stata l'ultima serie della 150 GS.
This was the last series of the 150 GS.

▼ Anche su questa serie è stato utilizzato solo il Grigio metallizzato.
On this series too, the only available colour was metallic Grey.

▲ Posizione sigla motore e numerazione.
Engine designation and numbering position.

nella battuta sportellino del decantatore e dal n° di telaio 93.194 vengono spostati nella parte posteriore del bordo scocca, sotto la sacca sinistra con l'aggiunta della sigla IGM 1136 OM (vedi dati matricolari). A livello di motore la modifica più importante è, dal n° di telaio 69.272, l'adozione di una nuova testa ad alta turbolenza con camera di combustione a "berretto di fantino" che migliora l'erogazione e l'elasticità. Successivamente, dal n° di telaio 70.120, adotta un nuovo carburatore Dell'Orto UB 23 S3I con getto da 105, al posto del 103. Dal n° di telaio 60.123 cambia alche la forma del raddrizzatore ora di forma maggiore lamellare per facilitarne il raffreddamento, dovuto al maggior assorbimento, a sua volta dovuto alla luce dello stop posteriore.

and of a new design, identical to those mounted on the GL, VBB and Sprint. The frame designation and numbering was still stamped on the edge of the fuel filter hatch but from frame No. 93.194 were moved to the frame edge, behind the left-hand side panel with the addition of designation IGM 1136 OM (see serial numbers). In terms of the engine, the most important modification came from frame No. 69.272, with the adoption of a new high-turbulence head with a "jockey cap" combustion chamber designed to improve delivery and flexibility. Subsequently, from frame No. 70.120, a new Dell'Orto UB 23 S3I carburettor with a 105 instead of 103 jet was adopted. From frame No. 60.123 the rectifier was also changed and now had a larger lamellar shape to facilitate the better cooling required by increased power absorption due to the rear brake light.

▲ La nuova versione del contachilometri adottata nel 1960 ha un'unica finestra per i km.
The new version of the odometer adopted in 1960 had a single window.

◀ Inizialmente, fino al 1960, non si conosce fino a che numero, il quadrante aveva sei finestrelle per i km. Troviamo anche la spia rossa fino al n° di 87.589.
Initially, through to 1960 and an unknown frame number, the odometer had six indiviudal windows. There was also the red tell-tale through to No. 87.589.

◀ Il fanale posteriore con corpo in metallo, in tinta con la scocca, è lo stesso della VS4 fino al n° di telaio 87.589.
The metal body-coloured rear light was the same as that used on the VS4 through to frame No. 87.589.

▶ Dal telaio n° 87.590 viene sostituito con uno di dimensioni maggiori, marca Siem, con corpo in metallo cromato e con plastica trasparente della luce stop color rosso.
From frame No. 87.590 it was replaced with a larger Siem unit, with a chrome-plated body and red transparent plastic brake light lens.

◀ Cambia la cornice del faro anteriore, non più con la piccola palpebra, ma con il bordo superiore pronunciato in avanti.
The headlight bezel was modified, with the peak eliminated but the upper edge projecting forwards.

▶ Dalla serie VS2 a questa la chiave contatto non cambia.
From the VS2 series to this one the ignition key was unchanged.

▲ Dal telaio n° 59.311 la cresta è più piccola e di nuovo disegno, identica a quelle montate sulle GL, VBB, Sprint.
From frame No. 59.311, the crest was smaller and of a new design, identical to those on the GL, VBB and Sprint.

▼ I nuovi cerchi svecchiano notevolmente questa ultima serie della 150 GS.
The new wheels notably modernised this final series of the 150 GS.

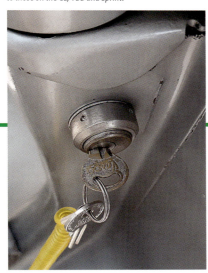

◀ La chiave del bloccasterzo con la scritta Vespa.
The steering lock key with Vespa lettering.

▼ Le strisce pedana esterne, anteriormente hanno dei terminali lunghi marcati Ulma che vanno a incastrarsi sotto l'estremità del bordoscudo.
The external footboard runners were marked Ulma at the front and were set under the leg shield edge.

▼ La cuffia motore e la scatola del filtro dell'aria sono verniciate con Nero raggrinzante.
The engine shroud and the air filter were painted with a crackle-finish black.

◀ Il gancio porta borsa in alluminio molto simile a quello montato sulla 150 GL.
The aluminium bag hook was very similar to the one fitted to the 150 GL.

anni '50

Vespa 50 - V5A1T

Vespa 50

Totale esemplari prodotti
Total no. of examples produced
273.275

Certificato di omologazione
Homologation certificate
n° 3308 OM
10 settembre/*September* 1963
IGM 3308 OM

Sigla motore **V5A1M**
Engine designation **V5A1M**

V5A1T	
1.001 - 6.960	1963
6.961 - 61.346	1964
61.347 - 92.876	1965
Nuovo modello "UNIFICATA" *New "UNIFIED" model*	
92.877 - 101.576	1965
101.577 - 155.460	1966
155.461 - 190.977	1967*
Nuovo modello "ALLUNGATA" *New "ALLUNGATA" model*	
200.001 - 213.546	1967**
213.547 - 248.833	1968
248.834 - 275.620	1969
275.621 - 280.997	1970
280.998 - 283.299	1971

* Non vengono utilizzati 9.024 numeri di telaio.
** Dal 1° ottobre sullo scudo logo Piaggio esagonale.

* 9,024 frame numbers were not used.
** From the 1st of October hexagonal Piaggio logo on the leg shield.

▶ Era da poco entrato in vigore il Nuovo Codice della Strada del 1959, DPR 956/58: stabiliva che solo i 50 cc con potenza massima di 1,5 Cv potevano circolare senza targa; il conducente doveva avere compiuto 14 anni e non era necessaria la patente. Nasceva così la tipologia dei ciclomotori: mezzi di locomozione destinati alla mobilità cittadina o di corto raggio. Correva l'anno 1963 e l'ingegnere Corradino D'Ascanio, il papà della Vespa, decise di mettere nero su bianco quello che era il progetto della "mamma" di tutte le future 50. l'Ingegnere abruzzese che collaborava come consulente della Piaggio nonostante fosse già in pensione dal 1961, decise di scavalcare il vincolo normativo creando appunto un "Velocipede a Motore" (M1), progettando così il suo ultimo prototipo Vespa. Fu omologato in data 10 settembre 1963 e debuttò ufficialmente alla stampa e agli addetti del settore nella filiale di Milano della Piaggio il 6 ottobre 1963, occasione in cui fu omaggiata ai presenti una spilla commemorativa.

La nuova 50 fu presentata al pubblico al 38° EICMA (Esposizione Internazionale Ciclo Motociclo e Accessori ndr) di Milano che si svolse dal 30 novembre al 9 dicembre di quell'anno. Allo stand della Piaggio la nuova "Vespina" era esposta accanto alla sorella maggiore di 90 cc, che però essendo targata poteva essere condotta dal compimento dei 16 anni e con la patente di guida. Da allora si susseguirono evoluzioni che raggiunsero successi senza eguali fino al 1991 con l'ultima serie denominata Revival. Pensate: più di 3 milioni gli esemplari prodotti. La nuova Vespa 50, progettata dall'ingegnere abruzzese con telaio di tipo monoscocca a struttura portante, lunghezza di 1630 mm e larghezza di 0610 mm, per un peso totale a vuoto di 66 kg, costava all'epoca del lancio lire 98.500. La si poteva acquistare anche a rate da 6, 12 o 16 mesi. La sigla attribuita a questo modello è V5A1T per i numeri di telaio che variano, nel primo anno di vita, dal n° 1.001 fino al n° 6.960. La sigla del motore è invece V5A1M. Omologazione IGM 3308 OM rilasciata dal Ministero dei Trasporti e dell'Aviazione Civile in data 10 settembre 1963.

Un modello destinato a rivoluzionare il mondo degli scooter di piccola cilindrata. La Vespa 50 è equipaggiata con un motore monocilindrico a due tempi, con cilindro inclinato a 45° e non più orizzontale, con alesaggio da 38,4 mm e corsa 43 mm per una cilindrata esatta di 49,77 cc, rapporto compressione 7:2,1. Raffreddato ad aria forzata tramite ventola sul volano magnete e convogliatore attorno a testa e cilindro, come le altre Vespa. Il motore eroga, come da codice, una potenza massima di 1,45 CV a 4.500 giri/minuti, che spinge il mezzo a una velocità massima di 38,6 km/h. Secondo le normative dell'epoca il motore è dotato di apposito dispositivo di scarico con omologazione IGM 3309 S.

▶ *The New Highway Code of 1959, Presidential Decree 956/58, had just come into force: it stipulated that only 50 cc mopeds with a maximum power output of 1.5 hp could circulate without a registration plate; the rider had to be at least 14 years of age but a licence was not required. Thus it was that the moped was born: a means of transport intended for city or short-haul mobility. The year was 1963, and Ingegner Corradino D'Ascanio, the father of the Vespa, decided to put pen to paper on what was the design of the "mother" of all future 50s. The engineer from the Abruzzo region, who was still working as a consultant for Piaggio despite having retired in 1961, decided to bypass the regulatory constraints by creating a "Motorised Velocipede" (M1), designing what was to be his last Vespa prototype. The vehicle was homologated on the 10th September 1963 and was officially presented to the press and industry insiders at Piaggio's Milan branch on the 6th of October 1963, when a commemorative pin was given to those in attendance.*

The new 50 was presented to the public at the 38th EICMA (the International Bicycle, Motorcycle and Accessory Exhibition) in Milan, which was held from the 30th of November to the 9th of December that year. On the Piaggio stand, the new "Vespina" was displayed alongside its larger 90 cc sister, which had to carry a number plate and could only be ridden from the age of 16 with a driving licence. From then on, the model was subjected to a process of continuous evolution, achieving unparalleled success through to 1991 and the last series baptised as the Revival. More than 3 million examples were produced. The new Vespa 50, designed by the engineer from Abruzzo with a monocoque frame, a length of 1630 mm and a width of 610 mm, for a total dry weight of 66 kg, cost 98,500 lire at the time of its launch. It could also be purchased in instalments of 6, 12 or 16 months. The model was designated as the V5A1T, with frame numbers ranging, in the first year of life, from No. 1,001 to No. 6,960. The engine designation was V5A1M. The IGM 3308 OM homologation certificate was issued by the Ministry of Transport and Civil Aviation on the 10th of September 1963.

A model destined to revolutionise the world of small-capacity scooters. The Vespa 50 was equipped with a single-cylinder, two-stroke engine, with the cylinder inclined at 45° rather than horizontal and a 38.4 mm bore and 43 mm stroke for an precise displacement of 49.77 cc, compression ratio 7:2,1. Forced-air cooling via a fan on the flywheel magneto and a duct around the head and cylinder, as with the other Vespas. As per the regulations, the engine delivered a maximum power output of 1.45 hp at 4,500 rpm, sufficient to propel the vehicle to a maximum speed of 38.6 kph. Again in accordance

◀ Posizione sigla motore e numerazione.
Engine designation and numbering position.

▼ Posizione IGM, sigla telaio e numerazione.
IGM position, chassis designation and numbering.

▼ Nel 1964 arriva il Rosso, il primo colore vivace.
Red arrived in 1964, the first bright colour.

◀ L'unico colore disponibile dal suo esordio fino al compimento del primo anno di vendita era il Verde.
The only colour available on the launch of the model and for the first year it was on sale was Green.

▲ Dal 1965 lo sportello motore diventa più grande. Dal telaio n. 92.877 le feritoie del copriventola hanno forma a V.
From 1965, the engine access hatch was larger. From frame No. 92.877, the fan cover slots had a V-shaped design.

La cuffia motore è stata costruita in metallo fino al n° di telaio 78.025 e successivamente in plastica. Molto apprezzata e ricercata oggi dai collezionisti, le hanno attribuito vari "nomi d'arte" ispirati a quelle che sono le principali caratteristiche che differenziano questa Vespa 50 dalle successive produzioni:

Vespa sportellino
Per il fatto che questo modello dispone di uno sportellino per l'accesso al motore di dimensioni ridotte rispetto alle successive produzioni, dal telaio n° 92.877 del 1965 con la scocca soprannominata "unificata" verrà ingrandito.

Vespa scocchino o scocca piccola
Questo modello utilizza fino al n° di telaio 190.977 un telaio più corto di 2,5 cm rispetto alle successive scocche del 1967 soprannominate "allungate". Infatti, dal telaio n° 200.001 la misura della lunghezza passa dai 1630 mm ai 1655 mm nelle successive serie e di conseguenza varia anche l'interasse delle ruote passando da 1155 mm a 1175 mm.

▲ Il primo tipo di marmitta con tubo di scarico alto, dal telaio n° 250.001 il tubo di scarico sarà applicato nella parte inferiore.
The first type of silencer with the high exhaust pipe, from frame No. 250.001 the exhaust pipe was fitted to the lower part.

▶ La sospensione anteriore a elementi ammortizzanti in gomma con fodero in plastica grigio.
The front suspension with rubber damping elements with a grey plastic sheath.

▼ Dal telaio n° 92.877 lo sportellino diventa più grande e si fissa tramite due ganci, da inserire nei supporti della scocca su cui troviamo le guarnizioni in plastica.
From frame No. 92.877 the hatch was larger and was fixed with two clasps, to be inserted in the supports on the frame fitted with plastic seals.

with the regulations of the time, the engine was fitted with an exhaust system with IGM 3309 S approval.
The engine cowling was made of metal through to frame No. 78.025 and later of plastic.
Very popular and much sought after today by collectors, the model has been attributed various nicknames inspired by the main features that differentiate this Vespa 50 with respect to later versions:

Vespa sportellino *or "hatch" – thanks to the smaller engine access hatch on this model with respect to later versions; from frame No. 92.877 from 1965 it was enlarged with the so-called "unified" bodywork.*

Vespa scocchino *or "Small Frame" – through to frame No. 190.977, this model used a frame 2.5 cm shorter than the later "allungate" or lengthened frames from 1967. In fact, from frame No. 200.001 the length was increased from 1630 to 1655 for the subsequent series, the wheelbase consequently increasing from 1155 mm to 1175 mm.*

▶ Solo sugli esemplari costruiti fino a gennaio 1964 sul manubrio troviamo un trattino.
On the examples constructed through to January 1964 only, we find a notch.

▼▶ A sinistra, la scritta in alluminio anodizzato, con sette fori per i ribattini di fissaggio alla carrozzeria, utilizzata fino al n° di telaio 11.599. A destra, la scritta in alluminio da incollare, verniciata in argento (solo per il colore scocca rosso) e in blu per tutte le altre colorazioni, utilizzata dal telaio n° 11.600 fino a fine produzione 1971.

Left, the anodised aluminium script, with seven holes for the small rivets fixing it to the bodywork, used through to frame No. 11.599. Right, the glue-on script in silver-painted aluminium (for the red bodies only) and blue-painted for all the other colours, used from frame No. 11,600 through to the end of production in 1971.

◀ Le strisce pedana tutte in gomma. Dietro allo scudo, come optional, poteva alloggiare la gomma di scorta.

The footboard strips all in rubber. As an optional extra, a spare wheel could be housed behind the leg shield.

▲ Faro con vetro lavorato e marchiato Siem.
Headlight with Siem-branded lens.

▲ Lo sportellino inizialmente si aggancia tramite due perni verticali ai due fori sulla scocca. Dal telaio n° 70.240 cambia il tipo di attacco con due perni cilindrici orizzontali dotati di guarnizioni in plastica, che si infilano nelle relative sedi della scocca.

The hatch was initially closed via two vertical pins to the two holes in the frame. From frame No. 70.240 the system was changed with two horizontal cylindrical pins equipped with plastic seals that slotted in to housings in the frame.

▲ Dal primo ottobre 1967 il logo Piaggio diventa esagonale.
From the 1st of October 1967, the Piaggio logo became hexagonal.

◀ Inizialmente il fanale posteriore marca SIEM è con corpo in metallo in tinta con la scocca e dotato di un catarifrangente contenuto all'interno di una cornice in metallo. Dal telaio n° 49.126 diventa tutto in plastica – nella foto – sempre provvisto di un catarifrangente contenuto all'interno di una cornice in metallo. Infine dal telaio n° 122.877 diventa tutto in plastica con catarifrangente integrato.

Initially, the SIEM-branded rear light had a metal body finished in the same colour as the frame and had a reflector set in a metal frame. From frame No. 49.126 this was an all-plastic unit – seen in this photo – with the reflector still set in a metal bezel. Lastly, from frame No. 122.877 the reflector was integrated with the plastic body.

▶ Per tutta la produzione le leve del freno e della frizione sono senza pallino, fissate con viti a taglio.

Throughout the production run, the brake and clutch levers had no ball ends and were attached with slotted screws.

▲ La sella di colore blu scuro, quasi nero, con targhetta in metallo marca Aquila. Fino al telaio n° 92.876 l'attacco della sella aveva al centro la molla esterna e il piatto era piano; successivamente diverrà a forma sagomata per racchiudere la molla posizionata all'interno del vano sottostante. Cambia anche la targhetta in metallo, ora con scritta Piaggio.

The seat was a dark blue, almost black, with a metal Aquila badge. Through to frame No. 92,876 the seat mount had the external spring in the centre and the panel was flat; later it was to be shaped to house the spring set in the underlying space. The metal badge was also changed and now featured Piaggio lettering.

Vespa 50 L - V5A1T

50L

Totale esemplari prodotti
Total no. of examples produced
127.994

Certificato di omologazione
Homologation certificate
3308 OM
10 settembre/*September* 1963
variante/*variant*
n° 2092/2250/2
31 agosto/*August* 1966
IGM 3308 OM

Sigla motore **V5A1M**
Engine designation **V5A1M**

V5A1T	
500.001 - 502.972	1966
502.973 - 530.932	1967*
Nuovo modello "ALLUNGATA"	
New "ALLUNGATA" model	
540.001 - 549.484	1967**
549.485 - 595.321	1968
595.322 - 630.615	1969
630.616 - 637.063	1970

*Non vengono utilizzati 9.069 numeri di telaio
**Dal 1° ottobre sullo scudo logo Piaggio esagonale.

*9,069 frame numbers were not used.
** From the 1st of October hexagonal Piaggio logo on the leg shield.

▶ Nel 1966, alla versione base N, si affianca la versione Lusso che vanta diverse migliorie: un bordoscudo in anticorodal, le strisce pedana dotate di profili in alluminio e gomma con puntalini sempre di alluminio fissati al telaio tramite ribattini, la ghiera in metallo lucido del fanale anteriore, una crestina in alluminio lucidato sul parafango, la sella biposto optional o a gobbina, adottata dal telaio n° 567.001, è dotata di un gancio porta borsa. Sullo scudo troviamo la scritta Vespa 50 in alluminio anodizzato, fissata da tre perni. Inoltre compare per la prima volta su una 50 anche sul retro la scritta Vespa 50 L, sempre alluminio anodizzato e fissata alla scocca da quattro perni. Le manopole sono in gomma con disegno puntinato colore grigio chiaro e con logo Piaggio quadrato fino al telaio 549.484, poi con lo stesso disegno ma di colore nero e con logo Piaggio esagonale. Per il resto le caratteristiche generali sono le medesime della economica 50 N. Il cambio rimane sempre a 3 marce. Il motore monta il primo tipo di marmitta con tubo di scarico alto, dal telaio n° 600.001 il tubo di scarico sarà applicato nella parte inferiore. A livello di ciclistica l'unica differenza

▶ *In 1966, the basic N version was flanked by the Lusso, which boasted several improvements: an "anticorodal" leg shield surround, footboard runners equipped with aluminium and rubber profiles with aluminium ferrules fixed to the frame via rivets, a polished metal headlight bezel, a polished aluminium crest on the mudguard, the optional two-seater or "gobbina" humped saddle, adopted from frame No. 567.001, was equipped with a bag hook. On the leg shield we find the "Vespa 50" lettering in anodised aluminium, attached via three pins. Also appearing for the first time on a 50 was the Vespa 50 L script at the rear, also in anodised aluminium and secured to the bodywork with four pins. The grips were in rubber with a light grey dotted design and with a square Piaggio logo up to frame No. 549.484 and then with the same pattern but in black and with a hexagonal Piaggio logo. Otherwise, the general specification*

▲ Colori molto vivaci: ecco il Giallo Arancio.
Very bright colours: this is Giallo Arancio (Orange Yellow).

▲ Posizione IGM, sigla telaio e numerazione.
Frame designation and numbering position.

▶ Il Verde Mela che è utilizzato dalla versione "allungata".
Verde Mela (Apple Green) used from the "allungata" version onwards.

▲ Posizione sigla motore e numerazione.
Engine designation and numbering position.

◀ L'eccentrico color Rosa Shocking, in tema con la moda di quegli anni.
The eccentric Rosa Shocking (Shocking Pink) colour was very fashionable at the time.

anni '60

importante è l'adozione della sospensione anteriore con molla elicoidale e ammortizzatore idraulico, che garantiva maggior comfort e stabilità nei tratti di strada sconnessi o dissestati. Anche questo modello, come la 50N, utilizza, fino al n° di telaio 530.932, un telaio più corto di 2,5 cm rispetto alle successive scocche del 1967, soprannominate "allungate". Infatti, dal telaio n° 540.001, la misura della lunghezza passa dai 1630 mm ai 1655 mm nelle successive serie e di conseguenza varia anche l'interasse delle ruote passando da 1155 mm a 1175 mm.

▲ Per tutta la produzione il copriventola ha feritoie a forma di V.
Throughout the production run, the fan cover had V-formation slots.

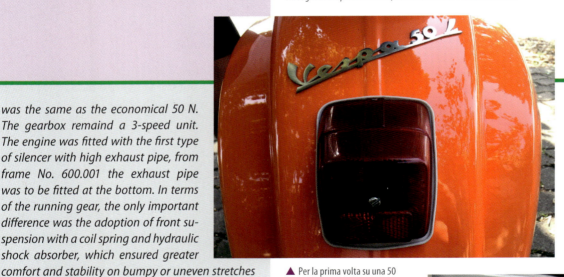

was the same as the economical 50 N. The gearbox remained a 3-speed unit. The engine was fitted with the first type of silencer with high exhaust pipe, from frame No. 600.001 the exhaust pipe was to be fitted at the bottom. In terms of the running gear, the only important difference was the adoption of front suspension with a coil spring and hydraulic shock absorber, which ensured greater comfort and stability on bumpy or uneven stretches of frame. Through to frame No. 530.932, this model, like the 50N, used a frame that was 2.5 cm shorter than that of the later 1967 examples, nicknamed "Allungate" or "Lengthened". In fact, from frame No. 540.001, the length was increased from 1630 mm to 1655 mm, with the wheelbase consequently also changing from 1155 mm to 1175 mm.

▲ Per la prima volta su una 50 troviamo posteriormente una scritta identificativa in alluminio anodizzato e fissata alla scocca da 4 perni. Il faro non subisce modifiche per tutta la produzione.
For the first time on a 50 we find badging at the rear in anodized aluminium attached to the frame with four pins. The light unit was unchanged throughout the production run.

▲ Dal telaio n° 567.001 si poteva avere la sella a "gobbina" con il gancio portaborse.
From frame No. 567.001 the model could be ordered with the "humped" single saddle with a bag hook.

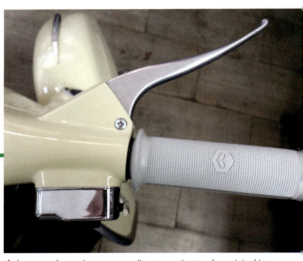

▲ Le manopole sono in gomma con disegno puntinato, colore grigio chiaro e con logo Piaggio quadrato fino al telaio 549.484, poi con lo stesso disegno ma di colore nero e con logo Piaggio esagonale.
The grips were in rubber with a dotted pattern, light grey in colour and with the square Piaggio logo through to frame No. 549.484, subsequently they had the same pattern but were black with the hexagonal Piaggio logo.

◀ Dal telaio n° 600.001 la marmitta è con tubo di scarico applicato nella parte inferiore, al posto di quella con tubo di scarico alto e sempre punzonata IGM 3309 S.
From fame No. 600.001 the silencer had the exhaust pipe mounted low rather that high, but continued to be stamped IGM 3309 S.

▼ Le strisce pedana sono dotate di profili in alluminio e gomma con puntalini, sempre di alluminio fissati al telaio tramite ribattini.
The footboard runners were fitted with aluminium and rubber strips with aluminium ferrules secured to the frame with rivets.

▲ Per tutta la produzione i cerchioni sono chiusi e color alluminio. Il parafango ha una crestina in alluminio lucidato.
Throughout the production run aluminium-colour solid wheel rims were fitted. The mudguard had a polished aluminium crest.

▲ Cavalletto diametro 16 mm per tutta la produzione.
The stand had a 16 mm diameter throughout the production run.

◀ Bloccasterzo ovale con aletta para polvere marca Nieman DBP.
The oval Neiman DBP steering lock with dust cover.

▼ Come sulla 50 N si poteva avere come optional il contachilometri scala 60 km/h. Nel 1967 il logo Piaggio quadrato sul quadrante diventa esagonale.
As on the 50 N, a 60 kph speedometer was available as an optional extra. In 1967, the square Piaggio logo on the dial was replaced with the hexagonal verison.

▶ Questo modello nasce in un momento in cui si richiedevano colori brillanti e vivaci. Piaggio lo comunica anche nelle pubblicità tramite foto molto colorate.
This model was launched at a time when bright, lively colours were in demand. Piaggio reflected this trend in its brightly coloured promotional photographs.

▲ L'unica differenza importante è l'adozione della sospensione anteriore con molla elicoidale e ammortizzatore idraulico, che garantiva maggior comfort e stabilità.
The only significant difference was the adoption of front suspension with a coil spring and hydraulic damper guaranteeing improved comfort and stability.

Vespa 50 SS - V5SS1T

Questo modello non è altro che la versione della 90 SS con cilindrata 50 cc. Essendo destinata solo al mercato estero, non rispetta il limite del 1,5 CV imposto in Italia per la qualifica a ciclomotore, per cui nel nostro Paese la si poteva omologare esclusivamente con la targa. Questo motore infatti sviluppa una potenza di 3,68 CV che consente di raggiungere i 75 km/h. È dotato della stessa marmitta a siluro cromata ma con IGM 4307 S. Ruote da 3.00 -10", stesso contachilometri scalato a 100 km/h e stessa sella piccola e sportiva con apertura in senso contrario comune a tutte le altre.

Cambiano solo: gli adesivi tondi sul bauletto con la scritta 50 e, posteriormente, la dicitura "S. Sprint 50" in alluminio lucidato. Due i modelli di faro posteriore, uno con catarifrangente più grosso da adottare a seconda delle normative del Paese in cui era venduta. Stessa posizione ruota di scorta e bauletto. Si differenziano però dalla 90 SS il numero di esemplari che utilizzano i due sistemi di fissaggio della ruota di scorta sul tunnel centrale. Il grosso morsetto con bullone da 14 mm per fissare la ruota cambia quasi immediatamente. dal telaio n° 1.009 e viene sostituito da un supporto sagomato sul tunnel centrale. In ragione di queste modifiche, dal n° di telaio 1.010 il bauletto privo di vite ferma ruota viene rimpiazzato con quello dotato di vite, sempre decorato con decalcomanie tonde laterali. Quest'ultimo, dal telaio n° 1.842, cambia con il modello con fossette laterali e scudetti adesivi.

50 SS

Totale esemplari prodotti
Total no. of examples produced
2.525

Certificato di omologazione
Homologation certificate
4306 OM
21 settembre/*September* 1965
IGM 4306 OM

Sigla motore **V5SS1M**
Engine designation **V5SS1M**

V5SS1T	
1.001 - 1.192	1965
1.193 - 2.207	1966
2.208 - 2.397	1967*
2.398 - 2.793	1968
2.794 - 3.089	1969
3.090 - 3.422	1970
3.423 - 3.525	1971

*Cambia il logo Piaggio.
* *Piaggio logo changed.*

▲ Posizione IGM, sigla telaio e numerazione.
IGM, chassis designation and numbering position.

▼ Posizione sigla motore e numerazione.
Engine designation and numbering position.

This model was none other than the 50 cc version of the 90 SS. As it was destined for foreign markets only, it did not need to comply with the 1.5 hp limit imposed in Italy for qualification as a moped, consequently in its home country it could only be homologated with a registration plate. This engine in fact develops a power output of 3.68 hp, good for a maximum speed of 75 kph. It was equipped with the same chrome-plated torpedo silencer but with IGM 4307 S. 3.00 -10" wheels, the same speedometer with a 100 kph scale and the same small, sporty seat with reverse opening like all the other models.

The only changes were the round stickers on the glovebox with the inscription 50 and, at the rear, the words "S. Sprint 50" in polished aluminium. There were two rear lights, one with a larger reflector to be adopted according to the regulations of the country in which it was sold. The same spare wheel and glovebox position. However, they differed with respect to the 90 SS in the number of examples using the two spare wheel fixing systems on the centre tunnel. The large clamp with a 14 mm bolt for securing the wheel was changed almost immediately, from frame No. 1.009, being replaced by a shaped support on the centre tunnel. As a result of these changes, from frame No. 1.010 the glovebox without the wheel fastening screw was replaced by one with a screw, again decorated with round side decals. From frame No. 1.842, the glovebox was replaced with the model with side dimples and sticker badges.

▲ In basso, sotto la ruota, il supporto sul tunnel centrale che tiene in posizione la ruota di scorta. All'interno del bauletto c'è una vite che tiene ferma la ruota. Il bauletto, modello senza fossette e con decalcomania tonda.

Bottom, below the wheel, the support on the central tunnel locking the spare wheel in position. Inside the glovebox there is a screw securing the wheel. The version of the glovebox without dimples but with round decals.

▲ In questo dépliant: in basso, sotto la ruota, il grosso morsetto con bullone per fissare la ruota, adottato su pochissimi esemplari.

In this pamphlet: bottom, below the wheel, the large clamp with a bolt securing the wheel, adopted on a very few examples.

▲ Il faro posteriore poteva essere dotato di un catarifrangente più grosso a seconda delle normative del Paese in cui era venduta.

The rear light could be equipped with a larger reflector according to regulations of the country in which the scooter was sold.

▲ Difficile distinguerla dalla 90 SS.

It is difficult to distinguish the 50 cc model from the 90 SS.

Vespa 50 R - V5A1T

50 R

Totale esemplari prodotti
Total no. of examples produced
238.761

Certificato di omologazione
Homologation certificate
n° 3308 OM
10 settembre/*September* 1963
variante/*variant*
n° 4330/2250/2
31 ottobre/*October* 1969
IGM 3308 OM

Sigla motore V5A1M e V5A2M
Engine designation V5A1M and V5A2M

V5A1T	
700.001 - 702.503	1969
702.504 - 735.716	1970
735.717 - 769.612	1971
769.613 - 804.164	1972
804.165 - 831.712	1973
831.713 - 861.870	1974
861.871 - 878.151	1975
878.152 - 893.568	1976
893.569 - 906.043	1977
906.044 - 914.139	1978
914.140 - 922.204	1979
922.205 - 930.986	1980
930.987 - 936.052	1981
936.053 - 938.702	1982
938.703 - 938.761	1983

La Vespa 50 R, versione "Rinnovata", debutta nel 1969 al 41° Salone del Ciclo e Motociclo di Milano; è un'evoluzione dei precedenti modelli N e L dai quali ha ereditato alcune caratteristiche. È stata senz'altro, assieme alla Special, di cui precede la presentazione di qualche mese, una Vespa di grande successo. La R porta con sé l'eredità stilistica della Vespa classica a faro tondo e per tutto il corso della sua produzione è sempre stata dotata di cambio a 3 marce. A questo modello sono state apportate parecchie modifiche durante la sua produzione senza però alcuna differenziazione data con numero di serie, come è stato invece per altri modelli.

Dal 1969 metà 1971 circa
È equipaggiata da cerchi chiusi da 9 pollici, fino al telaio n° 752.188 e di ammortizzatore anteriore di tipo non idraulico. Leve freno e frizione, a punta senza pallino, fissate con vite a taglio; manopole color grigio chiaro a quadratini con logo esagonale. Sella a "gobbina" con profilo grigio senza gancio portaborse e scritta sul retro Piaggio; come optional si poteva avere anche la sella lunga. Non è dotata di bordo scudo in alluminio anticorodal e il manubrio non ha la ghiera del fanale cromata. Il parafango è dotato di cresta. Fino al telaio n° 828.603 scritta anteriore obliqua Vespa 50; fino a fine 1970 nessuna scritta sul retro. Fanalino posteriore tutto in plastica con catarifrangente integrato adottato per tutta la produzione. Strisce pedana in gomma come la N e cavalletto di diametro 16 mm. La scocca, posteriormente, ha quattro fori sotto al fanale, chiusi da tappini in plastica grigio chiaro che servivano a montare un accessorio Piaggio poco pubblicizzato, un porta ruota sotto la pancia sinistra. Copriventola con feritoie a forma di V. Marmitta punzonata con DGM 9978 S.

Da metà 1971 a fine 1973
Dal telaio n° 752.189 monta cerchi aperti da 9 pollici. Le manopole diventano di color nero a quadratini con logo esagonale. È presente il bordo scudo in alluminio anticorodal. Scritta anteriore sempre obliqua Vespa 50 e in aggiunta adesivo con scritta R applicato sul retro vicino alla sella. Motore con sigla V5A1M con bobina interna fino al n° di telaio 752.188, dal successivo viene adottata la bobina esterna, che riscaldandosi meno eliminava il problema dell'accensione a caldo, e la sigla cambia in V5A2M.

Da fine 1973 a fine 1977
Leve freno e frizione a punta senza pallino, dal n° di telaio 867.169 diventano con pallino medio. Le manopole sempre

---

The Vespa 50 R, the "Rinnovata" or "Revised" version, was launched in 1969, at the 41st Cycle and Motorcycle Show of Milan. This was an evolution of the earlier N and L models from which it inherited various features. It was without doubt, together with the Special, which it preceded by a few months, a particularly successful Vespa. The R carried with it the stylistic heritage of the classic round-headlight Vespa and throughout its production run it was always equipped with a three-speed gearbox. Numerous modifications were made to this model during its career, none of them leading to a differentiation through the serial number, as was the case instead with other models.

From 1969 to circa mid-1971
The R was equipped with solid 9" wheels, through to frame No. 752.188 and a non-hydraulic front shock absorber. The clutch and brake levers were pointed with no ball ends and attached with slotted screws; light grey squared grips with the hexagonal logo. "Humped" seat with grey trim, no bag hook and Piaggio lettering on the rear; the long seat was offered as an optional extra. The model was not fitted with "anticorodal" aluminium trim on the edges of the leg shield and did not have the chromed headlamp bezel. The mudguard was fitted with a crest. Through to frame No. 828.603 the oblique Vespa 50 script appeared on the front; through to late 1970 no lettering on the rear. All-plastic rear light with integrated reflector fitted throughout the production run. Rubber footboard strips like those of the N and a stand with a diameter of 16 mm. At the rear the frame had four holes below the lighting unit closed with grey plastic plugs that served to secure a Piaggio accessory that received little publicity, a wheel carrier behind the left-hand side panel. Fan cover with V-shaped slots. Silencer stamped DGM 9978 S.

Mid-1971 to late 1973
From chassis no. 752.189 the R was fitted with 9" open rims. The squared grips were black with hexagonal logos. An "anticorodal" aluminium leg shield trim was fitted. The front lettering was again Vespa 50 oblique, while in addition a sticker with R lettering was applied to the rear near the saddle. Engine designation V5A1M with internal coil through to Frame No. 752.188, from the following year an external coil was adopted, which as it ran cooler eliminated the problem of hot ignition, and the designation changed to V5A2M.

From late 1973 to late 1977
Pointed brake and clutch levers without ball ends, from frame No. 867.169 fitted

112

▶ Posizione IGM, sigla telaio e numerazione.
IGM, chassis designation and numbering position.

▼ Una rara R di colore Argento 103, denominato anche Lunacrom e soprannominato "cipolla" perché invecchiando tendeva a ossidarsi e diventare rossastro.
A rare R finished in Silver 103, also known as Lunacrom and nicknamed "onion" because as it aged it tended to oxidise and become reddish.

▲ Dal 1976 nuova posizione IGM sul telaio.
From 1976 there was a new IGM position on the frame.

▲ Posizione sigla motore e numerazione.
Engine designation and numbering position.

▲ Su questo modello i colori brillanti non mancavano.
On this model there was no lack of bright colours.

▲ Affiancò la 50 Special con un buon successo commerciale.
The R flanked the 50 Special and enjoyed considerable commercial success.

di colore nero, ma con nuovo disegno a righe con logo esagonale. Dal n° di telaio 828.604 nuova grafica per le scritte, entrambe in stampatello orizzontali. Dal n° di telaio 789.905 la sezione del cavalletto viene ingrandita a diametro 20 mm. Dal n° di telaio 820.604, anche sui modelli di cilindrata maggiore, le guarnizioni clacson e fanalino posteriore da grigie diventano nere. Scompaiono dalla scocca, sotto il fanale posteriore, i quattro fori. Le feritoie a forma di V della griglia del copriventola fino al n° di telaio 824.984, poi sostituito con un nuovo disegno circolare. Dal n° di telaio 840.171 le righe sulla levetta dello sportellino da orizzontali diventano verticali.

Dal 1978 a fine produzione
Dal n° di telaio 905.289 leve freno e frizione con punta a pallino grande, fissate con viti a croce. Come su altri modelli, anche di cilindrata maggiore, dal n° di telaio 912.782 il blocca sterzo diventa a forma circolare senza aletta proteggi polvere. Dal n° di telaio 914.748 il pedale del freno cambia la sezione da tonda a quadrata.

with medium ball ends. Grips still black, but with new striped design and hexagonal logo. From frame no. 828.604 new lettering graphics, both in horizontal block letters. From frame No. 789.905 the stand section diameter was increased to 20 mm. From frame No. 820.604, as on the larger displacement models, the horn and rear light seals changed from grey to black. The four holes under the rear light disappeared from the bodywork. The V-shaped slots in the fan cover grille up to frame No. 824.984 were replaced with a new circular design. From frame No. 840.171 the lines on the hatch lever changed from horizontal to vertical.

From 1978 to end of production
From frame No. 905.289 brake and clutch levers with large ball ends, attached with Phillips screws. As on other models, including those of larger displacements, from frame No. 912.782 the steering lock was round with no dust cover. From frame No. 914.748 the brake pedal section changed from round to square.

▲ Per tutta la produzione adotta il fanalino posteriore di marca Siem, tutto in plastica con catarifrangente integrato. Nel corso degli anni cambia solo il colore della guarnizione, da grigia chiara a nera.

Throughout the production run it was fitted with the Siem rear lighting unit – all plastic with an integrated reflector. Over the years, only the colour of the seal changed from light grey to black.

▲ Le strisce della pedana sono solo in gomma come sulla 50 N.
The footboard strips were in rubber like those of the 50 N.

▲ L'adesivo con scritta R e cornice cromata, applicato vicino alla sella a destra. Quest'ultima con scritta Piaggio e levetta per l'apertura.
The adhesive with R lettering and a chromed frame, applied close to the seat on the right. The seat carried Piaggio lettering and lifted with a lever.

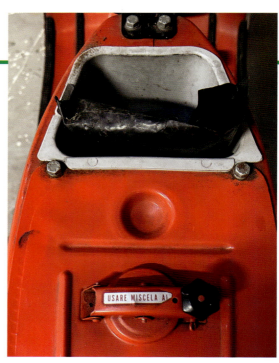

▲ La vaschetta porta oggetti in plastica di colore grigio chiaro e la busta nera, sempre in plastica, che contiene gli attrezzi in dotazione.
The grey plastic oddments tray and the black plastic tool kit holder.

▲ Dal 1971 le manopole diventano di color nero, sempre a quadratini e con logo esagonale.

From 1971, the grips were black, still with a squared design and the hexagonal logo.

▲ Dal n° di telaio 828.604, nuova grafica per la scritta anteriore.

Again from frame No. 828.604, new front lettering graphics too.

◀ Sempre dal n° di telaio 828.604, nuova grafica anche della scritta posteriore Vespa 50.

From frame No. 828.604, the new rear Vespa 50 lettering graphics.

▲ Dal 1973 il nuovo disegno delle manopole a righe sempre con logo esagonale.

From 1973, the grips had a new striped design, again with the hexagonal logo.

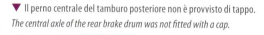

▼ Il perno centrale del tamburo posteriore non è provvisto di tappo.

The central axle of the rear brake drum was not fitted with a cap.

▼ Fino al n° di telaio 824.984 le feritoie del copriventola hanno una forma a V.

Through to frame No. 824.984 the slots on the fan cover had a V configuration.

▲ Dal n° di telaio 824.985 le feritoie del copriventola hanno un nuovo disegno circolare.

From Frame No. 824.985 the slots on the fan cover had a new circular design.

▲ Dal n° di telaio 912.782, blocca sterzo a forma circolare senza aletta proteggi polvere.

From frame No. 912.782, the steering lock was circular with no dust cover.

50 Special - V5A1T/V5B1T/V5A3T

50 Special

Prima serie
First series

Totale esemplari prodotti
Total no. of examples produced
95.013

Certificato di omologazione
Homologation certificate
3308 OM
10 settembre/*September* 1963
variante/*variant*
n° 4330/2250/2
31 ottobre/*October* 1969
IGM 3308 OM

Sigla motore **V5A2M**
Engine designation **V5A2M**

V5A2T	
1.001 - 2.015	1969
2.016 - 34.257	1970
34.258 - 65.526	1971
65.527 - 96.013	1972

Seconda serie
Second series

Totale esemplari prodotti
Total no. of examples produced
94.671

Certificato di omologazione
Homologation certificate
10934 OM
20 ottobre/*October* 1972
DGM 10934 OM

Sigla motore **V5A2M**

V5B1T	
1.001 - 6 426	1972
6.427 - 42.385	1973
42.386 - 86.507	1974
86.508 - 95.671	1975

Fu prodotta in ben 753.640 esemplari, nelle sue tre versioni con motore inizialmente a tre marce, aumentate poi nel 1975 a quattro e presentata al 41° Salone del Ciclo e Motociclo di Milano, che si svolse dal 22 al 30 novembre 1969, un salone ricco di cinquantini di tutti i generi. Era esposta assieme alla 50 R, presentata alla stampa qualche mese prima, alla 50 Elestart e tutto attorno i già popolarissimi Ciao, che da due anni padroneggiavano nel mercato dei ciclomotori economici. Questo modello ha lasciato un ricordo indelebile in tante generazioni di italiani, basti pensare che nel 1999 il gruppo italiano Lùnapop, capitanato da Cesare Cremonini, ha dedicato un pezzo a questo scooter intitolato appunto "50 Special".

Il nuovo modello, oltre all'inedito manubrio con faro rettangolare marca Siem con la bella ghiera metallica cromata ha una caratteristica innovativa mai vista prima: compare in mezzo allo scudo di una Vespa un nasello in plastica particolare. Il nuovo nasello di plastica era asportabile e copriva il tubo di sterzo e il clacson nella prima serie di colore grigio scurissimo, quasi nero, con fregio in metallo lucidato e logo Piaggio esagonale. Rettangolare era anche il faro posteriore,

Terza serie
Third series

Totale esemplari prodotti
Total no. of examples produced
563.956

Certificato di omologazione
Homologation certificate
10934 OM
20 ottobre/*October* 1972
+ Est. n° 14587
18 marzo/*March* 1975
DGM 10934 OM

Sigla motore **V5A4M**
Engine designation **V5A2M**

1.101 - 48.014	1975
48.015 - 97.624	1976*
97.625 - 15.4615	1977
15.4616 - 226.823	1978
226.824 - 304.525	1979
304.526 - 399.133	1980
399.134 - 506.189	1981
506.190 - 564.985	1982
564.986 - 565.056	1983

*cambia posizione e IGM diventa DGM sul telaio.
* *changed position with IGM becoming DGM on the frame.*

dotato di tegolino nella parte superiore in plastica. La sella era la monoposto sportiveggiante soprannominata "a gobbetta" con la scritta Piaggio serigrafata sul retro, già vista dal 1968 sulle N e L. È stata classificata per comodità in 3 serie, anche se bisogna specificare che parecchie modifiche sono state apportate nel corso della produzione. Ragion per cui, per alcuni particolari, è meglio verificare i dati matricolari. Per esempio il cambio di scritte identificative da oblique in corsivo a orizzontali con nuova grafica varia dal telaio n° V5B1T 38.639 – ottobre 1973 – modello seconda serie – ruote da 10. Tante modifiche, per fare un esempio, tipo il pallino delle leve o il bloccasterzo o il pedale freno seguivano le stesse apportate anche sulle 125 Primavera.

Prima serie

Al manubrio troviamo manopole a quadratini colore nero con impresso logo Piaggio esagonale, leve frizione e freno senza pallino di sicurezza. Presente un tappo nero in plastica

---

The Vespa 50 Special was produced in no less than 753,640 examples in its three versions, initially with a three-speed gearbox, later increased to four speeds in 1975. It was presented at the 41st Bicycle and Motorcycle Show in Milan, held from the 22nd to the 30th of November 1969, a show featuring a wealth of mopeds of all kinds. It was shown together with the 50 R, presented to the press a few months earlier, the 50 Elestart and a gaggle of the already very popular Ciao, which had been dominating the market for economical mopeds for two years. This model has left an indelible memory for many generations of Italians, suffice to say that in 1999 the Italian group Lùnapop, led by Cesare Cremonini, dedicated a song to this scooter entitled "50 Special".

In addition to the new handlebar with the Siem-branded rectangular headlight and beautiful chrome-plated metal bezel, the new model had an innovative feature never seen before: a special plastic fairing set in the middle of the Vespa leg shield. The new plastic fairing covering the steering tube and horn was removable and on

the first series was in dark grey, almost black, with a polished metal strip and the hexagonal Piaggio logo. The rear light was also rectangular and equipped with a small plastic "roof". The saddle was the sporty single-seater nicknamed "a gobbetta" or "hunchback", with the Piaggio lettering screen-printed on the back, as seen from 1968 on the N and L. The Special can be subdivided into three series for convenience, although it must be specified that numerouys changes were made during its production run. That is why for certain details it is always best to check the serial numbers. For example, the change in the model lettering from oblique in italics to horizontal with new graphics came from frame No. V5B1T 38.639 - October 1973 - second series model – 10" wheels. Many modifications followed those made on the 125 Primavera such as the brake and clutch lever ball ends, the steering lock and brake pedal, to mention just three examples.

First series

On the handlebars we find black squared grips with the embossed hexagonal Piaggio logo, clutch and brake levers without ball ends. There is a black square plastic blank covering the hole for the speedometer, which was an optional extra. On the

◀ Il Rosso Corallo utilizzato dal 1971.
The Rosso Corallo (Coral Red) used from 1971.

▲ Posizione IGM, sigla telaio e numerazione.
IGM, chassis designation and numbering position.

▲ Posizione sigla motore e numerazione.
Engine designation and numbering position.

▲ Il Biancospino utilizzato dal 1971 per tutta la produzione.
The Biancospino (Hawthorn White) used from 1971 onwards.

▲ Dal 1976 nuova posizione IGM sul telaio*.
*dal 1976 diventa DGM.
From 1976 there was a new IGM position on the frame.
from 1976 became DGM.

▶ Un conservato ricco di accessori dell'epoca.
A well-preserved example with numerous original accessories.

117

anni '60

quadrato sul foro della predisposizione del contachilometri che è un optional. Solo su questa scocca della prima serie, come sulla R, sotto il fanale sono presenti quattro fori chiusi con tappini di plastica color grigio. Servivano per installare l'accessorio originale Piaggio, un porta ruota di scorta alloggiato sotto la pancia sinistra, poco pubblicizzato e quasi sconosciuto. Dietro allo scudo sul tunnel centrale troviamo due fori filettati, sempre chiusi da tappini di plastica color grigio, dove applicare il porta ruota di scorta, accessorio questo molto diffuso e conosciuto. Bordoscudo in alluminio anticorodal e strisce pedana con listelli e puntalini in alluminio con strisce in gomma. Il cavalletto passa, dal telaio n° 77.696, da 16 a 20 mm di diametro, conferendo così più resistenza e stabilità. Scritte identificative in corsivo, sullo scudo Vespa 50 e dietro, sopra il fanale Special. Il nasello anteriore e il tegolino del fanale posteriore in plastica color grigio scurissimo, quasi nero. Ruote da 9 pollici con cerchi autoventilati fissati al cerchio con quattro dadi. Una curiosità: il tappo del dado centrale del mozzo di colore grigio è montato solo in quello anteriore come sulla R. Pneumatici di misura 2. 75 x 9. La levetta di chiusura dello sportellino motore in alluminio ha come i modelli precedenti disegno a righe orizzontali fini. Il serbatoio è dotato di fori per montaggio sella monoposto e sul tappo è presente l'adesivo con l'indicazione "Usare miscela al 2%".
Motore: cambio a tre velocità con rapporto primario 16/67 (1° 1:22,33 - 2° 1:12,56 - 3° 1:7,95). La bobina è interna, stessi carter della R con doppio foro uscita cavi elettrici. Carburatore dell'Orto SHB 16/10. La griglia del copriventola con feritoie a V.

Seconda serie
Si contraddistingue per l'adozione delle ruote da 10 pollici con cinque dadi di fissaggio al cerchio; il tappo del dado centrale del mozzo di colore grigio è ora montato su tutti e due i mozzi. Pneumatici misura 3.00x10". Al manubrio troviamo: manopole colore nero di nuovo disegno a righe con impresso logo Piaggio esagonale; foro con tappo nero in plastica dove poter installare il contachilometri che è un optional. Dal telaio n° 69.809 il pallino medio di sicurezza delle leve freno e frizione. Il nasello e il tegolino del fanale posteriore in plastica

▲ Solo sulla prima serie, ruote da 9 pollici e il mozzo era fissato al cerchione da 4 dadi.
On the first series only 9" wheels were fitted, with the rims being attached to the hubs with four nuts.

---

first series frame only, as on the R, there were four holes under the rear light that are closed with grey plastic plugs. These were used to install an original but was little publicised and virtually unknown Piaggio accessory, a spare wheel holder housed behind the left-hand side panel. Behind the leg shield on the central tunnel we find two threaded holes, again closed with grey plastic plugs, where the classic spare wheel holder can be fitted, a very popular and well-known accessory. "Anticorodal" aluminium leg shield trim and aluminium footboard runners with rubber strips. The stand diameter was changed from 16 to 20 mm n from frame No. 77.696, giving it more strength and stability. Vespa 50 lettering in italics on the leg shield and Special badging at the rear above the rear light unit. The front fairing and rear light roof were in a dark grey, almost black plastic. 9" wheels with self-ventilating rims attached with four nuts. A curiosity: the grey central hub nut cap was fitted to the front hub nut only, as on the R. The tyres measured 2. 75 x 9. The aluminium engine access hatch lever had, as on previous models, a thin horizontal stripe design. The fuel tank had holes for mounting a single-seater saddle and there was a sticker on the filler cap stating "Use 2% mixture". Engine: three-speed gearbox with primary ratio 16/67 (1st 1:22.33 - 2nd 1:12.56 - 3rd 1:7.95). Internal coil, the same crankcase as the R with dual electrical cable passages. Dell'Orto SHB 16/10 carburettor. Fan cover grille with V-shaped slots.

Second series
Characterised by the adoption of 10" wheels with five rim nuts; the grey hub nut cap was now fitted on both hubs. Tyres size 3.00x10". On the handlebars we find: black coloured grips with a new striped design and embossed hexagonal Piaggio logo; hole with black plastic blank where the optional speedometer could be installed. From frame No. 69.809 medium ball ends on the brake and clutch levers. The front fairing and plastic tail light roof changed colour and were now light grey. Through to frame no. V5B1T 38.639 year 1973, italic lettering as

▲ Il particolare della levetta con disegno uguale alle precedenti versioni.
A close-up of the lever with the design identical to earlier versions.

▲ Dal n° di telaio V5B1T 53.129 cambia il disegno della levetta.
The design of the lever changed from frame No. V5B1T 53.129.

▲ La scritta serigrafata Piaggio sul retro della sella.
The screen printed Piaggio lettering on the back of the seat.

▲ La scritta in corsivo cambierà come la posteriore nel corso della produzione nella seconda serie, per cui attenzione al numero di telaio in fase di restauro.
The lettering in italics was to change, along with the badging at the rear, during the course of production of the second series; check the frame number when restoring!

▲ La scritta Special in corsivo obliqua, sul fanale troviamo il "tegolino" di colore grigio scurissimo, quasi nero e sotto quest'ultimo, i quattro fori per il porta ruota di scorta.
The Special lettering in oblique italics, the rear light "roof" in very dark grey, almost black. Below this last were the four holes for the spare wheel mount.

▲ In questa foto vediamo la staffa di rinforzo aggiunta sotto la pancia sinistra.
In this photo we can see the reinforcing bracket added behind the left-hand side panel.

▼ Il tappo nero in plastica quadrato sul foro della predisposizione del contachilometri che è un optional.
The square black plastic blank covering the mounting hole for the optional speedometer.

▼ Dal telaio n° V5B1T 38.640 nuove scritte ora sono orizzontali e con nuova grafica.
From frame No. V5B1T 38.640 the new lettering was horizontal with new graphics.

▲ Fino al telaio n° 230.535 il pedale del freno è a sezione tonda.
Through to frame No. 230.535 the brake pedal had a round section.

119

anni '60

cambiano colore, ora grigio chiaro. Fino al telaio n° V5B1T 38.639 anno 1973 erano dotate di scritte in corsivo come prima serie, poi sono orizzontali e con nuova grafica, scritta Vespa anteriore, e 50 Special posteriore, entrambe su fondo nero. Eliminati i 4 fori sotto il fanale posteriore per il montaggio porta ruota di scorta. La levetta di chiusura dello sportellino motore è in alluminio e ha come i modelli più vecchi disegno a righe orizzontali fino al n° di telaio V5B1T 53.128, poi sostituita in acciaio con righe verticali. Il cavalletto passa da diametro 16 mm a 20 mm.
Motore: il cambio rimane a tre velocità con rapporto primario, che cambia per le ruote da 10", 16/68 (1° 1:25,50 - 2° 1:14,34 - 3° 1:9,08). La bobina interna rimane fino al telaio n° V5B1T 70.056, anno 1974, successivamente spostata all'esterno per evitare problemi di surriscaldamento. Carburatore dell'Orto SHB 16/10. Dal telaio n° 32.500 il copriventola cambia il disegno delle feritoie ora circolare.

Terza serie
Ultima serie della 50 Special con l'introduzione del cambio a quattro marce. All'inizio del 1976 il DGM viene spostato sopra i numeri e sigla del telaio, motivo per cui la zona della battuta dello sportellino viene aumentata per poter accogliere i codici stampati su due righe. Il telaio a un certo punto della produzione (non abbiamo trovato un dato matricolare certo ma circa dal 1980) viene dotato di un rinforzo sotto la pancia sinistra. Vengono eliminati dal serbatoio i fori per il montaggio della sella monoposto. Dal telaio n° 146.857 il pallino di sicurezza delle leve freno e frizione diventa grosso. La levetta del comando del rubinetto ora è in plastica di color grigio e non più in metallo. Dal telaio n° 207.317 di questa serie il bloccasterzo diventa a forma cilindrica, non più ovale, e viene rimossa l'aletta para polvere roteante. Dal telaio n° 230.536 il pedale del freno passa da sezione tonda a quadrata.
Motore: cambio a quattro velocità con rapporto primario 16/68 (1° 1:24,650 - 2° 1:16,393 - 3° 1:11,806 - 4° 1:8,886). Carburatore dell'Orto SHB 16/10 con scatola filtro aria in acciaio zincato che dal 1977 diventa in plastica nera. La cuffia motore in plastica ora è dotata di alette guida del cavo che dalla bobina va alla pipetta della candela.

▲ Dalla seconda serie il nasello in plastica anteriore e il tegolino del faro posteriore diventano di colore grigio chiaro.
From the second series onwards, the plastic front fairing and the rear light roof were in light grey.

on the first series, subsequently horizontal with new graphics, Vespa lettering at the front, and 50 Special at the rear, both on a black ground. The 4 holes under the rear light for mounting a spare wheel holder were eliminated. The engine access hatch lever was in aluminium and had, as on the older models, a design with horizontal stripes up to frame No. V5B1T 53.128, then replaced by a steel item with vertical stripes. The stand diameter was increased from 16 mm to 20 mm.
Engine: The three-speed gearbox was retained, with the primary ratio changing for 10" wheels to 16/68 (1st 1:25.50 - 2nd 1:14.34 - 3rd 1:9.08). The internal coil was retained through to frame No. V5B1T 70.056, year 1974, later moved externally to avoid overheating issues. Dell'Orto SHB 16/10 carburettor. From frame No. 32.500 the fan cover slots were now circular.

Third series
The final series of the 50 Special saw the introduction of the four-speed gearbox. Early in 1976 the DGM was moved above the chassis numbers and designation, which is why the hatch stop area was enlarged to accommodate the codes printed on two lines. At some point during the production run (we have not found a certain serial number, but around 1980) the frame was fitted with reinforcement behind the left-hand side panel. The holes for mounting the single-seat saddle were removed from the tank. From frame No. 146.857 the ball ends on the brake and clutch levers were larger. The fuel tap lever was now in grey plastic and no longer in metal. From frame No. 207.317 of this series the steering lock was cylindrical rather than oval and the rotating dust cover was eliminated. From frame No. 230.536 the brake pedal was changed from a round to a square section.
Engine: four-speed gearbox with primary ratio 16/68 (1st 1:24.650 - 2nd 1:16.393 - 3rd 1:11.806 - 4th 1:8.886). Dell'Orto SHB 16/10 carburettor with galvanised steel air filter housing (black plastic from 1977). The plastic engine cowling now had guide vanes for the cable running from the coil to the spark plug cap.

▲ Fino al telaio n° 207.316 il bloccasterzo è a forma ovale.
Through to frame No. 207.316 the steering lock was oval.

Vespa 50 Elestart - V5A3T/V5B2T/V5B4T

50 Elestart

Prima serie
First series

Totale esemplari prodotti
Total no. of examples produced

4.708

Certificato di omologazione
Homologation certificate

3308 OM
10 settembre/*September* 1963
variante/*variant* n° 441/2250/2
6 febbraio/*February* 1970
IGM 3308 OM

Sigla motore **V5A3M**
Engine designation **V5A3M**

V5A3T	
1.001 - 1.020	1969
1.021 - 3.696	1970
3.697 - 4.833	1971
4.834 - 5.708	1972

Seconda serie
Second series

Totale esemplari prodotti
Total no. of examples produced

2.667

Certificato di omologazione
Homologation certificate

10934 OM
20 ottobre/*October* 1972
+ Est. n° 11140 OM
21 dicembre/*December* 1972
DGM 10934 OM

Sigla motore **V5A3M**

V5B2T	
1.001 - 1.106	1969
1.107 - 1.932	1970
1.933 - 3.208	1971
3.209 - 3.667	1972

Terza serie
Third series

Totale esemplari prodotti
Total no. of examples produced

433

Certificato di omologazione
Homologation certificate

10934 OM
20 ottobre/*October* 1972
+ Est. n° 14588 OM
18 marzo/*March* 1975
DGM 10934 OM

Sigla motore **V5A5M**
Engine designation **V5A5M**

V5B4T	
1.101 - 1.282	1975
1.283 - 1.533	1976

Bisogna ricordare, parlando ovviamente di scocca Small Frame anni '60/'70, che fu la prima e unica Vespa dotata di avviamento elettrico, nonché uno dei modelli meno apprezzati: stiamo parlando della Vespa Elestart, la versione con il minor numero di esemplari costruiti: circa 7.805, di cui solo 432 della terza serie, ultima produzione, ora rarissima. In pratica della Elestart esistono in totale solo pochi più esemplari della ricercatissima e rara 90 SS, chissà che un domani non raggiunga le stesse quotazioni! Ma andiamo a esaminare questo modello: nella pancia sinistra è ricavato un vano con uno sportellino simile a quello del motore, dove trovano alloggio due batterie da 6V ciascuna collegate in serie per raggiungere i 12 volt che permettono l'avviamento del motore. Alla loro ricarica provvede uno statore Bosch da 12 V-70w, oggi difficile da reperire originale, che fa appunto anche da dinamotore per l'avviamento del propulsore. Anche la grossa bobina, sempre di marca Bosch, a differenza della normale Special, per mancanza di spazio è stata sempre collocata esternamente al carter. Inoltre era sprovvista della classica leva d'avviamento: per accenderla bastava girare la chiave posta sul manubrio. Una particolarità di questo motore è la presenza nel carter di un tappino non pressofuso, fissato da un fermo elastico che chiude il foro predisposto per la leva d'avviamento. Sul manubrio troviamo il commutatore a chiave con tre posizioni: la prima (0) corrispondente all'arresto del mezzo; la seconda (1) all'accensione del dinamotore e alla predisposizione ai servizi; la terza (2) corrispondente all'avviamento del motore. È presente anche una spia rossa che si accende girando la chiave e lampeggia al minimo ai bassi regimi del motore. Era indicato sul manuale di uso e manutenzione che se rimaneva accesa la spia anche a regimi più alti, bisognava recarsi in un'officina autorizzata Piaggio per un controllo dell'impianto elettrico. Se si dimenticava, una volta spento il motore, la chiave sulla posizione 1 scaricava la batteria e la Vespa non andava più in moto, non rimanendo altro modo per avviarla che spingerla. Lo scarso successo fu dovuto anche all'aumento di peso che, oltretutto, influiva negativamente sulle prestazioni, determinato dalle batterie, che passava a 75 kg contro i 69 kg della normale Special. È stata classificata per comodità in 3 serie, anche se bisogna specificare che parecchie modifiche sono state apportate nel corso della produzione.

When talking about the 1960s/'70s Small Frame, it should be remembered that this was the first and only Vespa with an electric starter, and one of the least popular models: the Vespa Elestart was in fact, the version with the fewest examples built: around 7,805, of which only 432 of the third series, the final production batch, which are now extremely rare. In practice, only a few more examples of the Elestart exist in total than the much sought-after and rare 90 SS - who knows, maybe one day it will reach similar prices! Turing to this model: the left-hand side panel conceals a compartment with a flap similar to that of the engine access hatch, where two 6V batteries are housed, each connected in series to achieve the 12 volts that allow the engine to be started. The batteries are recharged by a Bosch 12 V-70 W stator, now difficult to find as an original part, which also acts as a dynamotor to start the engine. In contrast with the standard Special, the large coil, also made by Bosch, was always located outside the crankcase due to the lack of space. The model also lacked the classic starting lever: to start the engine, all that was needed was to turn the key on the handlebar. A peculiarity of this engine is the presence in the crankcase of a non-die-cast cap, secured by a flexible clasp, that closes the hole usually occupied by the starting lever. On the handlebar we find the key switch with three positions: the first (0) corresponding to stopping the vehicle; the second (1) the switching on of the dynamotor and preparation for running; the third (2) corresponding to starting the engine. There is also a red warning light that comes on when the key is turned and flashes at idling speeds. It was stated in the owner's manual that if the warning light stayed on even at higher revs, you should go to an authorised Piaggio workshop to have the electrical system checked. Should you forget the key in position 1, once the engine was turned off, the battery would discharge and the Vespa would no longer start, leaving no other way to start it but to push it. The model's lack of success was in part due to the increase in overall weight due to the batteries, which rose to 75 kg compared to the 69 kg of the normal Special, with consequent adverse effects on performance. For the sake of convenience the model has been subdivided into three series, although it must be pointed out that several modifications were made during production.

◀ Posizione IGM, sigla telaio e numerazione.
IGM, chassis designation and numbering position.

▼ Posizione sigla motore e numerazione.
Engine designation and numbering position.

▼ Il Chiaro di Luna metallizzato che ha sostituito nel 1970 l'Argento 103.
The metallic Chiaro di Luna paint that replaced Argento 103 silver in 1970.

▼ Il Giallo Cromo, vivace colore molto impiegato su questo modello.
Giallo Cromo (Chrome Yellow) a bright colour frequently found on this model.

▶ Una Elestart 1970 di colore Argento 103, denominato anche Lunacrom e soprannominato "cipolla" per via del colore rossastro che assumeva nel tempo ossidandosi.
A 1970 Elestart in Argento 103 silver, also known as Lunacrom and nicknamed "onion" due to the reddish tone it took on as it oxidised.

Prima serie
Come la prima serie della Special, monta ruote da 9 pollici con cambio a tre velocità con rapporto primario 16/67 (1° 1:22,33 - 2° 1:12,56 - 3° 1:7,95). Al manubrio troviamo manopole a quadratini di colore nero con impresso logo Piaggio esagonale, leve frizione e freno senza pallino di sicurezza. Presente un tappo nero in plastica quadrato sul foro della predisposizione del contachilometri che è un optional. Per il resto si vedano le evoluzioni della 50 Special prima serie.

Seconda serie
Monta ruote da 10" sempre con cambio a tre velocità con rapporto primario che varia per le ruote da 10", 16/68 (1° 1:25,50 - 2° 1:14,34 - 3° 1:9,08). Per il resto si vedano evoluzioni della 50 Special seconda serie.

Terza serie
Ultima serie della 50 Elestart con l'introduzione del cambio a quattro marce con rapporto primario 16/68 (1° 1:24,650 - 2° 1:16,393 - 3° 1:11,806 - 4° 1:8,886). Per il resto si vedano evoluzioni della 50 Special terza serie.

First series
Like the first series of the Special, the Elestart mounted 9" wheels and the three-speed gearbox with a primary ratio of 16/67 (1st 1:22.33 - 2nd 1:12.56 - 3rd 1:7.95). On the handlebars we find black squared grips with the hexagonal Piaggio logo stamped on them and clutch and brake levers without ball ends. A square black plastic blank covers the slot for the optional speedometer. For the rest, see the evolution of the 50 Special first series.

Second series
Fitted with 10" wheels, again with three-speed gearbox, with the primary ratio changing for 10" wheels, 16/68 (1st 1:25.50 - 2nd 1:14.34 - 3rd 1:9.08). For the rest, see evolution of the 50 Special second series.

Third series
The last series of the 50 Elestart saw the introduction of the four-speed gearbox with primary ratio 16/68 (1st 1:24.650 - 2nd 1:16.393 - 3rd 1:11.806 - 4th 1:8.886). For the rest, see evolution of the 50 Special third series.

▲ Sebbene fosse un optional, il contachilometri sulla Elestart era molto richiesto. Vediamo inoltre il commutatore a chiave con tre posizioni e la spia rossa.

Although it was an optional extra, a speedometer was very popular on the Elestart. Here we also see the ignition unit and key with three positions and the red warning light.

▲ Chiude lo sportellino lo stesso modello di levetta adottato sul lato motore.

The same type of lever used on the engine side secured the battery compartment hatch.

▲ Le manopole nella prima serie sono come queste; poi verranno adottate a righe come sulla normale Special.

The first series grips were like these; the striped grips like those on the normal Special were then adopted.

◀ Il vano al cui interno venivano collocate le due batterie di 6 V collegate in serie per ottenere i 12 V e i componenti elettrici che le ricaricano collegandosi al dinamotore che serve anche all'avviamento del propulsore.

The compartment housing the two 6V batteries connected serially to achieve 12 V and the electrical components that recharged them connecting to the dynamotor which also served to start the engine.

▼ La grossa bobina Bosch specifica per questo modello.

The large Bosch coil was a specific component for this model.

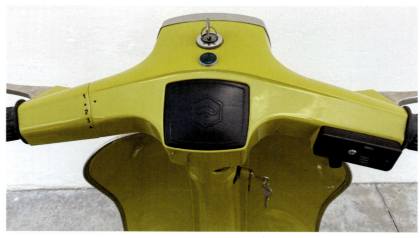

▲ Il manubrio di una rara terza serie – ne furono assemblati solo 433 esemplari – a quattro marce.

The handlebar of a rare third series – just 433 examples were assembled – with the four-speed gearbox.

▲ Il grosso volano/statore, sulla sinistra si intravede la grossa bobina Bosch sempre posizionata all'esterno. Inedito anche il disegno del copriventola.

The large flywheel/stator, on the left we can see the large Bosch coil which was always mounted externally. The design of the fan cover was also new.

▶ La didascalia posteriore originale della prima serie marca Bomisa.

The original rear lettering from the first series made by Bomisa.

▼ Come sulle altre Special, nella seconda serie il nasello e il tettino del faro posteriore diventano color grigio, dal telaio V5B2T n° 1.868 le scritte avranno una grafica nuova.

As on the other Specials, in the second series the fairing and the roof on the rear light were grey, while from frame No. 1.868 the lettering used new graphics.

▲ La sigla motore a tre marce che equipaggia la prima e la seconda serie Elestart.

The three-speed engine designation from the first and second series Elestarts.

▼ I rari carter a quattro marce con sigla V5A5M.

The rare four-speed casings with the V5A5M designation.

▲ Due Elestart a confronto: quella di sinistra è una terza serie a 4 marce con ruote da 10". L'altra è una prima serie a 3 marce con ruote da 9" con nasello e tegolino del faro posteriore neri e con differenti scritte in corsivo. Si nota anche nella prima serie il cavalletto diametro 16 mm.

Two Elestarts compared: on the left, a third series four-speed with 10" wheels. The other is a first series three-speed with 9" wheels and the front fairing and tail light roof in black and different cursive badging. Note also the 16 mm diameter stand on the first series.

Vespa 90 - V9A1T

90
Totale esemplari prodotti
Total no. of examples produced
23.130*

Certificato di omologazione
Homologation certificate
3314 OM
13 settembre/*September* 1963
IGM 3314 OM

Sigla motore **V9A1M**
Engine designation **V9A1M**

V9A1T	
2985 - 17.549	1964
17.550 - 21.544	1965
21.545 - 24.130	1966

* Abbiamo riportato i dati relativi al solo mercato italiano, all'estero è stata prodotta fino al 1983 per un totale di 291.527 prodotti.

* We have indicated the data for the Italian market only; abroad the model was produced through to 1983 for a total of 291,527 units.

▶ Fino al 1963, le Vespa erano caratterizzate da un design panciuto e motori con cilindrate di 125 cc, 150 cc e 160 cc. Questo significava che potevano essere guidate dai 16 anni in su con la patente da motociclo. Questo modello può essere considerato come la "nonna" della 125 Primavera, poiché condivideva la stessa scocca compatta della Vespa 50. Questa caratteristica lo rendeva estremamente maneggevole nel traffico e facile da parcheggiare.

Lo si poré ammirare al Salone del Motociclo di Milano esposto vicino al piccolo "Vespino" 50 cc. Telaio con sigla V9A1T e sigla motore V9A1M. IGM 3314 OM del 13 settembre 1963, omologato tre giorni dopo la sorellina 50 cc. È dotato dello stesso motore della 50 cc, solo aumentato di cilindrata, sempre con cambio a 3 marce con i rapporti allungati. La cilindrata è di 88,5 cc e le prestazioni erano davvero modeste, appena 3,6 CV/ 5250 giri al minuto, per una velocità massima che sfiorava i 70 km/h. Due le marmitte, entrambe con tubo di scarico alto, montate su questo modello, inizialmente la IGM 3309 S Certificato n° 3315 S, in data 13 settembre 1963, e successivamente sostituita nel 1965 con la IGM 4109 S Certificato n° 4111 S, in data 26 maggio 1965; entrambe potevano equipaggiare anche la 50 cc da cui derivava direttamente il motore. Oltre alla differente omologazione si differenziano per la forma della parte inferiore, che era più panciuta nel secondo modello. Sul manubrio troviamo di serie un piccolo contachilometri a forma circolare, scala 80 km/h, con logo Piaggio rettangolare.

Il faro posteriore è simile a quello della 50 nella forma, ma di dimensioni maggiori e dotato di luce stop, come prevedeva il Codice della Strada. Questo stesso faro lo ritroveremo poi sui futuri modelli di cilindrata 125 cc. Le ruote erano di maggiore diametro rispetto alla 50, non più da 9 pollici ma da 10, sempre con cerchio chiuso con entrambi i pneumatici da 3.00-10". Come sulla 50 erano fissate al tamburo tramite quattro bulloni con serraggio conico del tipo utilizzato per le automobili. I listelli della pedana sono in gomma ma dotati di profili in alluminio così come i puntalini che li fissavano. Lo scudo è dotato di un bordoscudo, in alluminio con anticorodal, con applicata la scritta Vespa 90 in alluminio di colore blu scuro mentre, posteriormente, non c'è

▶ Through to 1963, Vespas were characterised by rounded styling and engines with displacements of 125 cc, 150 cc and 160 cc. This meant they could be ridden from the age of 16 upwards with a motorbike licence. The Vespa 90 model may be regarded as the "grandmother" of the 125 Primavera, as it shared the same compact frame as the Vespa 50. This feature made it extremely manoeuvrable in traffic and easy to park.

It could be admired at the Milan Motorcycle Show where it was displayed alongside the small 50 cc "Vespino". Frame designation. V9A1T and engine designation V9A1M. IGM 3314 OM dated 13 September 1963, homologated three days after its 50 cc sister machine. The 90 was equipped with the same engine as the 50 cc model, but with an increased displacement. It retained the three-speed gearbox with extended ratios. The displacement of 88.5 cc provided only very modest performance, with its 3.6 hp at 5250 rpm, good for a top speed of close to 70 kph. Two different silencers, both with high exhaust pipes, were fitted to this model, initially the IGM 3309 S Certificate No. 3315 S, dated 13 September 1963, and later replaced in 1965 with the IGM 4109 S Certificate No. 4111 S, dated 26 May 1965; both could also be fitted to the 50 cc from which the engine was directly derived. In addition to the different homologation certificate they differed in the shape of the lower section, which was more rounded in the second model. On the handlebars we find as standard a small round speedometer with an 80 kph scale and the rectangular Piaggio logo.

The rear light was similar to that of the 50 in shape, but larger and equipped with a stop light, as required by the Highway Code. This same lighting unit would later be found on future 125 cc models. The wheels were larger in diameter than on the 50, no longer 9" but 10", again with a closed rim with both tyres measuring 3.00-10".

As on the 50, the wheels were fixed to the brake drum with four conical bolts of the type used on cars. The rubber footboard strips were set in aluminium trim runners and tips. The leg shield was fitted with an Anticorodal aluminium surround, with the Vespa 90 lettering applied in dark blue aluminium, while there was no lettering at the rear. Through to early 1964, badging had seven holes allowing to be fixed with rivets, later it was still in aluminium but glued on. The dark blue, almost black, single seat had a metal Aquila badge. Through to frame No. 22,235

◀ Poteva essere equipaggiata con una sella biposto più moderna, molto spesso richiesta dai clienti.
The model could be fitted with a more modern two-seater saddle, frequently requested by clients.

▲ L'unico colore disponibile dal suo esordio per tutta la produzione italiana.
The only colour available on the model's launch and throughout its Italian production run.

▼ È stata la prima Small Frame targata di Casa Piaggio.
The first Small Frame model from Piaggio.

▼ Posizione IGM, sigla telaio e numerazione.
IGM, chassis designation and numbering position.

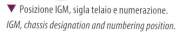

▲ Posizione sigla motore e numerazione.
Engine designation and numbering position.

nessuna scritta. Fino ai primi del 1964 la targhetta aveva 7 fori da fissare tramite ribattini, poi sempre in alluminio ma incollata. La mono sella di colore blu scuro, quasi nero, era con targhetta in metallo marca Aquila. Fino al telaio n° 22.235 l'attacco della sella aveva al centro la molla esterna e il piatto era piano; poi diverrà a forma sagomata per racchiudere la molla posizionata all'interno del vano sottostante. Cambia anche la targhetta in metallo, ora con scritta Piaggio. A differenza di quello della 50 essendo la 90 omologata per due, era dotata di un maniglione per il passeggero da far accomodare su un cuscino applicato al portapacchi. Come optional era disponibile una comoda sella biposto, entrambe prodotte dalla Aquila. Ebbe scarso successo e tanti esemplari furono commercializzati all'estero dove, a differenza dell'Italia, venne venduta per parecchi anni adattandosi probabilmente alle diverse normative di circolazione. La scritta sullo scudo di colore blu scuro indicava la cilindrata 90 mentre, posteriormente, non riportava alcuna scritta. Questo modello era nel 1963 la versione targata di cilindrata minore nel listino Piaggio.

the saddle attachment had the external spring in the centre while the mounting plate was flat; later it was shaped to accommodate the spring housed in the compartment below. The metal badge was also changed, now featuring Piaggio lettering. Unlike the 50, as the 90 was homologated for two, it was fitted with a grab handle for a passenger to be seated on a cushion attached to the luggage rack. A comfortable two-seater saddle was available as an option, both seats being manufactured by Aquila. The model enjoyed little success, with many examples being sold abroad where, unlike in Italy, it was marketed for several years, probably adapted to the various traffic regulations. The dark blue lettering on the shield indicated the 90 cc displacement while, at the rear, there was no badging. In 1963, this model was the smallest displacement scooter in Piaggio's range.

▲ La scritta Vespa 90, utilizzata inizialmente, in alluminio di colore blu scuro con 7 fori da fissare alla scocca tramite ribattini.
The Vespa 90 script initially used was in dark blue aluminium with 7 holes for attaching it to the frame with small rivets.

▲ Sul manubrio troviamo di serie un piccolo contachilometri a forma circolare scala 80 km/h con logo Piaggio rettangolare.
On the handlebar we find as standard a small circular speedometer with an 80 kph scale and the rectangular Piaggio logo.

▲ Entrambe le selle erano prodotte dalla Aquila, nella foto quella lunga a due posti.
Both seats were produced by Aquila, in the photo the long two-seater version.

▲ Non tutti conoscono questo particolare serbatoio, ne era dotata anche la 50, che ha la particolarità di avere una maggiore capienza dovuta a una parte saldata nella zona sottostante dove è posto il rubinetto. C'è chi sostiene che fosse stato montato sui primi 200/250 esemplari prodotti di 50 e 90. A oggi, con una mia ricerca, l'ho trovato sulle 90 fino al n° di telaio 1.139.
Not everyone knows this particular tank, which was also fitted to the 50 and actually had a greater capacity due to a welded section in the area below where the fuel tap is located. There are those who claimed that it was fitted to the first 200/250 exampled produced of the 50 and 90. To date, my research has shown that it was fitted to the 90 through to frame No. 1.139.

◀ Le ruote erano di maggiore diametro rispetto alla 50, non più da 9 pollici ma da 10, sempre con cerchio chiuso con entrambi i pneumatici da 3.00-10".
The closed wheels were larger than those of the 50, with 10" rather than 9" rims, both fitted with 3.00-10" tyres.

▲ La chiusura del tappo del serbatoio è identica a quella della 50, con adesivo che indica la percentuale di olio per la miscela.

The fuel filler cap is identical to that of the 50, with a decal indicating the fuel/oil mixture percentage.

◀ Il faro posteriore è di forma simile alla 50 cc ma di maggiori dimensioni e dotato di luce stop, come prevedeva il Codice della Strada.

The rear light had a shape similar to that of the 50, but larger and equipped with a brake light, as required by the Highway Code.

▲ Due le marmitte, entrambe con tubo di scarico alto, montate su questo modello, inizialmente la IGM 3309 S, poi sostituita nel 1965 con la IGM 4109 S. Nella foto, il primo modello meno panciuto nella parte inferiore.

Two different silencers, both with a high tail pipe, were fitted to this model, initially the IGM 3309 S, replaced in 1965 with the IGM 4109 S. In the photo, the first model which was less rounded in the lower section.

◀ La levetta di chiusura sportellino motore ha disegno a righe orizzontali per tutta la produzione italiana.

The engine access hatch lever had a design of horizontal stripes throughout the Italian production run.

▼ Il particolare vetro lavorato del faro anteriore marcato Siem.

The unusual Siem-branded headlight lens.

▲ Lo sportellino inizialmente si aggancia, tramite due perni verticali, ai due fori sulla scocca. Dal telaio n° 19.975 cambia il tipo di attacco con due perni cilindrici orizzontali dotati di guarnizioni in plastica, che si infilano nelle relative sedi della scocca.

The hatch was initially closed via two vertical pins to the two holes in the frame. From frame No. 19.975 the system was changed with two horizontal cylindrical pins equipped with plastic seals that slotted in to housings in the frame.

▶ Una bella foto pubblicitaria Piaggio del 1963 in cui si faceva notare quanto fosse snella la nuova scocca della 90.

A fine Piaggio advertising shot from 1963 showing how slim the new 90 frame was.

Vespa 90 SS - V9SS1T

modello

Totale esemplari prodotti
Total no. of examples produced

5.309

Certificato di omologazione
Homologation certificate

4310 OM
21 settembre/*September* 1965
IGM 4310 OM

Sigla motore **V9SS1M**
Engine designation **V9SS1M**

V9SS1T	
1.001 - 2.262	1965
2.263 - 4.876	1966
4.877 - 5.026	1967*
5.027 - 5.401	1968
5.402 - 5.678	1969
5.679 - 6.138	1970
6.139 - 6.309	1971

*Cambia il logo Piaggio.
The Piaggio changed.

Nel segmento Small Frame, in sostituzione della lenta 90, stava per fare il suo debutto la 125 Nuova. Era agile e snella, ed era la progenitrice della 125 Primavera. Nel frattempo, nelle Large Frame, la grintosa 180 SS stava degnamente prendendo il posto delle gloriose GS. Piaggio voleva ancora una volta stupire con una grande novità. Così, nel 1965, al Salone del Motociclo di Milano, fece il suo debutto la grintosa e sportiva 90 SS, che raggiungeva una velocità di 93 km/h, rispetto ai 70 km/h della normale 90. Anche la neonata 125 Nuova era meno veloce con i suoi 80 km/h. La carrozzeria era molto diversa, con uno scudo molto più stretto e, di conseguenza, anche il manubrio. Anche il parafango anteriore era più snello e aveva una struttura diversa. Il carter, il cambio e i cuscinetti erano direttamente derivati dalla 125 Nuova e nel 1967 furono adottati anche sulla Primavera. Pure il carburatore Dell'Orto SHB 16/16 con un diffusore da 16 mm era lo stesso della 125 Nuova, ma con una scatola filtro aria di dimensioni maggiori e getti diversi, punzonata IGM 4305 S. Il gruppo termico, invece, derivava dalla 90, ma i volumi dei prigionieri dello scarico erano cambiati da 6 a 8, la luce dello scarico era stata aumentata e le fresature di travaso erano state sollevate. Fu adottata una testa diversa per aumentare la compressione, che ora era di 8,7:1. La potenza era di 5,87 CV a 6.000 giri. L'albero motore era stato modificato, era stato posticipato e aperto al piede di biella per ottenere una maggiore coppia in alto. La ventola era leggermente più sottile e aveva alette leggermente più piccole. Era dotato di un silenziatore a forma di siluro cromato, ma con punzonatura IGM 4311 S. Insomma, era un motore allegro e con un'anima sportiva, dalle prestazioni quanto mai brillanti.

Ecco i particolari che differenziano le 90 SS prodotte:
dall'inizio della produzione fino al telaio n° 1.239, la ruota di scorta era fissata al tunnel centrale della scocca con un grosso morsetto con bullone da 14 mm. Dal telaio n° 1.240, è stato sostituito da un supporto sagomato sul tunnel centrale.

Il bauletto sopra la ruota di scorta era realizzato in metallo e ha avuto tre varianti.

Il primo modello non aveva una vite per fermare la ruota di scorta fino al n° di telaio 1.239, dal n° di telaio successivo, è stato dotato di una vite per fermare la ruota di scorta. Entrambi i modelli erano lisci e decorati con una decalcomania tonda su entrambi i lati.

Infine, nel 1966, dal telaio n° 4.545 (fino a circa maggio 1967, quando verrà abolito), al bauletto sono state aggiunte due fossette laterali tonde in cui trovano posto due adesivi su entrambi i lati.

Tutte queste novità non sono state apprezzate dai Vespisti: il manubrio stretto

---

In the Small Frame segment the 125 Nuova was about to make its debut as the replacement for the slow 90. It was sleek and agile and was the forerunner of the 125 Primavera. Meanwhile, among the Large Frame models, the feisty 180 SS was rightly taking the place of the glorious GS. Piaggio once again wanted to impress with a major new model and in 1965, at the Milan Motorcycle Show, the muscular and sporting 90 SS made its debut, this version capable of reaching a speed of 93 kph, compared to the 70 kph of the standard 90. Even the fledgling 125 Nuova could only achieve 80 kph. The bodywork was very different, with a much narrower leg shield and, consequently, narrower handlebars. The front mudguard was also slimmer and was engineered differently. The crankcase, the gearbox and the bearings were directly derived from those of the 125 Nuova and were also to be adopted on the Primavera in 1967. The Dell'Orto SHB 16/16 carburettor with a 16 mm diffuser was also the same as on the 125 Nuova, but with a larger air filter box and different jets, stamped IGM 4305 S. The combustion chamber, on the other hand, was derived from that of the 90, but the exhaust stud volumes were changed from 6 to 8, the exhaust port was increased in size and the transfer port millings were raised. A different cylinder head was adopted to increase compression, the ratio now being 8.7:1. The unit produced a power output of 5.87 hp at 6,000 rpm. The crankshaft was modified, and had been retarded and opened at the con-rod foot to obtain more torque at the top end. The fan was slightly thinner and had slightly smaller blades. The unit was fitted with a chrome-plated torpedo-shaped silencer, but with IGM 4311 S badging. In short, it was a lovely engine with a sporting soul and particularly dynamic performance.

The details differentiating the 90 SS produced were as follows:
from the start of production through to frame No. 1.239, the spare wheel was fixed to the central tunnel of the via a large clamp with a 14 mm bolt. From frame No. 1,240, the clamp was replaced with a moulded holder on the central tunnel.

The glovebox above the spare wheel was made of metal with three variants being fitted.

The first version did not have a screw to secure the spare wheel through to frame No. 1.239; from the next frame number the spare was secured with a screw. Both versions were smooth and decorated with a round decal on both sides.

Finally, in 1966, from frame No. 4.545 (through to about May 1967, when it was eliminated), two round side dimples were added to the glovebox, in which two

▲ Posizione IGM, sigla telaio e numerazione.
IGM, chassis designation and numbering position.

▼ Manubrio e scudo molto più stretti.
Handlebar and leg shield much narrower.

▲ Posizione sigla motore e numerazione.
Engine designation and numbering position.

▶ Sulla sella, in posizione arretrata, il pilota poteva stendersi appoggiandosi al cuscino del bauletto e assumere così un assetto più aerodinamico.
Taking up a set-back position, the rider could lie along glovebox cushion and achieve a more aerodynamic posture.

▼ Il Blu Pavone utilizzato per tutta la produzione.
Blue Pavone (Peacock Blue) available throughout the production run.

anni '60

limitava l'agilità di guida, lo scudo più piccolo offriva poca protezione, la sella era scomoda e troppo piccola per viaggiare in due e, soprattutto, la ruota di scorta posizionata in mezzo alle gambe dava fastidio. Venivano a mancare la comodità e la praticità che contraddistinguevano la Vespa, doveva essere guidata come una moto, non si poteva trasportare nulla sulla pedana e guidare con un passeggero diveniva scomodo e impegnativo. Così, nonostante l'ammirazione del pubblico al Salone del Motociclo di Milano, le vendite si rivelarono un vero flop, tanto che la Vespa 90 SS divenne la "più sfortunata" delle Vespa. Piaggio si consolò con un grande successo nel campo sportivo, con le 90 SS che brillavano nelle gimcane, ma anche al Giro dei Tre Mari, alla 1000 Km, nei tentativi di record e in molte altre manifestazioni vespistiche. Angelo Vailati, pilota del Vespa Club Milano, vinse la 6° Edizione del Motogiro d'Italia tenutosi dal 4 al 10 maggio 1967. Grazie a questa vittoria, Piaggio cercò di rilanciarla, abolendo la ruota di scorta e il bauletto. Puntarono sull'anima sportiva della 90 SS e la nuova versione fu chiamata GPS, che stava per Gruppo Piloti Speciali, per enfatizzarne le notevoli prestazioni. Il prezzo era di 137.000 lire, ma tutto ciò non servì a nulla e nel 1971 Piaggio smise di produrla. Il numero limitato di esemplari prodotti, dovuto all'insuccesso commerciale, ha fatto sì che oggi la Vespa 90 SS abbia avuto il suo riscatto, diventando uno dei modelli più ambiti dai collezionisti e anche uno dei più costosi sul mercato.

▲ Dal telaio n° 1.240 il grosso morsetto con bullone da 14 mm per fissare la ruota di scorta è sostituito con un supporto sagomato sul tunnel centrale.
From frame No. 1.240 the large clamp with a 14 mm bolt securing the spare wheel was replaced with a shaped support on the central tunnel.

▲ Il contachilometri scala 100 Km/h su fondo chiaro.
The speedometer with a 100 kph scale on a light ground.

▲ La sella delle Vespa 50 e 90 SS è l'unica a essere dotata di un meccanismo di ribaltamento all'indietro, una caratteristica unica che non è stata mai implementata in nessun altro modello Vespa.
The seat of the Vespa 50 and 90 SS was the only one to be equipped with a mechanism for tipping it backwards, a unique feature that was never adopted on any other Vespa.

▲ La decalcomania applicata sui due primi modelli di bauletto fino al telaio n° 4.545. Successivamente verrà utilizzato un adesivo resinato e sul serbatoio sarà presente un vano impresso nel metallo per ospitarlo.
The decal applied to the first two versions of the glovebox through to frame No. 4.545. Later, a sticker was used, with a dimple being pressed into the tank to receive it.

---

*decals were placed on both sides.
All these innovations failed to find favour with the Vespisti: the narrow handlebars limited riding agility, the smaller leg shield offered little protection, the saddle was uncomfortable and too small for two people to travel on and, above all, the spare wheel positioned between the legs was inconvenient. The model lacked the comfort and practicality that had always characterised the Vespa; it had to be ridden like a motorbike, nothing could be carried on the footboard and riding with a passenger was uncomfortable and demanding.
Despite the admiration of the crowds at the Milan Motorcycle Show, sales therefore proved to be disappointing, to the extent that the 90 SS became the most "unfortunate" of Vespas. Piaggio consoled itself with great success in competition, with the 90 SS shining in gymkhanas, but also at the Giro dei Tre Mari, the 1000 km, record attempts and many other Vespa events. Angelo Vailati, a Vespa Club Milano rider, won the 6th Motogiro d'Italia held from the 4th to the 10th of May 1967. Thanks to this victory, Piaggio sought to relaunch the Vespa by eliminating the spare wheel and glovebox. They focused on that sporty soul of the 90 SS with the new version being known as the GPS, standing for Gruppo Piloti Speciali, to emphasise its remarkable performance. The list price was 137,000 lire, but this was to no avail and in 1971 Piaggio dropped the model. The limited number of examples produced as a result of its commercial failure has meant that today the Vespa 90 SS has had its revenge, becoming one of the most coveted models by collectors and also one of the most expensive on the market.*

▲ Anche il parafango anteriore è più snello e sagomato diversamente.
The front mudguard was also slimmer and shaped differently.

▼ Su circa 2.000 scocche iniziali è aggiunta una piccola striscia di rinforzo del telaio larga pressappoco 2 cm, visibile asportando la vaschetta porta oggetti sotto alla sella.
On around 2,000 early frames a small reinforcing strip around 2 cm wide was added; it can be seen by removing the oddments tray under the seat.

▲ Questa forcella, più grossa nella parte inferiore, era montata sui primi esemplari. È stata per errore attribuita unicamente alla 90 SS (l'ho trovata anche sulle 50N, L e sui primissimi esemplari di 125 Nuova).
This fork, larger in its lower section, was fitted to the earliest examples. It has mistakenly been attributed exclusively to the 90 SS, but I have also found it on the 50 N, the L and the very first examples of the 125 Nuova).

▶ L'interno del bauletto del secondo modello con la vite per fissare la gomma di scorta. La parte sotto il cuscinetto, che funge da coperchio, non era verniciata.
The interior of the glove box of the second series with the screw securing the spare wheel. The part below the cushion, which acted as a lid, was unpainted.

▶ La testa progettata appositamente per aumentare la compressione del motore e di conseguenza la potenza.
The cylinder head specifically designed to increase the compression ratio and consequently the engine's power output.

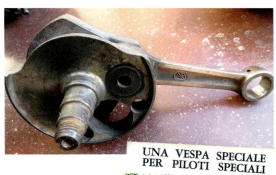

▶ L'albero motore è diverso e anticipato diversamente, in seguito montato anche sulla 125 PK prima serie. Ovviamente quello originale delle prime serie aveva logo Piaggio quadrato.
The crankshaft was different with a different advance; it was subsequently fitted to the first series 125 PK too. Clearly, the original from the first series had the square Piaggio logo.

◀ Smontando il faro posteriore e rimuovendo la guarnizione è possibile individuare un particolare distintivo nelle prime produzioni delle 90 SS: una R punzonata.
Dismantling the rear light and removing the gasket it is possible to see a distinguishing feature of the early examples of the 90 SS: a stamped R.

▶ Ecco la pubblicità del maggio 1967 dell'ultima versione Gruppo Piloti Speciali con l'obiettivo di mettere in evidenza le sue eccezionali prestazioni e cercare di rilanciare il modello sul mercato. Nonostante gli sforzi, il successo fu limitato e, nel 1971, dopo aver venduto poco più di 1000 esemplari, la commercializzazione in Italia fu interrotta.
An ad from May 1967 for the final version: the Gruppo Piloti Speciali. The objective was to draw attention to the model's exceptional performance in an attempt to relaunch it on the market. Despite the firm's best efforts, the model enjoyed only limited success and in 1971 Piaggio pulled the plug after just over 1,000 examples had been produced.

133

Vespa 125 - VNB2T/3T/4T/5T/6T

125 VNB
Certificato di omologazione
Homologation certificate
n° 1134 OM
30 luglio/*July* 1960.
IGM 1134 OM
per tutte le serie/*for all series*

VNB2T	
1.001 - 34.699	1961

Totale esemplari prodotti
Total no. of examples produced
33.699

Sigla motore **VNB2M**
Engine designation **VNB2M**

VNB3T	
34.700 - 54.414	1961
54.415 - 90.395	1962

Totale esemplari prodotti
Total no. of examples produced
55.696

Sigla motore **VNB3M**
Engine designation **VNB3M**

VNB4T	
90.396 - 99.700	1962
99.701 - 136.485	1963

Totale esemplari prodotti
Total no. of examples produced
46.090

Sigla motore **VNB4M**
Engine designation **VNB4M**

VNB5T	
01.001 - 07.070	1963
07.071 - 043.240	1964

Totale esemplari prodotti
Total no. of examples produced
42.240

Variazioni autorizzate con la Ministeriale n° 0921/2250/2 del 5 ottobre 1963

Variations with Ministry authorization No. 0921/2250/2 from 5 October 1963

Sigla motore **VNB5M**
Engine designation **VNB5M**

La produzione della Vespa va a gonfie vele. Infatti, nel luglio 1960, si festeggia la 2.000.000 prodotta, dopo cinque anni, nel marzo 1965, la 3.000.000, e nel maggio 1969 la 4.000.000. In pratica, un milione di Vespa quasi ogni 5 anni, malgrado le difficoltà dei mercati e la gravissima alluvione del 1966. Infatti, il 4 Novembre di quell'anno, il fiume Era straripa allagando completamente gli stabilimenti Piaggio, e solo la prontezza degli operai evita l'esplosione dei forni. Se non fossero stati spenti in tempo, una volta allagati, sarebbero con molta probabilità esplosi.

125 VNB2T
Nel 1961 viene presentata la VNB2T che differisce dalla VNB1T solo per la presenza del contachilometri di serie, per l'adozione del nuovo carburatore Dell'Orto 20/15 C dotato di starter e per l'assenza della batteria e altri piccoli particolari. Marmitta punzonata IGM 0112 S per tutte le serie fino alla VNB6T. Scritta identificativa "Vespa" sullo scudo in alluminio verniciata blu scuro con 6 fori di fissaggio con relativi ribattini. Il manubrio rimane scomponibile con faro piccolo da 105 mm di diametro. Cambia il devio luci che è cromato e di nuova forma.

Such was the success of the Vespa that in July 1960 Piaggio was able to celebrate production of the 2,000,000th example, five years later, in March 1965, the 3,000,000th and in May 1969 the 4,000,000th. In practice, a million Vespas almost every five years, despite the difficulties of the markets and the very serious flood suffered in 1966. In fact, on the 4th of November that year, the River Era burst its banks, completely flooding the Piaggio factories, with only the promptness of the workers preventing the destruction of the furnaces. Had they not been shut down in time, once flooded, they would most likely have exploded.

125 VNB2T
1961 saw the presentation of the VNB2T which differed from the VNB1T only in the presence of the standard speedometer, the adoption of the new Dell'Orto 20/15 C carburettor with a choke and the absence of the battery and other small details. A silencer stamped IGM 0112 S was fitted to all series through to the VNB6T.

---

125 VNB3T
La VNB3T fu presentata al Salone di Milano del 1961, abbandona il colore Celeste chiaro per passare al grigio chiaro. Altra differenza dal modello precedente è il manubrio, lo stesso della 150, a corpo unico non più scomponibile e realizzato in fusione d'alluminio, con il nuovo faro da 115 mm di diametro. Il fanale posteriore è cromato, anziché verniciato come la scocca. Lo scudo è rifinito con un bordo d'alluminio di protezione e il pedale del freno è dotato di un gommino antiscivolo.

125 VNB4T
Ha la scocca squadrata nella parte posteriore per poter ospitare la targa e ha due fregi in alluminio sui cofani. Il pedale del freno posteriore è leggermente più lungo, per migliorare la sua efficienza. Dal telaio VNB4T n° 135.618 la scritta identificativa sullo scudo in alluminio verniciata blu scuro è da incollare.

The "Vespa" badging in dark blue painted aluminium was attached to the leg shield with six small rivets. The handlebar was still a two-piece component with the small 105 mm diameter headlight. The light switch had a chrome-plated body and a new design.

125 VNB3T
The VNB3T was unveiled at the Milan Motor Show in 1961; it abandoned the light blue colour in favour of light grey. Another difference with respect to the previous model was the handlebar, which was the same as the one on the 150, a one-piece aluminium casting that could no longer be dismantled, fitted with the new 115 mm diameter headlight. The rear light is was chrome-plated rather than body-coloured. The leg shield was finished with a protective aluminium surround and the brake pedal was fitted with a non-slip rubber cover.

125 VNB4T
This model featured squared-off bodywork at the rear to accommodate the number plate and had two aluminium trim elements on the side panels. The rear brake pedal was slightly longer to improve its efficiency. From frame VNB4T No.

VNB6T
01.001 - 07.455	1964
07.456 - 035.439	1965
35.440 - 37.028	1966

Totale esemplari prodotti
Total no. of examples produced
36.028

Variazioni autorizzate con la Ministeriale n° 3636/2250/2 10 novembre 1964.

Variations with Ministry authorization No. 3636/2250/2 from 10 November 1964.

Sigla motore **VNB6M**
Engine designation **VNB6M**

▲ Posizione sigla motore e numerazione.
Engine designation and numbering position.

◄ VNB3T: il manubrio rimane scomponibile con faro piccolo da 105 mm di diametro.
VNB3T: the handlebar was still a two-piece component with the small 105 mm diameter headlight.

▼ VNB3T: cambia il manubrio, lo stesso della 150 con faro grosso da 115 mm di diametro.
VNB3T: the handlebar from the 150 was adopted with the larger 115 mm diameter headlight.

◄ Posizione IGM, sigla telaio e numerazione.
IGM, frame designation and numbering position.

▲ VNB4T: compaiono i fregi in alluminio sui due cofani.
VNB4T: aluminium trim appeared on both sode panels.

anni '60

125 VNB5T
Identica alla versione precedente adotta però il nuovo cambio a 4 marce. Cambia il colore ora Grigio Ametista.

125 VNB6T
Adotta la bobina AT esterna marca Fesma. Cambia il colore che diventa Azzurro Chiaro con i cerchi e la forcella di color alluminio. Dal telaio VNB6T n° 3.350 la scritta identificativa "Vespa" sullo scudo è in alluminio anodizzato con 2 perni di fissaggio; questi ultimi hanno interasse 107 mm e vanno ribattuti. I prigionieri che fissano il tamburo al cerchione aumentano di diametro da 8 a 10 mm. Il fanale posteriore di forma più squadrata e spigolose, è di maggiori dimensioni ed è sempre cromato, lo stesso della Super.

135.618 the dark blue painted aluminium badging on the leg shield was glued on.

125 VNB5T
This model was dentical to the previous version but adopted the new four-speed gearbox. It was now finished in Grigio Ametista (Amethyst Grey).

125 VNB6T
The VNB6T adopted the Fesma external HT coil. The paintwork was now Light Blue with aluminium-silver wheel rims and fork. From frame VNB6T No. 350 the "Vespa" badging on the leg shield was in anodised aluminium with two fixing pins; these had a 107 mm centre distance and were punched. The studs securing the brake drum to the wheel rim were increased in diameter from 8 to 10 mm. The more angular, square-cut rear light was larger and was still chrome-plated, the same as on the Super.

▲ Sulla VN2T il contachilometri diventa di serie.
On the VN2T the speedometer was standard.

▲ Dalla VNB3T il pedale del freno è dotato di un gommino antiscivolo.
From the VNB3T the brake pedal was fitted with an anti-slip rubber cover.

▲ Il faro sulla VNB3T ha il corpo cromato.
The rear light on the VNB3T had a chrome-plated body.

▲ Fino alla VNB4T il cambio rimane a 3 marce.
Through to the VNB4T the three-speed gearbox was retained.

▲ La scocca squadrata, nella parte posteriore, per poter ospitare la targa della VNB4T.
The square-cut rear bodywork of the VNB4T housing the number plate.

◀ La ghiera del grosso faro del manubrio della 150, adottato dalla VNB3T.
The bezel of the large headlight fitted to the 150 handlebar, adopted from the VNB3T on.

▲ Fino al telaio VNB4T n° 135.617 la scritta identificativa "Vespa" sullo scudo è in alluminio verniciata blu scuro con 6 fori di fissaggio con relativi ribattini.

Through to frame VNB4T No. 135.617, the Vespa badging on the leg shield was in aluminium painted dark blue and attached with six small rivets.

▲ Dal telaio VNB4T n° 135.618 la scritta identificativa sullo scudo in alluminio verniciata blu scuro è da incollare. Poi, dal telaio VNB6T n° 3.350 la scritta identificativa "Vespa" sullo scudo è in alluminio anodizzato con due perni di fissaggio.

From frame VNB4T No. 135.618 the blue-painted aluminium badge was glued to the leg shield. From frame VNB6T No. 3.350 the "Vespa" badge on the leg shield was in anodized aluminium and attached with two fixing pins.

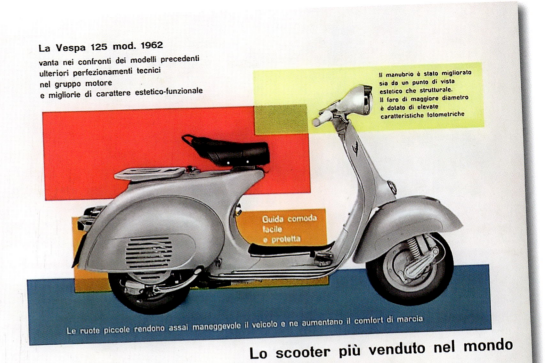

▲ Un modello sempre più perfezionato sviluppato in ben sei versioni dal 1959 al 1966.

A model that underwent continuous development with no less than six versions between 1959 and 1966.

▲ Il clacson della VNB4 marca Bachel – L20.
The Bachel – L20 horn on the VNB4.

◀ La VNB5T adotta il nuovo cambio a 4 marce.
The VNB5T adopted the new four-speed gearbox.

▲ Particolare della serratura del vano portaoggetti laterale.
A detail of the lock on the lateral oddments compartment.

137

anni '60

Vespa 125 Super - VNC1T

Siamo a metà degli anni '60, le Vespa Large Frame hanno un grosso successo nelle cilindrate maggiori, e in Piaggio si comincia a pensare anche ai sedicenni. Per questi ultimi, in questa categoria, a listino c'era solo l'ormai antiquata 125 VNB non molto giovanile e sportiva. La mancanza non sfugge alla Piaggio che cominciava a puntare anche sui giovani. Stavano per presentare infatti la Small Frame 125 Nuova, più sportiva e moderna, nella nuova colorazione metallizzata, della Vespa 90. Ma mancava in ogni caso a listino una 125 Large Frame. Ecco allora, accanto alla 125 Nuova, la 125 Super, entrambe presentate al 39° Salone del Motociclo di Milano del 1965. Costava 145.000 Lire, 5.000 in più della 125 Nuova e 5.000 Lire in meno della 150 Super.

▶ Prodotta in due colorazioni Verde Chiaro e Bianco.
It was offered in two colours, Light Green and White.

125 Super

Totale esemplari prodotti
Total no. of examples produced
24.146

Certificato di omologazione
Homologation certificate
n° 4308 OM
21 settembre/*September* 1965
IGM 4308 OM

Sigla motore VNC1M
Engine designation VNC1M

VNC1T	
1.001 – 4.420	1965
4.421 – 19.044	1966
19.045 – 23.745	1967*
23.746 – 25.076	1968
25.077 – 25.146	1969

*Cambia il logo Piaggio.
Piaggio logo changed.

In mid-1960s, the Large Frame models were enjoying great success among the larger displacements and the powers that be at Piaggio were starting to think about the 16-year-old clientele too. In this category, all they could offer was the by now antiquated 125 VNB, which was neither youthful nor sporting. These shortcomings did not escape Piaggio who were now beginning to focus on young people. In fact they were about to introduce the Small Frame 125 Nuova, which was sportier and more modern, with its new metallic paintwork, than the Vespa 90. However, a 125 cc Large Frame was still missing from the range. Hence the introduction, alongside the 125 Nuova, of the 125 Super, both presented at the 39th Milan Motorcycle Show in 1965. The new 125 Super cost 145,000 Lire, 5,000 more than the 125 Nuova and 5,000 Lire less than the 150 Super.
The bodywork was angular and square-cut, derived directly from that of the 150 GL, with trim elements only on the side panels and the "anticorodal" aluminium

138

◀ Posizione IGM, sigla telaio e numerazione.
IGM, frame designation and numbering position.

▼ Posizione sigla motore e numerazione.
Engine designation and numbering position.

▼ Le piccole ruote da 8 pollici le conferiscono un'aria goffa e forse anche sproporzionata.
The small 8" wheels let the model a clumsy, perhaps ill-proportioned appearance.

▲ L'idea iniziale era quella di avere una Large Frame economica e che colpisse anche il pubblico dei sedicenni.
The initial idea was that of offering an economical Large Frame that would attract the 16-year-old clientele.

La scocca è spigolosa e squadrata, deriva direttamente dalla 150 GL, con fregi solo sui cofani laterali e il bordoscudo di alluminio anticorodal. Il manubrio è lo stesso della più piccola 125 Nuova, con contachilometri inizialmente con scala 100 km/h, in seguito poteva anche montare quello con scala 110 km/h. Il fanale posteriore con corpo in metallo cromato è lo stesso già adottato sulla 125 VNB6. Disponibile con sella monoposto o sella biposto come optional. Le ruote sono ancora da 8 pollici, sarà l'ultimo modello a montarle. Il motore resta invariato rispetto alla precedente VNB6, cambio a 4 marce, bobina d'accensione esterna, dotato di carburatore Dell'Orto SI 20/15. Marmitta punzonata IGM 3884 S.

Questo modello non suscitò grandi emozioni nei sedicenni, la linea infatti risultava poco sportiva, e le piccole ruote da 8 pollici gli conferivano un aspetto goffo e sproporzionato. Per questo motivo, oggi, è una versione 125 abbastanza rara, infatti ne furono prodotte in cinque anni solo poco più di 24.000 esemplari.

▲ Il vetro del faro marca Siem.
The lens of the Siem headlight.

▲ Il manubrio è lo stesso montato anche sulla 125 Nuova.
The handlebar was the same as the one on the 125 Nuova.

▲ Posteriormente troviamo la scritta identificativa blu scuro riportante la cilindrata.
At the rear we find the dark blue badging indicating the displacement.

▲ Il motore resta invariato rispetto alla precedente VNB6, cambio a 4 marce e bobina d'accensione esterna.
The engine was unchanged with respect to the VNB6, with a four-speed gearbox and external ignition coil.

◀ Il faro posteriore VNB6 con corpo metallico cromato, lo stesso montato sulla VNB6.
The rear light with a chrome-plated metal body, the same as the one on the VNB6.

leg shield surround. The handlebar was the same as that of the smaller 125 Nuova, with an speedometer initially with a 100 kph scale (it was later also available with one with one reading to 110 kph). The rear light with chrome metal body was the same as the one adopted on the 125 VNB6. The model was available with a single saddle or a two-seater as an option. The wheels still had 8" rims, but this was to be the last model to mount them. The engine was unchanged with respect to the earlier VNB6, with a four-speed gearbox, external ignition coil and a Dell'Orto SI 20/15 carburettor. The silencer was stamped IGM 3884 S.

This model did not arouse much excitement among the 16-year-olds, the styling was rather staid and the small 8-inch wheels gave it an awkward and ill-proportioned appearance. For this reason, it is today a fairly rare version of the Vespa 125, with only just over 24,000 being produced over the course of five years.

▼ Il devioluci è rivestito da un corpo metallico cromato, si intravedono le manopole originali e il rinforzo dietro allo scudo.
The switch unit had a chrome-plated metal body. The orginal grips and the reinforcement behind the leg shield can also be seen here.

▲ Debutta, anche su questo modello, il nuovo contachilometri di forma pulita e moderna, montato anche sulla 125 Nuova e proveniente dalla sportiva 90 SS.
This model also saw the introduction of the new simple and modern speedometer, also fitted to the 125 Nuova and drawn from the sporting 90 SS.

▲ Il bordoscudo di alluminio anticorodal, la scritta identificativa "Vespa Super" di colore scuro e, fino al 1967, il logo Piaggio quadrato.
The "anticorodal" leg shield trim, the dark blue "Vespa Super" badging and, through to 1967, the square Piaggio logo.

◀ La sella lunga optional di marca A. Rejna, con il bottone per sollevarla.
The optional A. Rejna two-seater saddle, with the button for raising it.

▼ Il bloccasterzo è il medesimo montato sulla 125 Nuova, marchiato Neiman DRP e sporgente circa 2,2 cm.
The steering lock was the same as that on the 125 Nuova, marked N and protruding around 2.2 cm.

▼ Clacson marca Bologna con la guarnizione originale chiara.
The Bologna-branded horn with the original light seal.

▲ Il parafango con la cresta in alluminio è lo stesso della 125 Nuova. In questo caso è stato aggiunto l'accessorio per colpi cromato.
The mudguard with the aluminium crest was the same as the one on the 125 Nuova. In this case, it has been accessorised with chrome-plated bars.

141

anni '60

Vespa 125 GT - VNL2T

◀ Linea elegante e sportiva.
Elegant, sporting lines.

125 GT

Totale esemplari prodotti
Total no. of examples produced
51.582

Certificato di omologazione
Homologation certificate
n° 4763 OM
2 settembre/*September* 1966
IGM 4763 OM

Sigla motore VNL2M
Engine designation VNL2M

VNL2T	
30.001 - 35.673	1966
35.674 - 54.602	1967*
54.603 - 65.401	1968
65.402 - 69.847	1969
69.848 - 73.613	1970
73.614 - 75.821	1971
75.822 - 78.313	1972
78.314 - 81.582	1973

*Cambia il logo Piaggio.
Piaggio logo changed.

▶ Dopo l'insuccesso della 125 Super, per rimediare, nel 1966 ecco la risposta della Piaggio ai giovani, la GT, un modello Large Frame che mantiene esteticamente la sportività delle cilindrate maggiori. La Gran Turismo infatti, a prima vista, ricorda tantissimo la 150 Sprint, presentata l'anno prima, e che stava avendo un grosso successo commerciale. Insomma una vera sportiva, pensata e progettata per i neopatentati di sedici anni, prestazionale e accattivante. La scocca è molto simile alla Super ma con i grossi cerchi da 10 pollici l'aspetto cambia sensibilmente. In aggiunta il manubrio è dotato di un grosso faro trapezoidale e profili di alluminio sui cofani e sul parafango come sulla 150 Sprint. Il grosso fanale posteriore ha il corpo cromato come quello della Super. Dotata come le sorelle maggiori di sella monoposto, può avere, come optional, quella più moderna biposto. Il motore è lo stesso della 125 Super, ma con un rapporto di compressione leggermente maggiore – 7.8 contro 7.7 – con relativo aumento della potenza che è di 6,27 CV contro i 6,16 CV.

▶ *To make up for the failure of the 125 Super, in 1966 Piaggio introduced its response to the demand from the younger clientele, the GT, a Large Frame model that retained the sporty styling of the larger displacement scooters. In fact, at first glance, the GT is very reminiscent of the 150 Sprint, presented the year before, which was enjoying great commercial success.*

In short, it was a true sports model, conceived and designed for 16-year-old novice riders, with high performance and great appeal. The bodywork was very similar tothat of the Super, but with the large 10-inch wheels, the appearance changed considerably. In addition, the handlebar has a large trapezoidal

▲ Posizione sigla motore e numerazione.
Engine designation and numbering position.

▲ Finalmente ruote da 10 pollici anche per i sedicenni.
Finally, 10" wheels for 16-year-olds too.

▼ Posizione IGM, sigla telaio e numerazione.
Frame designation and numbering position.

▼ A parte il colore è identica alla 150 Sprint.
Apart from the colour it was identical to the 150 Sprint.

anni '60

Cambia anche il carburatore, un Dell'Orto SI 20/17 da 17 mm. Aumenta così la velocità massima a 88 km/h. Finalmente il modello è indovinato ed è molto apprezzato dai sedicenni che ne decretano un grande successo commerciale. Rimane in produzione fino al 1973, con la variante cambio del logo Piaggio esagonale. Manopole grigie a disegno retinato, logo quadrato fino al telaio n° 54.602, poi rimangono uguali ma con logo esagonale.

headlight and aluminium profiles on the bonnet and wing like on the 150 Sprint. The large tail light had a chrome body like that on the Super. Equipped like its bigger sisters with a single seat, the model could be fitted with the more modern two-seater as an option. The engine was the same as that of the 125 Super, but with a slightly higher compression ratio – 7.8:1 against 7.7:1 – with a relative increase in power, to 6.27 hp against 6.16 hp. The carburettor was also changed in favour of a 17 mm Dell'Orto SI 20/17. These modifications led to an increase in the top speed to 88 kph. At last the model was a hit with 16-year-olds, making it a great commercial success. It remained in production through to 1973, with the change to the hexagonal Piaggio logo. Grey grips with a grid pattern, square logo up to frame No. 54.602, then with hexagonal logo.

▲ Il pratico gancio portaborse.
The practical bag hook.

▲ Dal 1967 adotta il nuovo logo esagonale Piaggio.
From 1967, the new hexagonal Piaggio logo was adopted.

▲ La Piaggio puntava molto su questo nuovo modello dopo il flop della 125 Super.
Piaggio was counting on this new model after the flop of the 125 Super.

◀ La serratura scorrevole del bauletto laterale con doppio cerchio.
The sliding lateral glovebox lock with the double circle.

▼ Il contachilometri con scala 110 km/h.
The speedometer reading to 110 kph.

▲ Il grosso manubrio come le maggiori cilindrate.
The large handlebar, like that of the larger displacment models.

▲ La marmitta punzonata con IGM 3884 S.
The silencer stamped IGM 3884 S.

▲ Il grosso faro trapezoidale da importanza a questo modello. La scritta identificativa non cambia per tutta la produzione, solo il logo subisce un cambiamento.
The large trapezoidal headlight lent presence to this model. The badging was unchanged throughout the production run, only the logo being modified.

◀ Il grosso fanale posteriore ha il corpo cromato come quello della Super.
The large rear light had a chrome-plated body like that of the Super.

▶ Oltre alle ruote da 10 pollici, anche il parafango ha nuova forma rispetto alla Super.
As well as the 10" wheels, the mudguard also had a new shape with respect to the Super.

▶ Il motore è lo stesso della 125 Super ma con un rapporto di compressione leggermente maggiore.
The engine was the same as on the 125 Super, but with a slightly higher compression ratio.

◀ La scritta identificativa posteriore non riporta la cilindrata.
The rear badging did not indicate the displacement.

Vespa 125 Nuova - VMA1T

Fu la prima versione con scocca piccola equipaggiata con un motore di cilindrata 125 cc e considerata la "mamma" della Primavera. Le consegne iniziarono i primi di ottobre del 1965. Come la Vespa 90, che sostituirà nei listini italiani, è dotata di ruote da 10 pollici ma che adottano i nuovi tamburi dei freni autoventilati fissati ai cerchi scomponibili con 5 dadi come sulla sportiva 90 SS. Il telaio, a differenza della 90, è lo stesso della 50 "unificata" con lo sportellino motore più ampio che ne agevolava la manutenzione. Nuovo è il manubrio in fusione di alluminio con il contachilometri di forma a ventaglio, con quadrante bianco e fondo scala a 100 km/h. Questo manubrio equipaggia anche le Large Frame 125 e 150 Super, presentate contemporaneamente al 39° Salone del Motociclo di Milano del 1965. Il fanale posteriore, lo stesso della Vespa 90 e 90 SS, è dotato di luce stop. Solo sul libretto di uso e manutenzione in dotazione era raffigurata con la sella monoposto, mentre sulle pubblicità ufficiali era indicata di serie quella biposto. Probabilmente in Piaggio la sella singola fu considerata obsoleta – effettivamente stonava con il messaggio pubblicitario "linea compatta e modernissima" – per cui divenne solo a richiesta. Entrambe le selle furono prodotte e marchiate dalla ditta Aquila. Il motore ha cilindrata di 121,16 cc, non riporta particolari differenze rispetto alle cilindrate minori, l'unica sono le 4 marce.

125 nuova

Totale esemplari prodotti
Total no. of examples produced
17.100

Certificato di omologazione
Homologation certificate
n° 4304 OM
20 settembre/*September* 1965
IGM 4304 OM

Sigla motore **VMA1M**
Engine designation **VMA1M**

VMA1T	
1.001 - 8.392	1965
8.393 - 14.781	1966
14.782 - 18.100	1967

The 125 Nuova was the first small frame Vespa equipped with a 125 cc engine and can be seen as the "mother" of the Primavera. The first deliveries began in early October 1965. Like the Vespa 90, which it replaced in the Italian range, the Nuova was equipped with 10" wheels but adopted the new self-ventilated brake drums attached to the split rims with 5 nuts, as on the sporting 90 SS. In contrast with that of the 90, the frame was the same as that of the "unified" 50, with a wider engine access hatch for easier maintenance. The cast aluminium handlebar was new and featured a fan-shaped speedometer with a white dial and full 100 kph scale. This handlebar also equipped the Large Frame 125 and 150 Super, presented at the same time at the 39th Milan Motorcycle Show in 1965. The rear light, the same as the one fitted to the Vespa 90 and 90 SS, was equipped with a brake light. Only in the owner's manual was it depicted with a single seat, while the official advertisements showed a two-seater as standard. Piaggio probably considered the single saddle to be obsolete – it actually clashed with the advertising message "compact and very modern styling" – and it came to be offered on request only. Both saddles were produced and badged by the Aquila company. The engine had a displacement of 121.16 cc, but no particular differences with respect to the smaller displacements, apart from the four-speed gearbox. The engine shroud was still in phosphate-coated steel. The "pan" silencer has the narrow exhaust pipe at the top, as on the 50 and 90, stamped IGM 4109 S. It ws equipped with the new double-acting dampers with coaxial spring.

▲ Poteva essere equipaggiata con la mono sella marca Aquila.
The model could be equipped with an Aquila-branded single saddle.

▲ Posizione sigla motore e numerazione.
Engine designation and numbering position.

▶ Per la prima volta un motore 125 cc equipaggia una Small Frame.
For the first time a 125 cc is fitted to a Small Frame Vespa.

▲ Da questo modello nascerà poi la 125 Primavera.
It was from this model that the 125 Primavera was to be born.

▼ Posizione IGM, sigla telaio e numerazione.
IGM, frame designation and numbering position.

anni '60

La cuffia motore è sempre in ferro fosfatato. La marmitta a "padella" ha il tubicino posto in alto come sulle 50 e 90, punzonata con IGM 4109 S. È equipaggiata con i nuovi ammortizzatori a doppio effetto con molla coassiale.
Sullo scudo c'è la scritta identificativa obliqua "Vespa 125" in alluminio pressofuso di colore blu scuro e al centro il logo Piaggio quadrato, mentre nella parte posteriore non troviamo nessuna scritta. All'interno dello scudo, a differenza della Vespa 90, nella parte alta viene inserito un rinforzo. Ho riscontrato due particolarità su questo modello: la prima è che all'inizio produzione, su alcuni esemplari, troviamo la forcella con il rinforzo (come quella di alcune 90SS), come si può vedere anche sulla prima pubblicità della 125 Nuova. La seconda è che, sempre sui primissimi esemplari prodotti, troviamo il pomello della chiusura del serbatoio che ha forma di croce, sagoma utilizzata solo su questo modello e per pochissimo. Proposta in un'unica colorazione, Azzurro chiaro metallizzato, non ha subito varianti durante tutta la sua produzione.

The leg shield carried the oblique "Vespa 125" lettering in dark blue die-cast aluminium with the square Piaggio logo in the centre, while there was no badging at the rear. Unlike the Vespa 90, a reinforcement was inserted at the top inside the leg shield. I found two particularities on this model, the first is that early in the production run, on some examples, we find the reinforced fork (like that of some examples of the 90SS), as can be seen in the first advertisement for the 125 Nuova. The second is that, again on the very first examples produced, we find a cross-shaped filler cap knob, a type used only on this model and for a very short time. Offered in a single light metallic blue livery, the 125 Nuova was not subjected to any variations during its production run.

▲ Questo manubrio è montato anche sulla 125 e 150 Super, e in seguito equipaggerà la prima serie della 125 Primavera.
This handlebar was also fitted to the 125 and 150 Super; it was later also to equipped the first series of the 125 Primavera.

▲ È dotata di cambio a 4 marce come la 90 SS.
It was fitted with a four-speed gearbox like the 90 SS.

▲ Ecco il pomello della chiusura del serbatoio a forma di croce, sagoma utilizzata solo su questo modello e per pochissimo.
The cross-shaped filler cap knob, a shape only used for this model and only for a few examples.

◀ Il fanale posteriore, lo stesso della Vespa 90 e 90 SS, è dotato di luce stop.
The rear lighting unit, the same as fitted to the Vespa 90 and 90 SS, was equipped with a brake light.

▼ Nel vano del carburatore si può vedere il fondo antiruggine nocciola e la cedola di controllo ancora applicata.

In the carburettor housing we can see the hazelnut-colour rust proofing and the inspection tag still attached.

▲ Il contachilometri di forma a ventaglio con quadrante bianco e fondo scala a 100 km/h.

The fan-shaped speedomeyter with a white dial and a 100 kph scale.

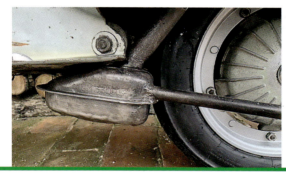

▲ Spesso sui telai delle Small Frame di questo periodo di trova in questo punto un numero progressivo della produzione dei lamierati.

A progressive number referring to the production of the sheet metal components can often be found at this location on the small frame models.

▲ I nuovi tamburi dei freni autoventilati fissati ai cerchi scomponibili con 5 dadi come sulla sportiva 90 SS.

The new self-ventilating brake drums fitted to the split rim wheels with five nuts, as on the sporting 90 SS.

▲ La marmitta a "padella" ha il tubicino posto in alto come sulle 50 e 90, punzonata con IGM 4109 S.

The "pan" silencer, had a narrow high-set exhaust pipe, as on the 50 and 90 models, stamped IGM 4109 S.

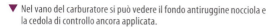

◀ Questa è la prima pubblicità comparsa sulla rivista *Motociclismo*, in cui si legge lo slogan "linea compatta e modernissima", il fatto che la sella biposto è di serie. Si nota anche la forcella con il rinforzo come sulla 90 SS.

This is the first advertisement to appear in the magazine Motociclismo, it features the slogan "compact an very modern styling" and the standard two-seater saddle. Note also the reinforced fork as fitted to the 90 SS.

◀ All'interno dello scudo, a differenza della Vespa 90 (foto a sinistra), nella parte alta viene inserito un rinforzo.

Unlike on the Vespa 90 (left), a reinforcement bar was mounted on the upper inside part of the leg shield.

▲ La sella lunga biposto marca Aquila è di serie.

The long Aquila-branded two-seater saddle fitted as standard.

Vespa 125 Primavera - VMA2T

125 Primavera

Totale esemplari prodotti
Total no. of examples produced
220.329

Certificato di omologazione
Homologation certificate
n° 5317 OM
7 settembre/*September* 1967
IGM 5317 OM

Sigla motore **VMA2M**
Engine designation **VMA2M**

VMA2T	
20.001 – 22.874	1967
22.875 – 31.548	1968
31.549 – 36.266	1969
36.267 – 42.299	1970
42.300 – 49.703	1971
49.704 – 60.345	1972
60.346 – 76.660	1973
76.661 – 102.258	1974
102.259 – 132.239	1975
132.240 – 152.875	1976*
152.876 – 175.205	1977
175.206 – 191.713	1978
191.714 – 199.672	1979
199.673 – 207.240	1980
207.241 – 220.726	1981
220.727 – 236.477	1982
236.478 – 240.329	1983

*cambia posizione IGM sul telaio
**IGM position changes on the frame*

▶ Al Salone del Ciclo e Motociclo di Milano del 1967 fu presentato un nuovo modello di Vespa: la 125 Primavera, che rimase in listino per ben diciassette anni. A prima vista non pareva molto differente dalla 125 Nuova, ma in realtà presentava parecchie diversità sia meccaniche che a livello di telaio. La scocca, pur essendo simile, è tutta nuova; viene rimosso il rinforzo nella parte alta dell'interno scudo; l'interasse passa da 1.165 mm a 1.180 mm, una differenza minima che però fa guadagnare stabilità e agilità nella guida. Chi la conduceva aveva maggior spazio per le gambe, soprattutto quando portava un passeggero. Oltre alle diverse misure, sulla pancia laterale sinistra compare un bauletto portaoggetti con sportellino e serratura, che si chiudeva utilizzando la stessa chiave del bloccasterzo. La sella lunga biposto di serie, nella parte posteriore riportava serigrafata in bianco la scritta Piaggio e veniva anche provvista di un pratico gancio portaborse. Ma le vere novità riguardano il motore potenziato e dotato di maggiore compressione 8,2:1, con conseguente aumento della potenza a 5,6 CV 5.500 giri/min, provvisto di un carburatore Dell'Orto SHB 19/19. La velocità massima raggiungeva gli 85 km/h, rendendola anche più performante in salita. Il gruppo termico dotato di una nuova cuffia di raffreddamento marchiata 125/90, non era più in metallo ma in plastica, in un primo momento con logo Piaggio rettangolare sostituito poi da quello esagonale.

Le Primavera si possono classificare in tre serie:
Prima serie – Le scritte identificative in corsivo sono cromate e oblique: sulla parte anteriore "Vespa 125" e sul lato posteriore "Primavera". Rimarranno così fino al numero di telaio 73.488. Il fanale posteriore di marca SIEM con corpo metallico in tinta con la scocca utilizza lo stesso modello della Nuova. Dall'inizio fino al n° di telaio 188.997 troviamo il bloccasterzo ovale con aletta para polvere. Sui primi esemplari il contachilometri con corpo in metallo aveva fondo scala 100 km/h con logo rettangolare, in pratica lo stesso della 125 Nuova, poi sostituito con fondo scala 120 km/h e logo esagonale. Il manubrio, impreziosito da una ghiera cromata attorno al fanale, su questa serie ha la gobba che continente il faro più pronunciata ed è lo stesso della Nuova 125 e delle Super. Le manopole fino al n°

▶ A new Vespa model was unveiled at the 1967 Milan Bicycle and Motorcycle Show: the 125 Primavera, which was to remain a feature of the Piaggio ranger for a good 17 years. At first glance it did not look very different to the 125 Nuova, while in reality there were numerous mechanical and chassis variations. The bodywork, although similar, was all new; the internal reinforcement at the top of the leg shield was removed; the wheelbase was extended from 1,165 mm to 1,180 mm, a minimal difference but one that improved stability and handling. The driver had more legroom, especially when carrying a passenger. In addition to the different dimensions, an oddments compartment with a hatch and lock appeared on the left-hand side panel, which could be closed using the same key as the steering lock. The standard two-seater long saddle had the Piaggio name screen-printed in white on the rear and was also fitted with a practical bag hook. However, the real novelties concerned the upgraded engine with its higher 8.2:1 compression ratio, resulting in an increase in power to 5.6 hp at 5,500 rpm. It was fitted with a Dell'Orto SHB 19/19 carburettor. The maximum speed rose to 85 kph and the scooter was also stronger when going uphill. The engine was also equipped with a new cooling shroud marked 125/90 that was no longer made of metal but of plastic and initially carrying the rectangular Piaggio logo, later replaced by the hexagonal one.

The Primavera variants can be classified in three series:
First series – The lettering in italics was chrome-plated and oblique; on the front "Vespa 125" and on the back "Primavera". They were to remain like this through to frame No. 73.488. The body-coloured metal Siem rear light was the same as the one fitted to the Nuova. From the start of production to frame No. 188.997 we find the oval steering lock with a dust cover. On the early examples, the speedometer with a metal body had a 100 kph scale with the rectangular logo, in practice the same as the one on the 125 Nuova, later replaced with one with a 120 kph scale and the hexagonal logo. On this series the handlebar, embellished with a chrome-plated headlight bezel, had the hump housing the more pronounced headlight and was the same as the one on the Nuova 125 and the Super models. Through to frame No. 22.874 the grips were in light grey with the rectangular logo, later replaced with black ones with the hexagonal logo. The brake and clutch levers

◀ Terza serie color Amaranto.
Third series Amaranto (Bordeaux).

▲ Posizione sigla motore e numerazione.
Engine designation and numbering position.

▲ Dal 1976 nuova posizione IGM sul telaio.
From 1976 there was a new IGM position on the frame.

▲ Posizione IGM, sigla telaio e numerazione.
DGM, chassis designation and numbering position.

▼ Prima serie Biancospino.
First series Biancospino (Hawthorn White).

▲ Soprannominata "Coca Cola" per via del colore, era equipaggiata da sella e manopole di colore beige chiaro.
Nicknamed "Coca Cola" due to its colour, it was equipped with a light beige saddle and handlebar grips.

151

anni '60

di telaio 22.874 sono di color grigio chiaro con il logo rettangolare, poi sostituite con quelle di colore nero con logo esagonale. Le leve del freno e della frizione sono a punta senza pallino fino al n° di telaio 108.544. La levetta in alluminio per aprire lo sportellino motore è con disegno a righe longitudinali. Il cavalletto ha sezione diametro 16 mm fino al n° di telaio 52.760, successivamente il diametro aumenterà a 20 mm. La marmitta IGM 4109 S fino al n° di telaio 35.001 aveva il tubo di scarico alto, dopodiché verrà applicato alla parte inferiore della marmitta.

Seconda serie – Dal n° di telaio 73.489 si ha una veste più moderna anche per le scritte identificative: orizzontali e cromate su fondo nero.
Manopole color nero con disegno a righe e logo esagonale. Dal n° di telaio 108.545 le leve hanno all'estremità il pallino medio. Cambia anche la leva dell'apertura dello sportellino del motore ora in acciaio e con disegno a righe trasversali. Il copriventola rimane con il disegno delle fessure a V come nella prima serie. Per buona parte del 1974 il serbatoio, come nella prima serie, adotta ancora i tre fori per il montaggio della sella monoposto, poi con l'adozione del nuovo serbatoio, come su tutte le scocca piccola, vengono eliminati i fori.

Terza serie – All'inizio del 1976 l'IGM viene spostato sopra i numeri e la sigla del telaio; per questo motivo la zona della battuta dello sportellino viene aumentata per accogliere i codici stampati su due righe. Dal n° di telaio 140.162 il faro posteriore è sostituito con quello più grosso e tutto in plastica della nuova ET3. Le leve della frizione e del freno fino al n° di telaio 140.506 rimangono con pallino medio per poi diventare con pallino di sicurezza grosso fino a fine produzione. Dal n° di telaio 188.998 il blocca sterzo diventa a forma cilindrica e viene eliminata l'aletta per polvere. Dal telaio n° 192.096 il contachilometri cambia, non ha più il corpo in metallo che diventa in plastica e risulta più sporgente dalla sede sul manubrio. Dal n° di telaio 192.145 il pedale del freno posteriore diventa a sezione quadrata e non più tonda come sui precedenti modelli. La guarnizione del clacson è color grigio chiaro fino al n° di telaio 140.161, poi diventa nera.

▲ Fino al telaio n° 73.488 le scritte sono in corsivo; il fanale rimane così fino al telaio n° 140.161.

Through to frame No. 73.488 the badging was in italics; this rear light was retained to frame No. 140.161.

---

were pointed without ball ends through to frame No. 108.544. The aluminium lever for opening the engine access hatch had a design of longitudinal lines. The stand had a diameter of 16 mm through to fame No. 52.760, the diameter then being increased to 20 mm. Through to frame No. 35.001, the IGM 4109 S silencer had the high exhaust pipe, the version with the pipe attached to the bottom of the silencer then being adopted.

Second series - From frame No. 73.489 there was a more modern look for the badging too: horizontal and chromed on a black background. The handlebar gri were black with a striped design and hexagonal logo. From frame No. 108.545 the levers had a medium-sized ball end. The engine access hatch lever was now in steel and with a design of transverse lines. The fan cover retained with the V-slot design as on the first series. For much of 1974, the tank, as on the first series, still had the three holes for mounting the single seat; with the adoption of the new tank, as on all the small frame models, these holes were eliminated.

Third series – Early in 1976, the IGM was moved above the frame numbers and designation; for this reason the hatch opening area was increased to accommodate the codes stamped on two lines. From frame No. 140.162 the rear light was replaced with the larger, all-plastic unit from the new ET3. Through to frame No. 140.506 the clutch and brake levers retained the medium ball ends and then adopted the large safety ball end through to the end of production. From frame No. 188.998 the steering lock was cylindrical and the dust cover was eliminated. From frame No. 192.096 the speedometer had a plastic rather than metal body and protruded further from its housing on the handlebars. From frame No. 192.145 the rear brake pedal was square and instead of round as on earlier models. The horn seal was light grey up to frame No. 140.161, before becoming black.

▲ Il cassettino laterale inizialmente era dotato di questa serratura marca Neiman.

The lateral oddments compartment was initially equipped with this Neiman lock.

▲ Successivamente troviamo una seconda versione, sempre Neiman, ma con diverso disegno.

Later we find a second version, again produced by Neiman, but to a different design.

▶ In alternativa alla seconda versione Neiman poteva essere montato un modello di marca Zadi.

In an alternative to the second Neiman version, a model produced by Zadi could be fitted.

▼ Dall'alto al basso, i tre tipi di leve utilizzate durante la produzione.
From top to bottom, the three types of levers used during the production run.

▲ Nel 1978 fino al telaio n° 188.997 il blocca sterzo è ovale con aletta per polvere.
In 1978 and through to frame No. 188.997 the steering lock was oval with a dust cover.

▲ Diventerà poi a forma circolare senza aletta per polvere.
It then became circular with no dust cover.

▲ Nel 1973 cambiano le scritte identificative; dal 1976 il faro tutto in plastica.
The badging changed in 1973; from 1976 the rear light was all plastic.

▼ A sinistra, il manubrio con la gobba più pronunciata per contenere il faro; a destra, quello adottato per le versioni successive.
Left, the handlebar with the more pronounced hump housing the headlight; right, the one adopted on subsequent verrsions.

▼ La profondità del bauletto laterale arriva fino al bordo inferiore della scocca sino al 1976, dopodiché viene uniformato a quello della ET3, che era meno profondo di circa 5 cm.
The depth of the side compartment reached the lower edge of the bodywork through to 1976, after which it was brought in line with that of the ET3, which was around 5 cm less deep.

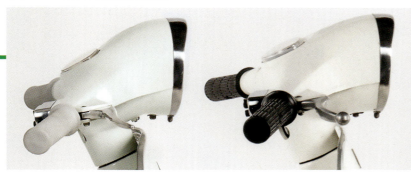

◀◀ Fino al telaio n° 71.304 le alette del copriventola hanno forma a V.
Through to frame No. 71.304 the slots on the fan cover had a V configuration.

◀ La successiva nuova forma rotonda.
The later version with a round design.

Vespa 125 GT R - VNL2T

125 GT R

Totale esemplari prodotti
Total no. of examples produced
51.788

Certificato di omologazione
Homologation certificate
n° 4763 OM
2 settembre/*September* 1966
+ Estensione certificato/
Extension certificate
n° 5106 OM
19 aprile/*April* 1967.
IGM 4763 OM

Sigla motore **VNL2M**
*Engine designation **VNL2M***

VNL2	
100.001 – 100.751	1968
100.752 – 107.340	1969
107.341 – 112.897	1970
112.898 – 117.898	1971
117.899 – 124.092	1972
124.093 – 128.068	1973
128.069 – 135.902	1974
135.903 – 141.381	1975
141.382 – 145.658	1976
145.659 – 151.788	1977

▶ Sebbene la Gran Turismo rimanga in produzione e a listino fino al 1973, a fine 1968 in Piaggio decidono di "Rinnovarla" facendola diventare in pratica una piccola 125 Rally, sportiva, moderna e accattivante. Le caratteristiche tecniche rimangono pressoché invariate rispetto alla GT, cambiano il manubrio ora con grosso faro tondo di diametro 130 mm, e il grosso faro posteriore tutto in plastica con tegolino dello stesso colore della scocca. A livello di motore cambia solo il diffusore da 20 mm (al posto del 17 mm della GT) del carburatore Dell'Orto SI 20/17 che comporta un aumento di potenza a 7,8 CV.
La GT R è stata prodotta in due serie.
Prima serie – Sui primi esemplari del 1968, come sulle 180 Rally, ho trovato ancora montato il fanale posteriore con corpo in metallo, lo stesso della GT da cui deriva, per intenderci, poi divenuto tutto in plastica con tegolino in tinta con la scocca. Fino al telaio n° 127.357 le scritte identificative sono in corsivo inclinate: dietro "Gran Turismo" e davanti "Vespa GT" con sotto una "R" in tassellino nero. Il contachilometri ha il fondo chiaro e con bordo in metallo, come quello della 125 Primavera, con scala 120 km/h. Le guarnizioni delle scocche laterali e del clacson sono di color grigio chiaro. Fino al telaio n° 124.092 le manopole sono grigie a disegno a righe e con logo Piaggio esagonale.

▶ Although the Gran Turismo remained in production and in the Piaggio catalogue through to 973, at the end of 1968 Piaggio decided to "renew" the model by turning it into what was a minor 125 Rally, sporty, modern and attractive. The technical characteristics remained practically unchanged with respect to the GT, what changed was the handlebars, which now featured a large round headlight with a diameter of 130 mm and the large all-plastic rear light with a small body-coloured "roof". In terms of the engine, only the 20 mm diffuser (rather than the GT's 17 mm) of the Dell'Orto SI 20/17 carburettor changed, resulting in an increase in power to 7.8 hp.
The GT R was produced in two series.
First series: On the earliest examples from 1968, as on the 180 Rally, I have still found the rear light with a metal body, the same as the one fitted to GT from which the model derived, to be clear, later to become all plastic with a body-coloured roof. Through to frame No. 127.357 the badging was in oblique italics: at the rear "Gran Turismo" and at the front "Vespa GT" with an "R" on a black ground underneath. The speedometer had a light-coloured dial with a metal bezel, like that of the 125 Primavera, with a 120 kph scale. The seals on the side panels and horn were light grey. Through to frame No. 124.092 the grips were grey with a striped design and the hexagonal Piaggio logo.

▲ Decisamente più moderna con quel grosso faro.
The model had a much more modern look with the large headlight.

154

◀ Ancora più moderna la seconda serie senza i profili in alluminio su cofani e parafango. La GT R in foto monta sella non corretta.

The second series was even more modern without the aluminium trim on side panels and mudguard. The GT R in this photo is fitted with an incorrect saddle.

▼ Posizione IGM, sigla telaio e numerazione.
IGM, frame designation and numbering position.

◀ Posizione sigla motore e numerazione.
Engine designation and numbering position.

▶ Una piccola 125 Rally che piaceva tanto ai sedicenni.
A small 125 Rally popular with the 16-year-olds.

155

anni '60

Seconda serie – Il contachilometri è con fondo nero sempre a fondo scala 120 km/h. Le guarnizioni delle scocche laterali e del clacson sono di color nero. Dal telaio n° 124.093 le manopole sono nere con disegno a righe e logo Piaggio esagonale. Dal telaio n° 127.358 spariscono i fregi in alluminio sulle pance laterali e sul parafango, cambiano anche le scritte con nuova grafica orizzontali su fondo nero, dietro "125 g.t.r" e davanti "Vespa". Cambia la cresta sul parafango anteriore che diventa più spigolosa.
Leve con pallino medio fino al telaio n° 142.112 dopo di che diventano con pallino grande. La serratura del bauletto e del bloccasterzo sono entrambe marca Neiman. Quella del bauletto portaoggetti è a cerchio doppio.

▲ Sulla prima serie della GT R troviamo ancora i fregi in alluminio sulle pance laterali e sul parafango.
We still find the aluminium side panel and mudguard trim on the first series of the GT R.

▲ La sella con serigrafata la scritta Piaggio e pulsante per sollevarla.
The saddle with the screenprinted Piaggio lettering and the button for lifting it.

Second series: The speedometer had a black dial and read to 120 kph. The seals on the side panels and horn were black. From frame No. 124.093 the grips were black with a striped design and the hexagonal Piaggio logo. From frame No. 127.358 the aluminium trim on the side panels and mudguard was eliminated and the badging also changed with new horizontal graphics on a black ground, "125 g.t.r" on the back and "Vespa" on the front. The crest on the front mudguard changed and became more angular.
The brake and clutch levers had medium ball ends through to frame No. 142.112, after which the ball ends were enlarged. The glove box and steering locks were both Neiman-branded. The one on the glove box having a double circle design.

▲ Manopole nere con disegno a righe, e dal telaio n° 142.113 le leve diventano con pallino grande.
Black grips with a striped design and, from frame No. 142.113 the levers had large ball ends.

▶ Nella seconda serie tutte le guarnizioni sono nere.
In the second series all the seals were black.

◀ Scritta anteriore prima versione "Vespa GT" con sotto una "R" in tassellino nero.
The first version front badging "Vespa GT" with an "R" on a black ground below.

156

◀ Tra la prima e la seconda serie cambia la cresta del parafango che diventa più spigolosa.

Between the first and second series the mudguard crest became more angular.

▶ Il manubrio rimane invariato per tutta la produzione, cambia solo il colore del fondo del contachilometri da bianco a nero.

The handlebar was unchanged throughout the production run, only the speedometer dial changing from white to black.

◀ Fino al telaio n° 127.357 scritta posteriore in corsivo inclinata "Gran Turismo".

Through to frame No. 127.357 rear badge with oblique italic lettering "Gran Turismo".

▼ Il grosso faro tondo di diametro 130 mm marca Siem.

The large Siem 130 mm headlight.

▲ Sui primi esemplari del 1968, come sulle 180 Rally, ho trovato ancora montato il fanale posteriore con corpo in metallo, lo stesso della GT.

On the earliest examples from 1968, as on the 180 Rally, I have found the rear light with a metal body still fitted, the same one used on the GT.

◀ Dal telaio n° 127.358 spariscono i fregi in alluminio sulle pance laterali e parafango. Cambia anche posteriormente la scritta con nuova grafica orizzontale su fondo nero "125 g.t.r".

From frame No. 127.358 the aluminium side panel and mudguard trim was eliminated. The rear badging also changed with the new horizontal "125 g.t.r." lettering on a black ground.

◀ Scritta anteriore seconda versione.

Second version front badging.

157

Vespa 150 - VBB1T

▼ Nuova colorazione più brillante.
A new brighter livery.

Nel 1960 viene presentata la 150 VBB1T, un modello in realtà con poche differenze rispetto alla VBA1T: la novità maggiore è di essere la prima 150, GS esclusa, ad avere 4 marce. Il nuovo cambio permette di sfruttare meglio il motore, ora più elastico e brillante grazie alla nuova rapportatura, e oltretutto migliorano anche i consumi. Marmitta punzonata IGM 0112 S. Dal telaio n° 31.001 adotta il carburatore Dell'Orto SI 20/17 C diffusore 20 mm. Sulla VBA era stato individuato un difetto, la guarnizione alla base del cilindro era in carta e ciò creava difformità di riscaldamento tra carter motore e cilindro provocando negli usi gravosi dei grippaggi. Difetto risolto adottando una guarnizione di alluminio, materiale che innalza la temperatura del carter favorendo la separazione tra benzina e olio, e facendo così aumentare la quantità di lubrificante sugli organi che ne avevano necessità. Viene anche installata una batteria, imposta dal nuovo Codice della Strada, per far funzionare luci e clacson anche a motore spento. Il clacson ha la forma di ventaglio. Il parafango è costituito da due semi gusci saldati

1960 saw the presentation of the 150 VBB1T, a model that in reality had few differences with respect to the VBA1T: the major novelty was that it was the first 150, GS excluded, to have four gears. The new gearbox permitted the engine to be used more efficiently and it was now more flexible and responsive thanks to the new ratios. Fuel consumption also improved. The silencer was stamped IGM 0112 S. From frame No. 31.001 the model adopted the Dell'Orto SI 20/17 C carburettor with a 20 mm diffuser. A defect had been found on the VBA: the gasket at the base of the cylinder was made of paper and this created heating differences between the crankcase and cylinder causing seizures under heavy use. The issue was resolved with the adoption of a gasket in aluminium, a material that raised the temperature of the crankcase, favouring the separation between petrol and oil, thereby increasing the amount of lubricant on the components that needed it. A battery, required by the new Highway Code, was also installed to operate the lights and horn even when the engine was

150

Totale esemplari prodotti
Total no. of examples produced
145.000

Certificato di omologazione
Homologation certificate
n° 1380 OM
6 ottobre/*October* 1960
IGM 1380 OM

Sigla motore **VBB1M**
Engine designation **VBB1M**

VBB1T	
1001 - 16.070	1960
16.071 - 96.683	1961
96.684 - 146.000	1962

▲ Posizione IGM, sigla telaio e numerazione.
IGM, frame designation and numbering position.

▼ Versione con la mono sella e cuscino passeggero da fissare al portapacchi.
The version with a single saddle and a passenger cushion to be fixed to the luggage rack.

▲ Prodotta solo in questa colorazione.
The model was only produced in this colour.

▲ Posizione sigla motore e numerazione.
Engine designation and numbering position.

159

anni '60

assieme, su entrambi i lati sono impresse delle modanature. La scocca ha una nuova colorazione più brillante, un azzurro metallizzato leggermente più scuro, con cerchi e tamburi sempre in tinta. Dal telaio n° 71.001 i cofani laterali si arricchiscono di profili in alluminio. Dal manubrio sparisce la spia delle luci. Viene offerta con 4 tipi di sella: mono sella e portapacchi, mono sella e cuscino passeggero da fissare al portapacchi, mono sella più alta da fissare al portapacchi tramite un'apposita staffa e sella biposto lunga con profilo grigio lungo la cucitura della parte superiore. Tutte di colore blu scurissimo, quasi nero, entrambe prodotte dalle due aziende che fornivano Piaggio, la Rejna e l'Aquila. Mi hanno segnalato, e ne ho anche viste personalmente, VBB1T sotto il n° di telaio 10.000 (circa, non esiste un dato certo) su cui non è punzonato l'IGM dopo la sigla e il numero di telaio.

▲ La versione dotata di mono sella e portapacchi.
The version with a single saddle and luggage rack.

▲ La grossa ghiera cromata marchiata Siem.
The large chrome-plated Siem bezel.

▲ Scritta identificativa in ottone cromato riportante la cilindrata solo sullo scudo. Fissata alla scocca con 7 ribattini.
Badging in chrome-plated brass with the displacement on the leg shield only. It was fixed to the bodywork with seven small rivets.

off. The horn was fan-shaped. The mudguard consisted of two half-shells welded together with pressed mouldings on both sides. The paintwork was in a new, brighter colour, a slightly darker metallic blue, with matching wheels and brake drums. From frame No. 71.001 the side panels were embellished with aluminium trim. The lighting tell-tale disappears from the handlebars. The model was offered with four types of seat: a single saddle and luggage rack, a single saddle and passenger cushion to be fixed to the luggage rack, a single saddle plus another to be fixed to the luggage rack by means of a special bracket, and a long two-seater saddle with grey piping along the seam of the upper part. They were all upholstered in a dark blue, almost black, and were produced by the two companies that supplied Piaggio, Rejna and Aquila. I have been told about and have also personally seen VBB1Ts with chassis numbers below 10.000 (approximately, there is no certain figure) on which the IGM is not stamped after the chassis designation and number.

▼ Dal manubrio sparisce la spia delle luci.
The lighting tell-tale disappeared from the handlebar.

▶ Il clacson ha la forma di ventaglio.
The horn was fan shaped.

▼ Sul parafango, su entrambi i lati, sono impresse delle modanature.
Moulding was pressed into the muguard on both sides.

▶ Il parafango è costituito da due semi gusci saldati assieme.
The mudguard was composed of two half-shells welded together.

▲ Dal telaio n° 31.001 adotta il carburatore Dell'Orto SI 20/17 C diffusore 20 mm.
From frame No. 31.001 the model adopted the Dell'Orto SI 20/17 C carburettor with a 20 mm diffuser.

▲ L'interno della scocca con il fondo antiruggine nocciola.
The interior of the bodywork with the hazelnut-colour rust-proofing.

▲ Il contachilometri marca Veglia Borletti con quadrante bianco e scala 100 km/h.
The Veglia Borletti speedometer with a white dial and a 100 kph scale.

◀ Il faro con corpo in metallo cromato. Marca Siem, omologazione Siem 3506 igm 0438 ar - Siem 3515 igm 0439 lpx - con catadiottro Siem 3660 igm 0581 c2.
The rear light with a chrome-plated metal body. Siem branded, homologation Siem 3506 IGM 0438 ar – Siem 3515 IGM 0439 lpx – with Siem reflector 3660 IGM 0581 c2.

◀ Orgogliosamente Piaggio pubblicizzava "Vespa lo scooter più venduto nel mondo".
Piaggio proudly advertised its product as "Vespa the world's best selling scooter."

anni '60

Vespa 150 - VBB2T

▼ Unico colore pastello disponibile il Blu medio.
The only available colour was a solid mid-blue.

▲ Posizione IGM, sigla telaio e numerazione.
IGM, frame designation and numbering position.

150

Totale esemplari prodotti
Total no. of examples produced
127.260

Certificato di omologazione
Homologation certificate
n° 1380 OM
6 ottobre/*October* 1960.
IGM 1380 OM

Sigla motore VBB2M
Engine designation VBB2M

VBB2T	
146.001 – 155.712	1962
155.713 – 198.232	1963
198.233 – 240.757	1964
240.758 – 273.260	1965

▶ Nel 1962 arriva la seconda serie, la VBB2T. La cosa che più si nota è che cambia il colore, non più metallizzato ma un pastello, Blu medio, e sempre con cerchi e tamburi in tinta. Questi ultimi solo nell'ultimo anno di produzione sono di color alluminio. La scocca identica alla serie precedente cambia solo nella parte posteriore che diventa squadrata per ospitare la targa. Viene tolta la batteria e ora il clacson è a corrente alternata. Quest'ultimo cambia di disegno, ora a righe. Il pedale del freno posteriore è leggermente più lungo, per migliorare la sua efficienza. I prigionieri che fissano il tamburo al cerchione aumentano di diametro passando da 8 a 10 mm. Come per la VBB1t è offerta con 4 tipi di sella: mono sella e portapacchi, mono sella e cuscino passeggero da fissare

▶ *The second series of the Vespa 150, the VBB2T, arrived in 1962. What was most noticeable is that the paintwork changed, with the metallic finished replaced with a solid medium blue, again with matching wheels and brake drums. In the final year of production only the latter were finished in aluminium silver., identical to the previous series, The bodywork was modified only at the rear, which was squared off to accommodate the number plate, but was otherwise unchanged. The battery was removed and an AC horn was fitted which now had a design of horizontal lines. The rear brake pedal was slightly longer, to improve its efficiency. The studs attaching the brake drum to the rim were increased in diameter from 8 to 10 mm. As with the VBB1t, the model was offered with four saddle variants: single saddle and luggage rack, single saddle and passenger cushion to be fixed to the luggage rack, single saddle plus another to be fixed to the luggage*

▶ Non subisce varianti durante tutta la produzione.
No variations were introduced during the production run.

▼ La VBB2 chiamata "Mugen" con cui Fabio Cofferati ha ripetuto il raid Milano-Tokyo.
The VBB2 known as "Mugen" with which Fabio Cofferati repeated the Milan-Tokyo raid.

▲ Posizione sigla motore e numerazione.
Engine designation and numbering position.

al portapacchi, mono sella più altra da fissare al portapacchi tramite un'apposita staffa e sella biposto lunga con profilo grigio lungo la cucitura superiore. Tutte di colore blu scurissimo, quasi nero, entrambe prodotte dalle due aziende che fornivano Piaggio, la Rejna e l'Aquila. Non si può non ricordare che questo modello è stato utilizzato da Roberto Patrignani nel famoso raid Milano-Tokyo. Un viaggio durato 102 giorni con ben 13.000 km percorsi, raccontato nel libro *Da Milano a Tokyo in Vespa*. La missione del viaggio era quello di portare un trofeo del Vespa Club d'Europa al presidente dei Giochi Olimpici del 1964 in Giappone. La VBB2T, appositamente modificata per avere più autonomia e trasporto ma rigorosamente di serie a livello di motore, è ancora oggi custodita dalla famiglia Patrignani. Nel 2021, 57 anni dopo, sempre su una VBB2T, Fabio Cofferati ha rifatto il raid raggiungendo sull'isola di Južno-Sachalinsk il punto più vicino al Giappone, essendo impossibilitato ad arrivare a Tokyo a causa del Covid.

rack by means of a special bracket and a long two-seater saddle with grey piping along the upper seam. All versions were upholstered in dark blue, almost black, and were produced by the two companies supplying Piaggio, Rejna and Aquila. It should not be forgotten that this model was used by Roberto Patrignani for the famous Milan-Tokyo raid. A journey that lasted 102 days that covered no less than 13,000 km was recounted in the book *Da Milano a Tokyo in Vespa*. The mission of the trip was to take a trophy from the Vespa Club of Europe to the President of the 1964 Olympic Games in Japan. The VBB2T, specially modified to provide more range and carrying capacity, but strictly standard in terms of its engine, is still treasured by the Patrignani family today. In 2021, 57 years later, Fabio Cofferati repeated the raid, again on a VBB2T, reaching the closest point to Japan on the island of Južno-Sachalinsk, having been unable to reach Tokyo due to the Covid pandemic.

▲ La ruota di scorta alloggiata dietro allo scudo.
The spare wheel housed behind the leg shield.

▲ Sul manubrio non c'è nessuna spia, contachilometri come sulla VBB1 scala 100 km/h.
There was no tell-tale on the handlebar while the speedometer was the same as the one on the VBB1 with a 100 kph scale.

◀ Il motore non subisce variazioni.
The engine was unchanged.

▲ La scocca identica alla serie precedente cambia solo nella parte posteriore che diventa squadrata per ospitare la targa.
The bodywork was modified at the rear only where it was squared off to accommodate the number plate.

▲ Il faro con corpo in metallo cromato. Marca Siem, omologazione Siem 3506 igm 0438 ar - Siem 3515 igm 0439 lpx - con catadiottro Siem 3660 igm 0581 c2.
The rear light with a chrome-plated metal body. Siem branded, homologation Siem 3506 IGM 0438 ar – Siem 3515 IGM 0439 lpx – with Siem reflector 3660 IGM 0581 c2.

▼ Scritta identificativa in ottone cromato riportante la cilindrata solo sullo scudo. Fissata alla scocca con 7 ribattini.
Badging in chrome-plated brass with the displacement on the leg shield only. It was fixed to the bodywork with seven small rivets.

▲ Il parafango è costituito da due semi gusci saldati assieme, su entrambi i lati sono impresse delle modanature.
The mudguard was composed of two half-shells welded together with moulding pressed into both sides.

▲ Il pedale del freno posteriore è leggermente più lungo, per migliorare la sua efficienza
The rear brake pedal was slightly longer to improve its efficiency.

▲ Le separano 57 anni anche se a guardarle non si direbbe.
You would hardly think that 57 years separate the two of them.

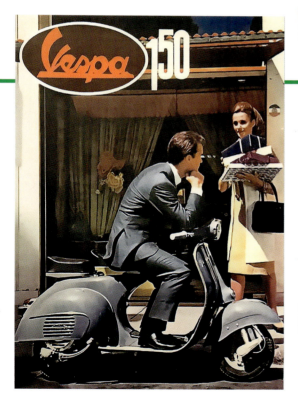

▲ Un viaggio durato 102 giorni con ben 13.000 km percorsi, raccontato nel libro Da Milano a Tokyo in Vespa.
A journey of 102 days covering no less than 13,000 km, recounted in the book Da Milano a Tokyo in Vespa.

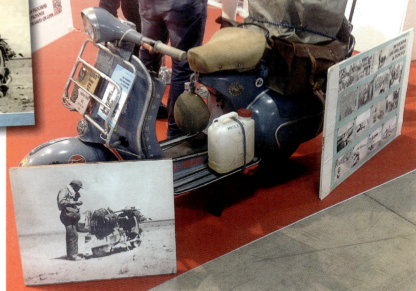

▲ Pubblicità dell'epoca in cui si evidenzia l'eleganza del mezzo.
An original advertisement highlighting the elegance of the vehicle.

▲ La VBB2T di Roberto Patrignani crea sempre curiosità quando è esposta alle manifestazioni.
Roberto Patrignani's VBB2T always arouses curiosity when it is displayed at events.

VESPA 150 GL - VLA1T

150 GL

Totale esemplari prodotti
Total no. of examples produced
79.855

Certificato di omologazione
Homologation certificate
2878 OM
8 novembre/*November* 1962
IGM 2878 OM

Sigla motore **VLA1M**
Engine designation **VLA1M**

VLA1T	
1.001 - 5.958	1962
5.959 - 57.103	1963
57.104 - 78.009	1964
78.010 - 80.855	1965

Siamo nel 1962, a listino ci sono le sportive GS e le tranquille 125 e 150 con ruote da 8" equipaggiate dal nuovo motore a distribuzione roteante alimentato al 2% di miscela. Mancava una Vespa che si piazzasse in mezzo e la risposta fu la nuova GL: linea filante e moderna, ruote da 10" in una nuova, elegante e signorile livrea Avorio. Debutta per la prima volta su una Vespa un manubrio con il grosso faro trapezoidale marca Siem, dotato nella parte sottostante degli attacchi per il parabrezza.

Presentata a Pontedera nel novembre del 1962, la 150 GL, sigla telaio VLAT1, costava all'epoca 156.000 lire, con un prezzo intermedio tra le 146.000 lire della normale 150 e le 175.000 lire della 160 GS.

La scocca nella parte posteriore è squadrata in modo da accogliere la targa. È dotata di particolari fregi in alluminio anticorodal sui cofani laterali e sul parafango. Il fanale posteriore, marca Siem di nuovo disegno, è più grande e con il corpo in fusione di zama cromato. L'unica scritta identificativa Vespa GL in metallo di colore blu scuro è fissata allo scudo, tramite nove fori di fissaggio, con ribattini. Veniva venduta con la sella monoposto e il portapacchi o con sella biposto ma come optional, entrambe sempre di colore blu scurissimo, quasi nero. Sul portapacchi posteriore era disponibile, sempre come optional, un cuscino per far sedere un passeggero. Poco sotto la sella troviamo un pratico gancio per appendere le borse con chiusura automatica di forma circolare, poi diventato a goccia ovale verso la fine del 1964. È una delle poche modifiche che ha subito in tutta la produzione, oltre al trattino dell'indicatore della folle sulla manetta del cambio, diventato poi un pallino nel 1964. Ruote con cerchi da 10 pollici e freni tamburo ereditati dalla 150 GS VS5 verniciati in tinta con la scocca. Il sistema di freno posteriore è di nuovo tipo, le ganasce adottano due perni, che migliorano l'aderenza e quindi la frenata. Cambio 4 marce, motore invariato rispetto al modello 150 VBB1, ma monta un nuovo gruppo termico ad alta turbolenza e un nuovo pistone a testa piatta.

Ne deriva sia un aumento della compressione da 6,8 a 7,2 che di quasi un cavallo di potenza

It was 1962, and the Piaggio range featured the sporting GS and the laid-back 125 and 150 with 8" wheels and equipped with the new rotary valve engine fuelled with a 2% mixture. What was missing was a Vespa that would stand in the middle and the answer was the new GL: sleek and modern styling, 10" wheels and a new elegant and sophisticated Ivory livery. The model also saw the debut on a Vespa handlebar with the large trapezoidal Siem-branded headlamp, equipped with attachments for the windscreen underneath.

Presented at Pontedera in November 1962, the 150 GL, chassis number VLAT1, cost 156,000 lire at the time, a price midway between the 146,000 lire of the standard 150 and the 175,000 lire of the 160 GS.

At the rear, the bodywork was squared off to accommodate the number plate. Special "anticorodal" aluminium trim was fitted to the side panels and mudguard. The new Siem-branded rear light unit was larger and had a chrome-plated cast Zamak body. Nine holes were bored in the leg shield to accept the rivets securing the unique dark blue metal Vespa GL badge. The model was sold with a single-seat saddle and luggage rack or with a two-seater saddle as an optional extra. Both were upholstered in a very dark blue, almost black colour. On the rear luggage rack, an optional cushion was available to provide seat for a passenger. Just below the saddle was a practical hook for hanging bags, with a circular self-closing clasp that which later became an oval teardrop towards the end of 1964. This was one of the few modifications made to the 150 GL in the entire production run, apart from the neutral indicator dash on the grip shift, which later became a bullet point in 1964. Wheels with 10" rims and drum brakes were inherited from the 150 GS VS5, painted to match the bodywork. A new rear braking system was adopted two-pin brake shoes, which improved adherence and therefore braking. A four-speed gearbox, the engine unchanged with respect to the 150 VBB1 model, but fitted with a new high-turbulence combustion chamber and a new flathead piston. This resulted in both an increase in compression from 6.8 to

166

▲ Posizione sigla motore e numerazione.
Engine designation and numbering position.

▼ Si poteva avere sempre come optional anche la più sportiva sella biposto di colore blu scurissimo.
The more sporting very dark blue two-seater saddle was also available as an optional extra.

◀ A listino con la sella monoposto blu scurissimo e il portapacchi sul quale si poteva montare un cuscino per il passeggero venduto come optional.
Fitted as standard with a very dark blue single-seater saddle and luggage rack on which a cushion could be fitted for a passenger as an optional extra.

▼ Avorio, unica colorazione per tutta la produzione.
Ivory, a single colour throughout the production run.

▲ Posizione IGM, sigla telaio e numerazione.
IGM, frame designation and numbering position.

167

anni '60

che passa dai precedenti 5,5 CV ai 6,25 CV sempre a 5000 giri al minuto. Dotato di carburatore Dell'Orto SI 20/17 C (diffusore diametro 17 mm) con farfalla a saracinesca e starter incorporato. Sul volano troviamo un coperchio fissato da 4 viti, tolto il quale si poteva intervenire per la regolazione delle puntine. Questo forse è l'unico punto debole di questo modello in quanto ad alcuni si crepava il volano. Venne infatti modificato sulla successiva 150 Sprint chiudendo con un tappo di gomma l'accesso alle puntine. Nel vano porta oggetti laterale troviamo la batteria con il raddrizzatore di tensione per la sua ricarica, che consentiva a motore spento il funzionamento del clacson e delle luci di posizione. Sulla marmitta è punzonato il logo Piaggio quadrato e IGM 0112 S. Questa configurazione di motore è stata adottata anche sulle PX assemblate degli anni seguenti, in pratica un motore all'avanguardia per i tempi. L'affidabilità di questo motore ha contribuito a generare un mezzo molto performante, usato per partecipare a gare e raduni con alte percorrenze, una vera Vespa mangia strada.

7.2 and an increase in power from the previous 5.5 hp to 6.25 hp at 5000 rpm. The unit was equipped with a Dell'Orto SI 20/17 C carburettor (17 mm diameter diffuser) with a gate valve throttle and built-in choke. The flywheel cover was attached with four screws and when removed the points could be adjusted. This was perhaps the only weak point of this model as some examples suffered cracked flywheels. A modification was in fact made on the later 150 Sprint by closing off the access to the points with a rubber plug. In the side compartment we find the battery with the voltage rectifier for its recharging, which allowed the horn and position lights to function with the engine off. The silencer was stamped with the square Piaggio logo and IGM 0112 S. This engine configuration was also adopted on the PXs assembled over the following years, it was in effect a state-of-the-art engine for the times. The reliability of this power unit helped generate a very high-performance vehicle, used for racing and long distance rallies, a true road-burning Vespa.

▲ Debutta per la prima volta su una Vespa un manubrio con il grosso faro trapezoidale.
A handlebar with the large trapezoidal headlight made its Vespa debut with this model.

▲ Il pratico gancio per appendere le borse con chiusura automatica di forma circolare, poi diventato a goccia ovale verso la fine del 1964.
The practical circular bag hook with an automatic clasp became an oval shape towards the end of 1964.

◄ Il devioluci con il pulsante a bilanciere, per passare dalle luci anabbaglianti a quelle abbaglianti, posto sotto il pulsante del clacson. A sinistra il piccolo bottone di massa e nella parte sottostante la levetta per luci di città e di posizione.
The rocker switch for the lights allowing dipped or main beam to be selected located below the horn button. On the left, the small ignition button and below the lever for the side lights.

▼ Il bauletto laterale è dotato di serratura e levetta per l'apertura. All'interno la batteria e il suo raddrizzatore di tensione per la ricarica.
The side compartment was equipped with a lock and a lever for opening. It housed the battery and its voltage rectifier for recharging.

▲ Il motore derivato dalla 150 VBB1 perfezionato con più potenza. Sul volano troviamo un coperchio fissato da 4 viti, tolto il quale si accede alle puntine per la loro regolazione.
The engine derived from the 150 VBB1 with modifications improving the power output. The flywheel cover was attached with four screws. With the cover removed the points could be accessed and adjusted.

▼ Il contachilometri a ventaglio con cornice cromata, fondo bianco e scala 100 km/h.
The fan-shaped speedometer with a chromed bezel, white dial and 100 kph scale.

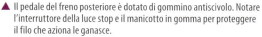

▲ Il pedale del freno posteriore è dotato di gommino antiscivolo. Notare l'interruttore della luce stop e il manicotto in gomma per proteggere il filo che aziona le ganasce.
The rear brake pedal was fitted with a non-split rubber. Note the brake light switch and the rubber sleeve protecting the cable actuating the brake shoes.

▲ A sinistra il trattino dell'indicatore della folle sulla manetta del cambio sostituito con un pallino nel 1964.
On the left, the dash indicating neutral on the grip shift, replaced with a dot in 1964.

▲ Il clacson cromato, a forma di ventaglio e a corrente alternata 6 volt, marcato I.C.E.T. Grazie alla batteria si poteva accendere a motore spento come da normativa in vigore ai tempi.
The chrome-plated, fan-shaped horn was a 6 volt I.C.E.T. component. Thanks to the battery, it could be used with the engine off, as required by the regulations of the time.

▲ Forcella, cerchi e tamburo in tinta con la scocca. Fregi in alluminio spazzolato sul parafango.
Fork, wheels and brake drum the same colour as the bodywork. Brushed aluminium trim on the mudguard.

◀ Il faro posteriore marca Siem di nuovo disegno, più grande e con il corpo in fusione di zama cromato.
The Siem-branded rear light was of a new design, larger and with a chrome-plated Zama body.

▲ Visitando il Museo Pascoli a Ravenna ho notato in questa rara foto ufficiale Piaggio, scattata in occasione della presentazione della GL, una inedita targhetta Vespa 150 in metallo cromato. Ho quindi esternato il mio stupore a Mauro, padrone di casa, il quale mi ha spiegato che questa era stata la prima scelta della Piaggio, subito riconsiderata e sostituita con Vespa GL di colore blu scuro.
Visiting the Pascoli Museum in Ravenna, I noticed in this rare official Piaggio photo, taken on the occasion of the presentation of the GL, an unprecedented Vespa 150 badge in chrome-plated metal. When I expressed my astonishment to Mauro, the host, he explained that this had been Piaggio's first choice, which was immediately reconsidered and replaced with the Vespa GL badge in dark blue.

Vespa 150 Super - VBC1T

150 super

Totale esemplari prodotti
Total no. of examples produced
553.808

Certificato di omologazione
Homologation certificate
n° 4312 OM
21 settembre/*September* 1965
IGM 4312 OM

Sigla motore **VBC1M**
Engine designation **VBC1M**

VBC1T	
1.001 - 4.295	1965
4.296 - 43.413	1966
43.414 - 61.496	1967*
61.497 - 80.470	1968
80.741 - 100.493	1969
100.494 - 125.619	1970
125.620 - 151.299	1971
151.300 - 182.205	1972
182.206 - 221.194	1973
221.195 - 280.314	1974
280.315 - 351.374	1975
351.375 - 409.392	1976
409.393 - 476.737	1977
476.738 - 550.121	1978
550.122 - 554.808	1979

*Cambia il logo Piaggio.
Piaggio logo changed.

▶ Gli anni '60 sono ricchi di "Vespone" a scocca grossa, soprannominate Large Frame per la loro forma, che hanno un grande successo commerciale. Nel 1962 debuttano la sportiva 160 GS e l'elegante 150 GL. Siamo quindi all'inizio del 1965 con la 150 Sprint e il suo moderno colore grigio azzurro metallizzato, presentata in primavera alla stampa presso la filiale milanese della Piaggio, in Corso Sempione. La rivista *Motociclismo* la prova subito a giugno e la classifica come una fuoriserie per eleganza e prestazioni. Verso fine anno, al 39° Salone del Motociclo di Milano, viene presentata la 150 Super insieme alla sorella minore 125 cc. Costava 150.000 Lire, 10.000 in meno della 150 Sprint. Il motore, derivato della Sprint, è leggermente meno potente e sviluppa 6,93 CV. Adotta la stessa marmitta della 150 Sprint che riporta punzonato IGM 3884 S. Cambia solo il carburatore che è un Dell'Orto SI 20/15 da 20 mm. La scocca è spigolosa e squadrata, deriva direttamente dalla 150 GL, con fregi solo sui cofani laterali e il bordoscudo di alluminio anticorodal. Il manubrio è lo stesso della più piccola

▶ *The 1960s were full of Large Frame "Vespone", so-called thanks to their shape, which enjoued great commercial success. In 1962, the sporting 160 GS and the elegant 150 GL made their debut. Early in 1965 it was the turn of the 150 Sprint in its modern metallic blue-grey livery, presented to the press in the spring at Piaggio's Milan branch in Corso Sempione. Motociclismo magazine had already tested the new model by June and described it as a one-off in terms of elegance and performance. Towards the end of the year, at the 39th Motorcycle Show in Milan, the 150 Super was presented together with its smaller displacement 125 cc sister model. It was priced at 150,000 Lire, 10,000 less than the 150 Sprint. The engine, which was derived from the Sprint, was slightly less powerful and developed 6.93 hp. It adopted the same silencer as the 150 Sprint, stamped IGM 3884 S. Only the carburettor was different, with a Dell'Orto SI 20/15 20 mm being fitted. The body is angular and square-cut, derived directly from that of the 150 GL, with trim on the side*

▲ Poteva essere dotata di sella biposto come optional.
The model could be fitted with the optional two-seater saddle.

▲ Posizione IGM, sigla telaio e numerazione.
IGM, frame designation and numbering position.

170

▲ Posizione sigla motore e numerazione.
Engine designation and numbering position.

▼ Prodotta in solo una colorazione Blu Chiaro.
It was produced in the Light Blue colour only.

▲ È l'ultimo modello 150 che monta ruote da 8 pollici.
This was the last 150 model fitted with 8" wheels.

125 Nuova, con contachilometri scala 110 km/h. Il fanale posteriore con corpo in fusione di zama cromato è lo stesso adottato sulle ultime Sprint. Disponibile con sella monoposto o sella biposto come optional. Le ruote però, a differenza delle 150 precedenti, sono ancora da 8 pollici, sarà l'ultimo modello a montarle. Caratteristica che però non la penalizzò a differenza della 125 Super. Infatti, forse perché destinata a un pubblico adulto, ebbe più fortuna con più di 553.000 esemplari prodotti in 15 anni, probabilmente scelta per il prezzo più basso e utilizzata come mezzo di trasporto e per lavorare. Come per la versione di minor cilindrata non subisce grosse modifiche a parte, come tutti i modelli, il cambio del nuovo logo Piaggio nel 1967.

panels only and the "anticorodal" aluminium leg shield edging. The handlebar was the same as on the smaller 125 Nuova, with an speedometer reading up to 110 kph. The rear light with chrome-plated cast Zamak body was the same as the one fitted to the last Sprints. It was offered with a single- or an optional two-seater saddle. The wheels, however, unlike the previous 150s, still had 8" rims, this being the last model to fit them. However, this feature did not penalise the model unlike the 125 Super. In fact, perhaps because it was intended for an adult clientele, it was much more successful, with more than 553,000 being produced over 15 years. It was probably chosen for its lower price and used as a means of transport and for work. As with the smaller displacement version, the 150 Super did not undergo any major changes apart from, as was the case with all models, the change to the new Piaggio logo in 1967.

▲ Il motore, derivato della Sprint, è leggermente meno potente e sviluppa 6,93 CV.
The engine, derived from the Sprint, was slightly less powerful, developing 6.93 hp.

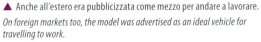

▲ Anche all'estero era pubblicizzata come mezzo per andare a lavorare.
On foreign markets too, the model was advertised as an ideal vehicle for travelling to work.

▶ Il devioluci è rivestito da un corpo metallico cromato, si intravedono le manopole originali secondo tipo con logo Piaggio esagonale.
The light switch unit was covered by a chrome-plated metal body. Here we can see the original grips of the second type with the hexagonal Piaggio logo.

▲ Il parafango con la cresta in alluminio è lo stesso della 125 Nuova.
The mudguard with the aluminium crest was the same as the one on the 125 Nuova.

▲ Il cassettino laterale ha serratura scorrevole rettangolare con disegno a due cerchi.
The side compartment had a sliding rectangular lock with two circular elements.

▲ Posteriormente troviamo la scritta identificativa blu scuro riportante la cilindrata e Il faro con corpo in fusione di zama cromato, lo stesso adottato sulle ultime Sprint.
At the rear we find the dark blue badge with the displacement and the light with the chrome-plated Zamak body, the same fitted to the last Sprints.

▲ La sella monoposto ha un'unica molla centrale regolabile.
The single saddle had one adjustable central spring.

▲ L'ammortizzatore posteriore offre un buon confort.
The rear damper offered a comfortable ride.

▲ Stesso vetro del faro marca Siem come la 125 Super.
The same Siem headlight lens as fitted to the 125 Super.

▲ Debutta, anche su questo modello, il nuovo contachilometri di forma pulita e moderna, montato anche sulla 125 Nuova e proveniente dalla sportiva 90 SS.
This model also saw the introduction of the new simple and modern speedometer, also fitted to the 125 Nuova and drawn from the sporting 90 SS.

▲ Stessi clacson marca Bologna con la guarnizione originale chiara della 125 Super.
The Bologna-branded horn with the original light seal from the 125 Super.

▶ Il target pubblicitario era un pubblico adulto, utilizzata come mezzo di trasporto e per lavorare.
The advertising target was an adult clientele using the model for personal transport and getting to work.

173

anni '60

150 Sprint - VLB1T/VLB2T

150 sprint

Totale esemplari prodotti
Total no. of examples produced

VLB1T 203.445
VLB2T 1.445

Certificato di omologazione
Homologation certificate

3883 OM
30 gennaio/*January* 1965
IGM 3883 OM

Sigla motore VLB1M
Engine designation VLB1M

VLB1T	
01001 – 026.478	1965
026.479 – 039.230	1966
039.231 – 050.000	1967
050.001 – 051.523	1967*
052.000 – 063.336	1967**
063.337 – 089.260	1968
089.261 – 0108.325	1969
0108.326 – 0132.259	1970
0132.260 – 1150.937	1971***
1150.938 – 1170.660	1972
1170.661 – 1199.479	1973
1199.480 – 1205.477	1974

*Solo dal 50.001 al 51.523 è stato usato la sigla VLB2T
**Cambia il logo Piaggio
***Tutti i n° di telaio sono preceduti da uno zero, poi nel 1971 dal telaio n° 1150.751 lo zero viene sostituito con un uno.
Nota Bene:
Numeri di telaio non utilizzati:
VLB2T dal 51.422 al 51.499 = -78 pz.
VLB1T dal 51.524 al 52.000 = -477 pz.

*From 50.001 to 51.523 only the designation VLB2T was used
**The Piaggio logo changed
***All the frame nos. were preceded by a zero, then in 1971, from frame No. 1150.751 the zero was replaced with a one.
N.B.:
Frame numbers not used:
VLB2T from 51.422 al 51.499 = -78 pcs.
VLB1T from 51.524 al 52.000 = -477 pcs.

Nel 1965, dopo l'avvento nel 1962 della gloriosa e particolare GL, debutta un nuovo modello: la 150 Sprint, presentata alla stampa presso la filiale milanese della Piaggio, in corso Sempione. "Un traguardo importante per piloti importanti", recitava una pubblicità dell'epoca.

Nello stesso anno entrano in listino, con scocca Large Frame, le due Super, la 125 e la 150, dotate però di piccole ruote da 8 pollici e il manubrio, dal faro piccolo, uguale a quello della Small Frame 125 Nuova. Erede della 150 GL, la Sprint si presenta con dei fregi sulle pance e sul parafango, lineari, più moderni e sportivi. Unico colore disponibile per tutta la produzione, un elegante Grigio Azzurro metallizzato con forcella, cerchi e tamburo freni di color Alluminio.

Il motore, come sulla Super, subisce un aumento di compressione, modificati i condotti e le luci di aspirazione, con corrispondente aumento della potenza a 7,1 CV. Adotta la stessa marmitta della 150 Super che riporta punzonato IGM 3884 S. Cambia solo il carburatore che è un Dell'Orto SI 20/17 C da 20 mm.
Rispetto alla 150 GL non è più presente la batteria e il coperchio sul volano, fissato da quattro viti per accedere alle puntine, è sostituito da un foro su quest'ultimo chiuso da un tappo di gomma. È proposta con una moderna sella lunga biposto, a richiesta la sella monoposto e il portapacchi posteriore.

Subisce poche varianti durante la sua produzione. Inizialmente è dotata di scritte identificative sullo scudo "Vespa S" e posteriormente "Vespa Sprint" di colore blu scuro, poi sostituite da quelle in alluminio anodizzate. Nel 1967, con il cambio del logo, nuovo ed esagonale, le scritte identificative diventano anteriormente "Vespa" con sotto "Sprint" e posteriormente "150 Sprint" entrambe cromate. Fino al telaio n° 25.479 il bauletto laterale è chiuso da serratura con levetta separata come sulla GL, poi diventa a serratura scorrevole Neiman. Il faro posteriore, con il corpo in fusione di zama cromato, fino al telaio n° 25.478 è lo stesso della GL, poi perde la palpebra superiore. Questo modello ha però una strana caratteristica nei matricolari: non sono ancora riuscito a capire come mai, a un certo punto, solo la sigla VLB1T viene modificata in VLB2T per un certo numero di pezzi, appena 1.445, continuando però con la numerazione precedente. Scendiamo nel dettaglio: la sigla telaio di questo modello è VLB1T e il primo esemplare riportava il n° 01.001. La numerazione procede fino al n° di telaio 050.000 del 1967 ma da qui in poi la sigla cambia in VLB2T fino al n° di telaio 051.523. Oltretutto saltarono i numeri dalli 051.422 allo 051.499, con 78 esemplari mai prodotti. Successivamente, nello

---

In 1965, following the advent of the glorious and distinctive GL in 1962, a new model made its debut: the 150 Sprint, presented to the press at Piaggio's Milan branch in Corso Sempione. "An important milestone for important riders" read an advertisement of the time.

That same year, the two Super models, the 125 and 150 were introduced to the range, with Large Frame bodywork, but small 8-inch wheels and the same handlebar with a small headlight as fitted to the Small Frame 125 Nuova. Heir to the 150 GL, the Sprint came with trim on the side panels and mudguard and more modern, sportier styling. The only colour available throughout the entire production run was an elegant metallic Grigio Azzurro (Grey-Blue) with fork, wheel rims and brake drum finished in aluminium silver.

The engine, as on the Super, was given increased compression, modified ducts and intake ports, with a corresponding increase in power to 7.1 hp. The model adopted the same silencer as the 150 Super, which was stamped IGM 3884 S. Only the carburettor was changed, with a Dell'Orto SI 20/17 C 20 mm being fitted. Compared to the 150 GL, the battery was no longer present, while the flywheel cover, secured with four screws and providing access to the points, was replaced with a rubber plug. The scooter was offered with a modern two-seater long saddle or, on request, with a single seat and rear luggage rack.

The Sprint was subjected to few variations during its production run. Initially it had "Vespa S" badging on the leg shield and at the rear "Vespa Sprint" in dark blue, later replaced with anodised aluminium ones. In 1967, with the adoption of the new and hexagonal Piaggio logo, the badges read "Vespa" at the front with "Sprint" underneath and "150 Sprint" at the rear, both items chrome-plated. Through to frame No. 25.479 the side compartment was closed with a lock with separate lever as on the GL; a Neiman sliding lock was then adopted. The rear light, with a chrome-plated cast Zamak body, through to frame No. 25.478, was the same as the one on the GL, then lost its upper "brow". There is, however, an oddity regarding the serial numbers of this model: I have not yet been able to ascertain why, at a certain point, the VLB1T designation changes to VLB2T for a certain number of examples, just 1,445, while continuing with the previous numbering. Let's go into detail: the frame designation for this model is VLB1T and the first example had

▲ Posizione sigla motore e numerazione (rimane sempre VLB1M).
Engine designation and numbering position (always VLB1M).

▼ I fregi sulle pance e sul parafango lineari sono più moderni e sportivi.
The linear trim items on the side panels and mudguard were more modern and sportier.

▲ Proposta con una moderna sella lunga biposto.
Offered with a modern two-seater long saddle.

▲ Posizione IGM, sigla telaio e numerazione.
IGM, frame designation and numbering position.

▲ Grigio Azzurro metallizzato, unica colorazione per tutta la produzione.
Metallic Grey, a single colour throughout the production run.

175

anni '60

stesso anno, torna la sigla VLB1T ma saltando i numeri dal 051.524 fino allo 052.000, per cui altri 477 esemplari mai generati. La produzione del 1967 si conclude poi con l'esemplare VLB1T 063.336.

▼ Il faro posteriore, con il corpo in fusione di zama cromato, fino al telaio n° 25.478 è lo stesso della GL.

The rear light, with its chromed cast Zama body was the same as on the GL through to frame No. 25.478.

▶ Dal telaio n° 25.479 perde la palpebra superiore.

From frame No. 25.479 it lost the upper brow.

▼ Inizialmente è dotata di scritte identificative sullo scudo "Vespa S" e posteriormente "Vespa Sprint" di colore blu scuro.

Initially, it was equipped with "Vespa S" badging on the leg shield and "Vespa Sprint" at the back in dark blue.

▲ Il clacson G.P.M. Milano IGM 2859.

The horn by G.P.M. Milano IGM 2859.

the number 01.001.The numbering continued up to chassis number 050.000 in 1967, but from then on the designation changed to VLB2T through to frame number 051.523. Moreover, numbers 051.422 to 051.499 were skipped, with 78 examples never produced. Later in the same year, the VLB1T designation returned, but numbers 051.524 to 052.000 were skipped, resulting in another 477 examples never produced. Production in 1967 then ended with VLB1T 063.336.

▶ Il grosso faro trapezoidale marca Siem identico alla 150 GL.

The large Siem-branded trapezoidal headlight, identical to that on the 150 GL.

176

▲ Il contachilometri scala 100 km/h utilizzato fino a circa il 1967.
The 100 kph speedometer used through to around 1967.

▲ Il contachilometri scala 110 km/h utilizzato dopo il 1967.
The 110 kph speedometer used after 1967.

▲ Il libretto di una rara VLB2T in cui si vede che il motore non ha mai cambiato la sigla.
The registration document of a rare VLB2T in which it can be seen that the engine never changed designation

▲ In un secondo tempo sostituite da quelle in alluminio anodizzate.
These badges were later replaced with those in anodized aluminium.

▼ Nel 1967. con il cambio del logo, nuovo ed esagonale, le scritte identificative diventano anteriormente "Vespa" con sotto "Sprint" e posteriormente "150 Sprint", entrambe cromate.
In 1967, with the adoption of the new, hexagonal logo, the badging became "Vespa" with "Sprint" below it at the front and "150 Sprint" at the rear, both chrome-plated.

▲ Devioluci cromato e manopola chiara con logo Piaggio quadrato.
The chrome-plated switch unit and the light-coloured grip with the square Piaggio logo.

◀ A differenza della GL, il coperchio sul volano, fissato da 4 viti per accedere alle puntine, è sostituito da un foro, su quest'ultimo chiuso da un tappo di gomma.
In contrast with the GL, the flywheel cover, secured with four screws to allow access to the points, was replaced with a hole closed with a rubber plug.

Vespa 150 Sprint Veloce - VLB1T

150 Sprint Veloce

Totale esemplari prodotti
Total no. of examples produced
218.119

Certificato di omologazione
Homologation certificate
3883 OM
30 gennaio/*January* 1965
+ Estensione certificato/
Extension certificate
n° 6936 OM
2 luglio/*July* 1969.
IGM 3883 OM

Sigla motore **VLB1M**
Engine designation **VLB1M**

VLB1T	
150.001 - 154.384	1969
154.385 - 159.794	1970
159.795 - 164.041	1971
164.042 - 169.331	1972
169.332 - 173.345	1973
173.346 - 213.336	1974
213.337 - 248.469	1975
248.470 - 294.169	1976
294.170 - 349.628	1977
349.629 - 367.672	1978
367.673 - 368.119	1979

▶ Era il periodo delle pubblicità coloratissime della Piaggio "Chi Vespa… mangia le mele" e nell'estate del 1969 debutta la 150 Sprint Veloce. Riprende le linee della 125 GTR ma ha una linea più moderna, è priva di modanature laterali in alluminio sulle pance e sul parafango. Monta il manubrio con il grosso faro da 130 mm di diametro, dotato di una ghiera cromata marchiata Siem fino al 1974. Su di esso troviamo il contachilometri, la spia luci verde contornata da cornice alluminio e il logo esagonale Piaggio. Posteriormente c'è un grosso faro tutto in plastica con tegolino in tinta con la scocca. Bordoscudo in alluminio anticorodal per tutta la produzione. Sella lunga a due posti di colore blu scurissimo quasi nero con bordino in plastica grigio e cucitura inferiore bianca. Maniglia centrale passeggero in plastica morbida di colore blu scurissimo, quasi nero, con fibbie in alluminio di forma arrotondata e viti a spacco. Serigrafia posteriore bianca Piaggio e il bottone cromato per sollevarla. Ordinabile anche con sella singola e piastra portapacchi in tinta carrozzeria, su quest'ultimo si poteva montare un cuscino per il passeggero. Il motore 145,45 di cilindrata, adotta un inedito gruppo termico dotato di 3 travasi con corsa quadra. Carburatore Dell'Orto SI 20/20 E diffusore 20 mm. Marmitta punzonata IGM 3884 S. Sviluppa 7,88 CV a 5.500 giri e aumenta anche la velocita massima che raggiunge i 97 km/h.

Continua ad essere venduta fino al 1978, anche dopo la presentazione della P150X a cui cederà il brillante propulsore.

La produzione si può riassumere in due serie.

Prima serie
Fino al telaio n° 0172.650 scritte oblique posteriormente "Sprint Veloce" e sullo scudo "Vespa Sprint" su due righe. Di colore grigio chiaro sono le manopole con disegno a righe e le guarnizioni dei cofani laterali. Contachilometri a fondo chiaro. Cresta parafango a forma arrotondata.

▶ *This was the period of Piaggio's colourful "Chi Vespa… mangia le mele" (Who Vespas… eats the apples) advertisements and the 150 Sprint Veloce made its debut in the summer of 1969. It reprised the lines of the 125 GTR but had a more modern look and lacked the aluminium trim on the side panels and the mudguard. It was fitted with the handlebar with the large 130 mm diameter Siem headlight, equipped with a chrome bezel through to 1974. On it we find the speedometer, the green tell-tale surrounded by an aluminium bezel and the hexagonal Piaggio logo. At the rear there was a large all-plastic light with a body-coloured lid. "Anticorodal" aluminium trim was fitted to the leg shield throughout the production run. The long two-seater saddle was upholstered in dark blue almost black with grey plastic piping and white lower stitching. The very dark blue, almost black, soft plastic central passenger grab handle had rounded aluminium buckles and slotted screws. The Piaggio lettering on the rear was screen printed and a chrome-plated button released the tilt mechanism. The model could also be ordered with a single saddle and body-coloured luggage rack on which a pillion cushion could also be mounted. The 145.45 cc displacement engine adopted a new combustion chamber with 3 transfer ports, square bore and stroke dimensions and a Dell'Orto SI 20/20 carburettor with a 20 mm diffuser. The silencer was stamped IGM 3884 S. The unit developed 7.88 hp at 5,500 rpm, good for an increase in top speed to 97 kph.*

The model continued to be sold through to 1978, even after the introduction of the P150X to which it lent its sparkling power unit. Production can be summarised in two series.

First series
Through to frame No. 0172.650 oblique "Sprint Veloce" lettering on the rear and on "Vespa Sprint" on two lines on the leg shield. The handlebar grips with a striped design and were grey, as were the side panel seals. The speedometer had a light-coloured dial. The mudguard crest had a rounded shape.

▶ Il raro colore Argento 103, denominato anche Lunacrom e soprannominato "cipolla" perché invecchiando tendeva a ossidarsi e diventare rossastro.
The rare Silver 103 colour, also known as Lunacrom and nicknamed "cipolla" as when it aged it tended to oxidise and become reddish.

▲ La bella colorazione Verde Ascot.
The attractive Ascot Green colour.

▼ Posizione sigla motore e numerazione.
Engine designation and numbering position.

▼ Posizione iniziale IGM, sigla telaio e numerazione.
IGM, frame designation and numbering position.

▲ Posizione dalla parte del motore da circa metà 1977.
Positioned near the engine from around mid-1977.

▼ Il colore Vallombrosa molto elegante.
The very elegant Vallombrosa dark green colour.

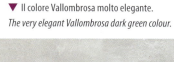

179

anni '60

Seconda serie

Dal telaio n° 0172.651 le scritte cambiano con la nuova grafica, anteriore "VESPA" e posteriormente "150 Sprint V". Di colore nero le manopole con disegno a righe e le guarnizioni dei cofani laterali. Contachilometri a fondo nero. Cresta parafango a forma spigolosa. Leve a pallino medio fino al telaio n° 0250.590, che poi diventano a pallino grande. La serratura del bauletto e del bloccasterzo sono entrambe marca Neiman. Quella del bauletto portaoggetti è a cerchio doppio fino al telaio n° 0366.946 per poi diventare a cerchio singolo.

Second series

From frame No. 0172.651 the lettering changeda with new graphics, at the front "VESPA" and at the rear "150 Sprint V". The handlebar grips with a striped design and the side panel seals were black. The speedometer had a black dial. The mudguard crest was angular in shape. Up to frame No. 0250.590, the brake and clutch levers had medium-sized ball ends, which were subsequently larger. The glove box and steering locks were both Neiman units. The glove box lock had a double circle design through to frame No. 0366.946 and a single circle thereafter.

▲ Contachilometri a fondo chiaro della prima serie.
The speedometer with a light dial from the first series.

◀ Serigrafia posteriore bianca Piaggio e il bottone cromato per sollevarla.
White screen printed Piaggio lettering on the rear of the saddle and the chrome button for lifting it.

▲ Contachilometri a fondo nero della seconda serie.
Second series with a black speedometer dial.

▶ Fino al telaio n° 0366.946 la serratura del bauletto portaoggetti è marca Neiman a cerchio doppio.
Through to frame No. 0366.946 the Neiman glove box lock had a double circle design.

▼ Dal telaio n° 0366.947 diventa a cerchio singolo.
From frame No. 0366.947 it was a single circle.

▲ I due colori delle manopole adottate dalla 150 Sprint Veloce.
The two handlebar grip colours adopted on the 150 Sprint Veloce.

▲ Fino al telaio n° 0172.650 scritte oblique posteriormente "Sprint Veloce".
Through to frame No. 0172.650 oblique "Sprint Veloce" lettering.

▲ Dal telaio n° 0172.651 le scritte cambiano con la nuova grafica posteriore "150 Sprint V".
From frame No. 0172.651 the badging changed with new "150 Sprint V" graphics.

▲ La pedana è identica alla 150 Sprint.
The footboard was identical to that of the 150 Sprint.

◄ La cresta parafango a forma spigolosa.
The angular slj sòoi suh spoih spoiuh uihpsiuovh puhdlsv sdoih

◄ Dal telaio n° 0172.651 le scritte cambiano con la nuova grafica "VESPA".
From frame No. 0172.651 the badging changed with the new "VESPA" graphics.

► Fino al telaio n° 0172.650 scritte oblique sullo scudo "Vespa Sprint" su due righe. Cresta parafango a forma arrotondata.
Through to frame No. 0172.650, oblique "Vespa Sprint" lettering on two lines. The mudguad crest had a rounded form.

160 GS

Totale esemplari prodotti
Total no. of examples produced

1° serie/ *1st series* 30.100
2° serie/ *2nd series* 30.900

Certificato di omologazione
Homologation certificate

2323 OM
7 novembre/*November* 1961
IGM 2323 OM

Sigla motore VSB1M
Engine designation VSB1M

VSB1T	
1.001 - 29.970	1962
29.971 - 48.250	1963*
48251 - 61.000	1964

*Dal telaio n° 30.201 cambia telaio.

*From frame No. 30.201 modified frame.

▶ Al Salone del Motociclo di Milano del 1961 viene presentata l'erede della GS 150, stesso nome ma con cilindrata 160 cc, che verrà commercializzata dal 1962. Non si tratta semplicemente di una versione maggiorata di cilindrata, ma di una Vespa del tutto nuova che sarà perfezionata l'anno successivo con la seconda serie, tracciando le linee guida sia tecniche che estetiche delle future produzioni Piaggio. La scocca è completamente riprogettata, scompare lo sportellino del vano carburatore, attraverso il quale si accedeva anche al rubinetto del carburante. Al suo posto troviamo esternamente il comando dell'aria posto sotto il rubinetto. Di conseguenza anche il numero di telaio viene spostato vicino al foro posteriore di aggancio della sacca copri motore.

Anche lo scudo è più stretto, la pedana più piatta, e sul tunnel centrale troviamo un tappetino di gomma. La zona della sella su cui trova posto una comoda sella biposto di color grigio chiaro è piana, non più inclinata. Ridisegnato anche il parafango anteriore con crestina di alluminio lucidato, formato da due semi gusci sovrapposi saldati centralmente. Sia sul parafango che sui cofani laterali, ora entrambi asportabili, troviamo fregi in alluminio anticorodal. Ora, sotto al cofano sinistro, troviamo la batteria di forma quadrata e il relativo raddrizzatore, inseriti al centro della ruota di scorta. Un semi guscio in lamiera, fissato da un bullone centrale, protegge la parte inferiore della ruota. Questa soluzione non permette di avere il pratico bauletto laterale come in passato, che i progettisti hanno ricollocato nella parte posteriore tra la sella e il fanale, sempre chiuso da uno sportellino con serratura. Essendo tondeggiante, la zona della targa è stata dotata di un porta targa in alluminio. Viene prodotta in un unico colore Grigio Biacca con fondo antiruggine Nocciola. Anche il motore viene rielaborato, ora la traversa è una fusione unica con il carter. Della 150 conserva l'inadeguato impianto elettrico dotato di una bobina esterna AT che invia corrente alla candela alimentata dalla batteria, quest'ultima ricaricata da due bobine interne al volano tramite un raddrizzatore. Sfoggia un'inedita sospensione anteriore a levetta oscillante, con ammortizzatore idraulico a doppio effetto e molla elicoidale coassiali. I cerchi sono sempre scomponibili, ma in due parti

---

▶ The 1961 Milan Motorcycle Show saw the presentation of the heir to the GS 150, carrying the same name but with a 160 cc displacement, which would go on sale from 1962. In reality, this was not simply a version with a larger engine, but an all-new Vespa that would be perfected the following year with the second series, establishing technical and stylistic guidelines for future Piaggio products. The bodywork was completely redesigned, the carburettor compartment hatch, through which the fuel tap could also be accessed, was eliminated. In its place was the choke control on the outside under the tap. Consequently, the frame number was also moved close to the rear aperture for attaching the engine cover.

The leg shield was also narrower and the footboard was flatter, while on the central tunnel we find a rubber mat. The saddle area on which a comfortable light grey two-seater saddle was installed was flat rather than sloping. The front mudguard was also redesigned with a polished aluminium crest, formed by two overlapping half-shells welded centrally. The mudguard and the side panels, now both removable, were embellished with "anticorodal" aluminium trim. The square-shaped battery and its rectifier was installed behind the left-hand side panel, inserted in the centre of the spare wheel. A sheet metal half-shell, secured by a central bolt, protected the lower part of the wheel. This feature did not allow for the practical side compartment that previously occupied this area, with the designers relocating it to the rear between the saddle and the rear light, still closed by a lockable hatch. As it was rounded, the number plate area was fitted with an aluminium plate holder. The model was produced in a single Grigio Biacca (Lead Grey) colour with a Nocciola (Hazelnut) rustproofing base coat. The engine was also revised, with the cross-member now a single casting with the crankcase. The GS 160 retained the 150's inadequate electrical system equipped with an external HT coil that sent current to the spark plug fed by the battery, the latter recharged by two coils inside the flywheel via a rectifier. The model sported a new front suspension design, with a lever arm and double-acting hydraulic shock absorber with a coaxial coil spring. The wheels are still detachable, but in two symmetrical parts. From frame

▼ Grigio Biacca, unica colorazione per tutta la produzione.
Grigio Biacca (Lead Grey), a single colour throughout the production run.

▶ Lo scudo ha un nuovo disegno, è più stretto e la pedana più piatta.
The leg shield was redesigned, narrower, with a flatter footboard.

▶ Posizione sigla motore e numerazione.
Engine designation and numbering position.

▼ Posizione IGM, sigla telaio e numerazione.
IGM, frame designation and numbering position.

▶ Per la prima volta su una Vespa troviamo il bauletto dietro allo scudo.
A glovebox was installed behind the leg shield for the first time on a Vespa.

183

anni '60

simmetriche. Dal telaio n° 28.301, con una variante, viene diminuita leggermente la lunghezza del veicolo che passa da 1.795 mm a 1.775.

Seconda serie

Dal telaio n° 30.201 appare per la prima volta su una Vespa un ampio bauletto dotato di sportellino con serratura dalle forme arrotondate, assemblato dietro lo scudo. Pertanto dal telaio n° 30.200 viene sostituito il bauletto posteriore che in alcuni modelli lasciava filtrare acqua all'interno. Il nuovo bauletto, fino al telaio n° 55.506, è dotato di serratura rotonda che poi diventerà a forma rettangolare come sulle 180 SS. Il bloccasterzo di forma circolare fino al telaio n° 55.506 poi diverrà ovale come quello della 180 SS. In seguito all'appiattimento della parte posteriore che ora ospita la targa, viene dimesso il porta targa in alluminio. Il motore dal telaio n° 29.901 varia la forma del filtro dell'aria non più rotonda ma piatta in alluminio.
Il colore della sella, dal telaio n° 30.201, viene sostituito dal nero.

number 28,301 a variant saw the length of the vehicle slightly reduced from 1,795 to 1,775 mm.

Second series

From frame No. 30.201 a large glovebox with a rounded lockable flap, installed behind the leg shield, appeared for the first time on a Vespa. From frame No. 30.200 the rear glovebox, which on some models allowed water to seep inside, was therefore replaced. The new glovebox, through to frame No. 55.506, was fitted with a round lock that later became rectangular, as on the 180 SS. The round steering lock fitted through to frame No. 55.506 then became oval, as on the 180 SS. Following the flattening of the rear section that now housed the number plate, the aluminium number plate holder was eliminated. From frame No. 29.901 the engine was fitted with a flat rather than rounded air filter in aluminium.
From frame No. 30.201, the seat colour was changed to black.

▲ I cerchi sono sempre scomponibili ma in due parti simmetriche.
The wheels were split rims in two symmetrical parts.

▲ Dal telaio n° 30.200 scompare il bauletto posteriore.
From frame No. 30.200 the rear glovebox was eliminated.

▲ Sul tunnel centrale troviamo un tappetino di gomma.
A rubber mat was fitted on the central tunnel.

▲ L'inedito bauletto con serratura rotonda fino al telaio n° 55.506.
The new glovebox with a round lock through to fame No. 55.506.

▲ Dal n° di telaio 55-607 diventerà rettangolare come sulle 180 SS.
From frame No. 55.607 it was rectangular, as on the 180 SS.

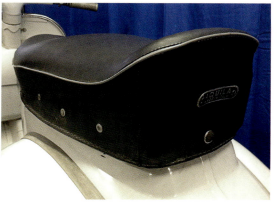

▲ La sella dal telaio n° 30.201 ha la forma simile ma diviene di colore nero.
From frame No. 30.201 the seat had a similar shape but was upholstered in black.

▲ Clacson marca I.C.E.T. 6 Volt per tutta la produzione.
I.C.E.T. 6 volt horn fitted throughout the production run.

▲ Il grosso filtro cilindrico della prima serie.
The large cylindrical filter from the first series.

▲ Dal telaio n° 29.901 nuova forma della scatola del filtro dell'aria piatta e in alluminio.
From frame No. 29.901 a new flat aluminium air filter was fitted.

◀ I nuovi ganci che fissano i due cofani laterali simmetrici per forma e dimensioni.
The new clasps fixing the two side panels which were symmetrical in size and shape.

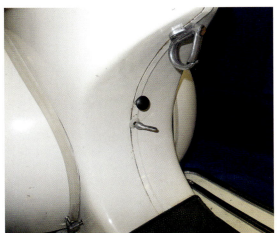

◀ Scompare lo sportellino del vano carburatore come sulle 150 GS e, al suo posto, troviamo il comando dell'aria collocato sotto il rubinetto. Di conseguenza è modificata anche la posizione del numero e sigla telaio.
The carburettor hatch was eliminated, as on the 150 GS, with a choke control below the fuel tap in its place. Consequently, the frame number and designation position was changed.

▲ L'impianto elettrico, dotato di una bobina esterna AT che invia corrente alla candela alimentata dalla batteria. Quest'ultima ricaricata da due bobine interne al volano tramite un raddrizzatore.
The electrical system, equipped with an external HT coil that sent current to the sparkplug supplied by the battery. This last was recharged via two coils within the flywheel and a rectifier.

Vespa 180 SS - VSC1T

180 SS

Totale esemplari prodotti
Total no. of examples produced
35.700

Certificato di omologazione
Homologation certificate
n° 3797 OM
14 novembre/*November* 1964
IGM 3797 OM

Sigla motore **VSC1M**
Engine designation **VSC1M**

VSC1T	
1.001 - 3.120	1964
3.121 - 19.720	1965
19.721 - 25.673	1966
25.674 - 32.632	1967*
32.633 - 36.700	1968

*Cambia il logo Piaggio
*Piaggio logo changed

A Pontedera, nel 1964, fanno debuttare la nuova 180 Super Sport: una Large Frame molto performante e grintosa, dotata del motore di maggior cilindrata mai prodotto fino ad allora. Questo modello è in pratica l'anello di congiunzione tra le GS e le future 180 e 200 Rally. Il telaio ha lo scudo molto simile a quello della precedente 160 GS, leggermente più stretto e bombato, ma in Piaggio decisero di montare lo stesso manubrio, con faro trapezoidale dell'elegante 150 GL lanciata nel 1962, predisposto per il montaggio del parabrezza e dello specchietto retrovisore. Fu omologata il 14 novembre 1964 e vennero assemblati in quell'anno 2.120 esemplari. I cofani laterali hanno una forma più affusolata e slanciata sui quali troviamo dei fregi in alluminio spazzolato, presenti anche sul nuovo parafango di forma dritta, più pulita e moderna. Dietro allo scudo, il pratico e comodo bauletto con serratura azionata dalla stessa chiave del bloccasterzo lanciato appunto sulla 160 GS e leggermente ridisegnato. È equipaggiata con una forcella con tubo sterzo più alto, la parte posteriore rimane pertanto più abbassata. Disponibile in tre colorazioni: Blu Pavone, Biancospino e Rosso, quest'ultimo con due codici differenti a seconda dell'anno. Questo modello è stato realizzato in due versioni. Sul manubrio della prima versione troviamo la chiave di contatto a baionetta; l'impianto elettrico è a corrente alternata: clacson, luci di posizione e luce stop erano alimentati da una piccola batteria fino al telaio n° 25.300. Dal 19 settembre 1966 dal telaio n° 25.301 viene autorizzata la variante della modifica all'impianto elettrico alimentato a corrente alternata e vengono eliminate la batteria e la chiave di contatto sul manubrio. Viene anche trasformato il tubo che collega il silenziatore al cilindro.

▶ Esemplare 1965, colore Rosso 5850 utilizzato dal telaio numero 16.001.
A 1965 example in Red 5850 used from frame No. 16.001.

1964 saw the debut at Pontedera of the new 180 Super Sport: a high-performance, muscular large frame model with the largest Vespa engine displacement ever produced up to that time. This model was to all intents and purposes the link between the GS and the future 180 and 200 Rally. The frame had a leg shield very similar to that of the previous 160 GS, slightly narrower and more rounded, but Piaggio decided to fit the same handlebars with a trapezoidal headlight as the elegant 150 GL launched in 1962, complete with provisions for the fitting of a windscreen and rear-view mirror. The model was homologated on the 14th of November 1964 and 2,120 examples were assembled that year. The side panels had a sleeker, more slender shape on which we find brushed aluminium trim elements, also present on the new, cleaner and more modern straight mudguard. Behind the leg shield was the practical and convenient glove box with a lock operated by the same key as the steering lock introduced on the 160 GS and slightly redesigned. The 180 was equipped with a fork with a higher head tube, which meant that the rear end sat lower. It was available in three colours: Blue Pavone (Peacock Blue), Biancospino (Hawthorn white) and Red, the latter with two different codes depending on the year. This model was produced in two versions. On the handlebar of the first version we find the bayonet-style ignition key; an AC electrical system was fitted and the horn, position lights and brake light were powered by a small battery up to frame No. 25,300. From the 19th of September 1966 and frame No. 25.301, the variation of the modification to the electrical system using alternating current was authorised and the battery and ignition key on the handlebar were eliminated. The pipe connecting the silencer to the cylinder was also modified. Frame No. 18.001 was fitted with a new, slightly different rear light unit that would later be adopted on the early examples of the 180 Rally.

▲ Posizione DGM, sigla telaio e numerazione.
DGM, chassis designation and numbering position.

▶ Posizione sigla motore e numerazione.
Engine designation and numbering.

▼ Blu Pavone utilizzato per tutta la produzione.
Blu Pavone (Peacock Blue) available throughout the production run.

▲ Biancospino utilizzato fino al telaio numero 36.700.
Biancospino (Hawthorn white) used through to frame No. 36.700.

Dal numero di telaio 18.001 monta un nuovo modello di faro posteriore leggermente differente, lo stesso che verrà poi adottato anche sulle prime 180 Rally.

Il motore
Sigla motore VSC1M. Rispetto alla 160 GS il motore ha cilindrata maggiore: 181,145 cc che sviluppa 10 CV a 6.250 giri. Alesaggio e corsa 62x60 mm. Cambio a 4 marce e frizione a dischi multipli. Sulla scheda di omologazione veniva riportata la velocità di 84,9 km/h, ma era pubblicizzata con la velocità massima di 105 km/h. Il coperchio del filtro d'aria è punzonato con logo Piaggio quadrato IGM 3798 S. Conserva forma e struttura del motore della precedente GS. Questo tipo di motore, con aspirazione controllata dal pistone, è stato montato per l'ultima volta sulla 180 SS. Infatti, dalla 180 Rally verrà adottata l'aspirazione a valvola rotante.

The engine
Engine designation VSC1M. Compared to the 160 GS the engine had a larger displacement at 181.145 cc, with a bore and stroke of 62 x 60 mm and developed 10 hp at 6,250 rpm. The model was fitted with a four-speed gearbox and multi-plate clutch. A speed of 84.9 kph was declared on the homologation form, but the model was advertised with a top speed of 105 kph. The air filter cover was stamped with the square Piaggio logo IGM 3798 S. It retained the shape and structure of the previous GS engine. The 180 SS was the last model fitted with this type of engine featuring piston-controlled induction. In fact, the rotary valve induction system was to be adopted from the 180 Rally.

◀ Scatola filtro dell'aria con IGM 3798 S.
The air filter box stamped IGM 3798 S.

▲ Il motore della 180 SS è stato l'ultimo ad adottare l'ammissione del carburante nel cilindro.
The engine of the 180 SS was the last to use the induction of fuel into the cylinder.

▲ Il motore di 181,145 cc sviluppava 10 CV ed era dotato di cuffia in metallo.
The 181.145 cc engine developed 10 hp and was equipped with a metal shroud.

▼ Con la modifica dell'impianto elettrico scompare la chiave dal manubrio.
With the modification of the electrical system the key on the handlebar disappeared.

▲ La chiave di contatto sul manubrio marca Siem.
The Siem ignition key on the handlebar.

▲ Il contachilometri a ventaglio, fondo scala 120 km/h con fondo bianco.
The fan-shaped speedometer with a 120 kph scale and white dial.

▲ La prima versione del faro posteriore adottato fino al numero di telaio 18.000.
The first version of the rear light adopted through to frame No. 18.000.

▲ La seconda versione del faro posteriore leggermente diverso.
The second slightly different version of the rear light.

▼ Dal telaio numero 25.301 viene modificato l'impianto elettrico alimentato a corrente alternata e vengono eliminate la batteria e la chiave di contatto sul manubrio.
From frame No. 25.301 the alternating current electrical system was modified and the battery and the ignition key on the handlebar were eliminated.

◀ Il clacson cromato e con il disegno a "ventaglio" marca I.C.E.T.
The chrome-plated I.C.E.T. horn grille with a "fan" design.

▼ I numeri, che devono essere uguali, attestano che i due carter sono accoppiati correttamente e che non sono mai stati sostituiti; particolare che troviamo in tanti modelli di varie cilindrate.
The numbers, which must be identical, testify that the two casings are paired correctly and have never been replaced, a detail we find on many models of various displacements.

▲ Il cerchio anteriore, come sempre scomponibile ma simmetrico, differente rispetto a quello asimmetrico utilizzato su tutti gli altri modelli Vespa.
The front wheel, as always a split rim but symmetrical, was different with respect to the asymmetric one used on all the other Vespa models.

189

180 Rally - VSD1T

180 rally

Totale esemplari prodotti
Totale esemplari prodotti
26.945

Certificato di omologazione
Certificato di omologazione
n° 5795 OM
30 aprile/*April* 1968
DGM 5795 OM

Sigla motore VSD1M
Engine designation VSD1M

VSD1T	
1.001 - 5.328	1968
5.329 - 11.537	1969
11.538 - 17.810	1970
17.811 - 23.348	1971
23.349 - 26.884	1972
26.885 - 27.945	1973

▶ Presentata nella primavera del 1968, era dotata di un nuovo motore di 180,69 cc che erogava 10,3 CV e di distribuzione rotante posta sulla spalla dell'albero motore. Il nuovo propulsore permetteva l'utilizzo di una minore quantità di olio nella benzina, questo perché i gas freschi che entravano dal carburatore all'albero motore lubrificavano e raffreddavano tutti gli elementi dell'imbiellaggio, il cilindro e il suo pistone. Altro vantaggio, derivato dalla minor quantità d'olio utilizzato, era quello di ridurre le incrostazioni sul pistone, nella luce di scarico e di conseguenza un minor intasamento della marmitta di scarico. La marmitta fu espressamente progettata per questo modello, aveva una innovativa forma a botticella, risultava più silenziosa e nel contempo forniva una grande resa a questo propulsore. Il nome Rally era sinonimo di turismo a medie elevate, non tanto di prestazioni velocistiche, tant'è vero che la precedente 180 SS era più veloce. Fu definitivamente abbandonato, come sulla seconda serie della 180 SS, l'utilizzo della batteria e del raddrizzatore, ora da accensione a volano magnete. Da segnalare che i primi esemplari, circa 1.500, avevano ancora la cuffia motore in ferro. Il soffietto di gomma di aspirazione d'aria del carburatore, fino al telaio numero 5.255, si aggancia esternamente alle labbra del foro della scocca, in seguito entrerà direttamente nel foro. Nei circa 20.000 primi esemplari la pedana è dotata nella parte sottostante di tre traverse di rinforzo per irrigidire la scocca. Fino al telaio numero 3.213 troviamo il faro posteriore con corpo cromato, lo stesso delle ultime 180 SS. Dal numero di telaio successivo cambia e diventa tutto in plastica con tegolino superiore in tinta con la scocca. Il manubrio è dotato di un grosso faro anteriore, di diametro 130 mm, e di una piccola spia verde indicante l'accensione delle luci su circa 1.500 esemplari, che poi verrà leggermente ingrandita. Fino al telaio numero 16.118 troviamo nella parte inferiore del manubrio dei carterini. È dotato di tachimetro fondo scala 120 km/h con fondo nero. La sella è più comoda perché più lunga e maggiormente imbottita; nella parte posteriore viene serigrafata in bianco la scritta Piaggio. Applicato sul nuovo bauletto porta

▲ Colore Giallo Cromo per questo esemplare 1972.
Giallo Cromo (Chrome Yellow) for this example from 1972.

▶ *Unveiled in the spring of 1968, the 180 Rally was equipped with a new 180.69 cc engine delivering 10.3 hp and a rotary disc valve mounted on the crankshaft. The new power unit allowed the use of a leaner oil-fuel mixture as the cool gases flowing from the carburettor to the crankshaft lubricated and cooled all the crankcase components, the cylinder and the piston. Another further advantage deriving from the smaller amount of oil used, was that there was less fouling of the piston and the exhaust port and consequently less blockage of the exhaust manifold. The silencer was specially designed for this model, had an innovative barrel shape and was quieter while at the same time providing the engine with great performance. The name Rally was synonymous with touring at high average speed, not so much with outright performance and in fact the earlier 180 SS was the faster model. The use of the battery and rectifier was definitively abandoned, as on the second series of the 180 SS, with a flywheel magneto now being used. It should be noted that the earliest examples, numbering around 1,500, were still fitted with the metal engine shroud. Through to frame No. 5.255, the rubber bellows carburettor air intake was attached externally to the lips of the aperture in the bodywork, later on it entered directly into the body. On the first 20,000 or so examples the footboard was fitted with three reinforcing cross members underneath it to stiffen the bodywork. Through to chassis number 3.213 we find the rear light with a chrome body, the same unit as fitted to the final examples of the 180 SS. From the next chassis number it was replaced with an all-plastic with a body-coloured "lid". The handlebar was fitted with a large 130 mm diameter headlight and a small green tell-tale indicating the lights were on on about 1,500 examples, which was later to be slightly enlarged. Through to frame No. 16.118, we find small castings in lower part of the handlebar. The model was equipped with a full 120 kph speedometer with a black dial. The saddle was more comfortable as it was longer and more luxuriously upholstered; the Piaggio logo was screen printed in white on the rear. Applied to the new glove box was a sticker showing the running-in instruction, while the*

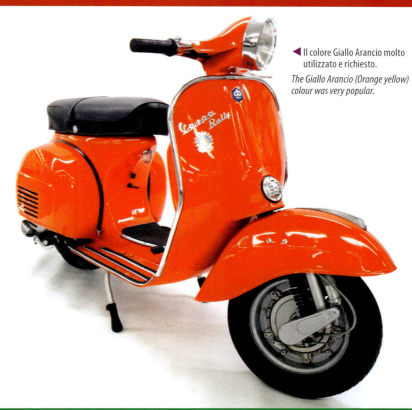

◀ Il colore Giallo Arancio molto utilizzato e richiesto.
The Giallo Arancio (Orange yellow) colour was very popular.

▲ Posizione sigla motore e numerazione.
Engine designation and numbering.

▶ 180 Rally del 1971 di colore Argento 103, denominato anche Lunacrom e soprannominato "cipolla" perché invecchiando tendeva a ossidarsi e diventare rossastro.
A 180 Rally from 1971 in the Silver 103 colour, also known as Lunacrom and nicknamed "cipolla" as when it aged it tended to oxidise and become reddish.

◀ Posizione DGM, sigla telaio e numerazione.
DGM, chassis designation and numbering position.

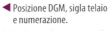

oggetti è visibile l'adesivo che riportava le norme di rodaggio, e sullo sportellino di accesso è stata apposta una serratura apribile con la stessa chiave del bloccasterzo. Entrambe le serrature sono di marca Neiman. La guarnizione nera dell'alloggio della serratura fino al telaio numero 7.154 era più piccola. I cofani laterali privi di fregi in alluminio, così come anche il parafango, conferiscono alla 180 Rally una linea più moderna e pulita e sono dotati di guarnizioni nere. Sotto il cofano sinistro troviamo la ruota di scorta, che non poteva assolutamente mancare su una Vespa destinata a "mangiare" chilometri; la protezione della ruota di scorta è in plastica di colore alluminio, fissata al centro da un bullone. Nere anche le manopole e per la prima volta verniciata la molla della sospensione anteriore color nero. Le leve del freno e frizione sono provviste alle estremità di una sfera di sicurezza. Lo scudo anteriore è protetto da un bordo di acciaio inox avvitato, simile a quello della 180 SS. Troviamo la scritta Vespa Rally sullo scudo, obliqua su due livelli, mentre sul retro la stessa didascalia viene riportata su un'unica riga.

engine access hatch had a lock that could be opened with the same key as the steering lock. Both locks were Neiman items. The black seal on the lock housing was smaller through to frame No. 7.154. The side panels and mudguard were also fitted with black seals and lacked aluminium trim elements, lending the 180 Rally a more modern, clean-cut look. Under the left-hand side panel we find the spare wheel, an essential accessory on a Vespa destined to rack up the mileage; the spare wheel guard was made of aluminium-coloured plastic secured by a central bolt. The grips were also black and the front suspension spring was painted black for the first time. The brake and clutch levers were fitted with safer ball ends. The led shield was protected by a screwed-on stainless steel rim, similar to that of the 180 SS. We find the Vespa Rally badging set obliquely on two levels on the leg shield, while at the rear the same lettering was on a single line.

▲ Il soffietto di gomma fino al telaio numero 5.255 si aggancia esternamente alle labbra del foro della scocca.
Through to frame No. 5.255 the rubber bellows was attached externally to the lip of the bodywork aperture.

▼ In una fase successiva entrerà direttamente nel foro della scocca.
Later, the bellows entered directly into the body.

▼ Serratura bloccasterzo Neiman; si vede la guarnizione che dal numero di telaio 7.154 è più grande.
Neiman steering lock; note the seal which from frame No. 7.154 was larger.

▲ Ecco il particolare dell'interruttore della luce stop, che è sempre stato di colore grigio chiaro.
The brake light switch, which was always a light grey in colour.

► Con un'unica chiave si apre anche il bauletto, la serratura è Neiman con due cerchi e cilindretto decentrato.
The glove box opened with the same key as the steering lock, the Neiman lock having a design with two circles and the cylinder off centre.

▲ La protezione della ruota di scorta è in plastica di colore alluminio, fissata al centro da un bullone.

The spare wheel guard in aluminium-coloured plastic was secured with a central bolt.

▼ La leva della messa in moto riporta ancora per tutta la produzione il vecchio logo Piaggio quadrato, poi adottato anche per buona parte della successiva versione 200.

The starting lever carried the old square Piaggio logo throughout the production run and for much of that of the later 200 version.

▲ La spia piccola verde indicante l'accensione delle luci utilizzata sui primi circa 1.500 esemplari, notare l'abbassamento più largo.

The small green tell-tale showing the lights were on used on around the first 1,500 examples; note the wider indent.

▼ In seguito la spia verrà leggermente ingrandita, occupando l'abbassamento più largo adottato in precedenza.

Subsequently the warning lights was slightly larger, filling the wider indent adopted previously.

◀ Il primo modello di clacson G.P.M. fissato con 4 viti a taglio e i due fori in basso per evitare ristagni d'acqua all'interno. Successivamente eliminarono i fori e le scritte vennero incise lungo lo spazio tra le 4 viti.

The first version of the G.P.M. horn attached with four slotted screws and with two lower drainage holes. The holes were later eliminated and the lettering was inscribed along the space between the four screws.

▲ Nel 1971 il clacson, sempre marca G.P.M., viene fissato solo con 3 viti a taglio e le scritte sono sempre riprodotte tra le viti.

In 1971, the G.P.M. horn was attached with just three slotted screws, with the lettering still inscribed between them.

◀ Il faro posteriore dal numero di telaio 3.214 diventa tutto in plastica con tegolino superiore in tinta con la scocca.

From frame No. 3.214 the rear light unit was all-plastic with a body-coloured "lid".

Vespa 125 Primavera ET3 - VMB1T

125 ET3

Totale esemplari prodotti
Total no. of examples produced
149.144

Certificato di omologazione
Homologation certificate
n° 15467 OM
17 febbraio/*February* 1976
DGM 15467 OM

Sigla motore **VMB1M**
Engine designation **VMB1M**

VMB1T	
1.001 - 8.925	1976
8.926 - 26.810	1977
26.811 - 51.703	1978
51.704 - 76.045	1979
76.046 - 100.260	1980
100.261 - 129.919	1981
129.920 - 144.679	1982
144.680 - 145.312	1983
145.313 - 145.744	1984
145.745 - 148.343	1985
148.344 -	1989*
148.345 - 148.923	1990
148.924 - 149.642	1991
149.643 - 150.143	1992
150.144 - 150.687	1993
150.688	1994

* produzione continuata su mercati esteri

* *production continued on foreign markets.*

▶ La scocca subisce alcune modifiche sulla ET3 e anche sulla normale Primavera. In quest'ultima l'IGM e nella nuova ET3 il DGM vengono posizionati entrambi in alto sulla battuta dello sportellino, al di sopra della sigla e della numerazione del telaio. Prima sulla Primavera l'IGM era a sinistra nella battuta dello sportellino e in alto c'erano la sigla e il numero di telaio. Altra modifica è stata la riduzione della profondità del bauletto laterale che non arriva più fino al bordo inferiore della scocca ma si ferma circa 5 cm prima, questo per far sì che la nuova marmitta non lo urti. L'unica vera differenza nel telaio è che solo nella ET3, all'interno del cassettino, troviamo i fori per far passare i cavi della centralina elettronica e per fissarla. Al suo interno si trova la centralina dell'accensione elettronica protetta dal calore della marmitta da un pezzo di moquette azzurra. Il nuovo fanale posteriore, ora completamente in plastica e di grosse dimensioni, verrà adottato anche sulla terza serie della Primavera. Visivamente si notano subito i fregi adesivi su fiancate e parafango, che ricordano quelli della 200 Rally, con scritta "Electronic" sulla pancia sinistra. Inizialmente la colorazione più diffusa fu il Blu Jeans, colore abbinato a una nuova sella, più imbottita e comoda, ricoperta in sky finto jeans con la scritta Piaggio di colore arancione serigrafata sul lato posteriore. Questa sella, oltre a non essere molto apprezzata, era molto delicata e si strappava facilmente. Per questo motivo, sempre nel 1976 a Pontedera, dal telaio numero 7.736, sostituirono la copertura con una più robusta e di colore blu scurissimo quasi nero con scritta posteriore Piaggio di colore arancione. Successivamente la sella diventerà nera con scritta Piaggio bianca. Sul manubrio dotato di leve freno e frizione a pallino medio troviamo la chiave di contatto. Copriventola, fodero dell'ammortizzatore anteriore, biscotto copri mozzo e supporto porta targa sono verniciati in color grigio antracite scuro quasi nero, riconducibile al codice RAL 7021 grigio/nerastro. La ET3 nasce come la versione sportiva della 125 Primavera, è dotata di centralina elettronica, che non avendo parti in movimento elimina il pericolo della messa fuori fase di qualche componente, in sostituzione delle puntine. L'adozione del terzo travaso, già collaudato sulla 125TS, insieme alla nuova marmitta, aumentano le prestazioni portando la velocità massima a 90 km/h. La nuova marmitta è ispirata a quella della 90 SS, ma più morbida nelle forme, di color nero opaco.

▶ *The bodywork of both the ET3 and the standard Primavera was subjected to certain changes. On the latter the IGM and on the new ET3 the DGM were both positioned at the top of the hatch stop, above the frame designation and number. Previously, on the Primavera, the IGM was on the left-hand side of the hatch stop with the frame designation and number above it. Another change was a reduction in the depth of the lateral box, which no longer reached the bottom edge of the bodywork but stops about 5 cm before, in order to ensure clearance for the new silencer.*
The only real difference with the frame was that only on the ET3 do we find the holes in the lateral box for running the cables and securing the electronic control unit. Inside, the ignition ECU was protected from the heat of the silencer by a piece of blue matting. The new rear light, now all-plastic and of large dimensions, was also to be adopted on the third series of the Primavera. Visually, the decorative decals on the sides and mudguard, reminiscent of those on the 200 Rally, immediately caught the eye, with the "Electronic" script on the left-hand side panel. Initially, the most popular colour was Blue Jeans, a livery paired with a new, more comfortable seat with thicker padding and covered in faux denim leatherette, with the orange Piaggio lettering screen-printed on the rear part. As well as not being very popular, this seat was very delicate and easily torn. For this reason, again in 1976, from chassis number 7,736 the Pontedera firm replaced the upholstery with a stronger cover in a darker blue that was almost black, with orange Piaggio rear lettering. Later, the seat was black with white Piaggio lettering. On the handlebar equipped with brake and clutch levers with medium-sized ball ends we find the ignition key. The fan cover, front shock absorber sheath, hub cover and number plate holder support were painted in a dark, almost black, anthracite grey, which can be identified as RAL 7021 grey/black. The ET3 was created as the sports version of the 125 Primavera and was equipped with an electronic control unit replacing the points, the absence of moving parts, eliminating the risk of timing issues. The adoption of the third transfer port, already tested on the 125TS, together with the new silencer, increased performance, taking the maximum speed to 90 kph. The new silencer was inspired by that of the 90 SS, but was softer in shape and finished in matte black.

▶ Posizione DGM, sigla telaio e numerazione.
DGM position, chassis designation and numbering.

▼ Colore azzurro metallizzato utilizzato dal 1982.
Metallic blue, available from 1982.

▲ Posizione sigla motore e numerazione.
Engine designation and numbering.

▲ La colorazione blu jeans, la più diffusa nel 1976.
The Blue Jeans colour, the most popular livery in 1976.

▲ Rara colorazione biancospino del 1976.
A rare example in Biancospino (Hawthorn White) from 1976.

anni '70

Le ET3 si possono classificare in due serie:
Prima serie – È dotata di blocca sterzo di forma ovale con aletta para polvere fino ai primi mesi del 1978. Il contachilometri è meno sporgente, con cornice cromata e corpo in metallo come sulle Primavera. Leve freno e frizione terminano con pallino di sicurezza medio.

Seconda serie – È dotata di blocca sterzo a forma cilindrica e cambiano anche la forma delle chiavi, quella del contatto al manubrio è rivestita in plastica nera. Le leve freno e frizione ridisegnate con pallino di sicurezza grande. Dal numero di telaio 52.721 il pedale del freno è a sezione quadrata come su tutte le small frame. Sempre dal 1978 contachilometri in plastica con innesto cavo a baionetta, di maggiori dimensioni e senza cornice cromata.

▲ Faro marca Aprilia mono lampadina.
Aprilia-branded, single-bulb headlamp.

▼ Faro marca Siem dotato di 2 lampadine, montato fin dal 1976 e il più utilizzato durante la produzione.
Siem-branded headlamp with two bulbs, fitted from 1976 and the most common during the model's production run.

The ET3s can be classified in two series:
First series – equipped with an oval steering lock with a dust cover through to the early months of 1978. The speedometer was less protruding, with a chromed bezel and a metal body, as on the Primavera models. The brake and clutch levers had medium-sized ball ends.

Second series – Equipped with a cylindrical steering lock, with differently shaped keys, the ignition key on the handlebar having a black plastic cover. Redesigned brake and clutch levers with large ball ends. From frame No. 52.721, the brake pedal had a square section, as on all the Small Frame models. Again in 1978, the speedometer was in plastic with a bayonet cable mount, larger dimensions and no chromed bezel.

▼ Clacson marca GPM Milano con guarnizione chiara.
GPM Milano-branded horn with light-coloured seal.

▼ Clacson marca Electra GS Bologna, dal 1978 la guarnizione diventa nera.
Electra GS Bologna-branded horn, from 1978 fitted with a black seal.

▲ Dal telaio n° 52.490 il contachilometri è meno sporgente, con cornice cromata, corpo in metallo e con cavo avvitato.
From the frame No. 52.490, the speedometer was less protruding, with a chromed bezel, a metal body and a screw-fit cable.

▼ Il bloccasterzo ha forma ovale con aletta parapolvere marca Neiman.
The oval Neiman-branded steering lock had a dust cover.

▲ Dal telaio n° 44.996 il bloccasterzo diventa cilindrico e senza aletta parapolvere.
From frame No. 44.996 the steering lock was cylindrical with no dust cover.

▲ Dal 1978 cambia, è più sporgente, senza cornice cromata e con il corpo in plastica e innesto del cavo a baionetta.
From 1978 the speedometer changed, was less prominent, had no chromed bezel, a plastic body and a bayonet cable mount.

▲ Fino al telaio n° 52.720 il pedale del freno è a sezione tonda, poi cambia e diventa a sezione quadrata e di conseguenza anche il foro sulla pedana.
Through to frame No. 52.720 the brake pedal had a round section; a square section was then adopted with the hole on the footplate modified accordingly.

▲ La marmitta sportiva con punzonato DGM 30925 S. Il logo Piaggio ha una forma che ricorda un ombrellino.
The sports exhaust stamped DGM 30925 S. The Piaggio logo had a shape recalling an umbrella.

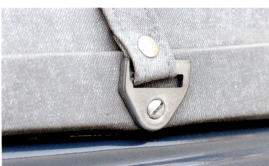

▲ Particolare della fibbia originale che fissa la maniglia della sella.
A close-up of the original button attaching the grab handle to the seat.

▶ La profondità del bauletto laterale che non arriva più fino al bordo inferiore della scocca ma si ferma circa 5 cm prima, questo per far sì che la nuova marmitta non lo urti. Si nota anche il foro d'uscita del cavo della centralina elettronica fissata all'interno del bauletto.
The lateral box no longer extended to the lower edge of the bodywork but was around 5 cm less deep, ensuring clearance for the new silencer. Note also the hole for the cable running to the electronic control unit secured inside the box.

197

anni'70

Vespa 125 TS - VNL3T

Omologata dal Ministero dei Trasporti in data 27 dicembre 1974, lanciata dalla Piaggio nella primavera del 1975, era destinata ad affiancarsi alla GT R che è rimasta in listino assieme alla TS fino al 1977. Questo nuovo modello ha la scocca quasi identica a quella della 200 Rally, nel lato a sinistra ha lo stesso supporto per fissare la ruota di scorta e la medesima forma del lamierato sottostante e non, come viene costantemente descritta, simile alla GT R.
Infatti, troviamo la posizione della sigla e del numero di telaio spostati dalla parte del motore e non è dotata della terza traversa di rinforzo sotto alla pedana come la GT R. L'unica differenza sostanziale è la mancanza del bollino rientrante dove veniva fissata la bobina Femsa sulla 200 Rally. Dietro allo scudo è fissato un comodo bauletto – è la prima 125 ad adottare questa soluzione, già impiegata nelle cilindrate superiori. Compare anche per la prima volta la ruota di scorta sotto la pancia sinistra, che era però un optional dal costo di 19.000 Lire. Ma non era il solo disponibile, c'era anche la vernice Chiaro di Luna Metallizzato a un costo di 7.000 Lire. La sella è leggermente diversa con un accenno di codino nella parte posteriore e la scritta Piaggio sul retro serigrafata in bianco. Sullo scudo troviamo la scritta orizzontale Vespa su fondo nero come sulla 2ª serie della GT R, mentre sul retro troviamo la targhetta sempre orizzontale 125 t.s. Il manubrio è lo stesso della 200 Rally, Sprint Veloce e GT R con il grosso faro di 130 mm di diametro, al centro troviamo la spia delle luci e lo stemma esagonale Piaggio. Il contachilometri con fondo nero e fondo scala a 120 km/h si illumina quando si accendono le luci, come sugli altri modelli che lo adottano.
Ma la vera novità è il motore dotato di un terzo travaso, che le fa guadagnare un cavallo di potenza rispetto al

125 TS
Totale esemplari prodotti
Total no. of examples produced
28.705

Certificato di omologazione
Homologation certificate
n° 14301 OM
27 dicembre/*December* 1974
DGM 14301 OM

Sigla motore **VNL3M**
Engine designation **VNL3M**

VNL3T	
1.101 - 7.079	1975
7.080 - 17.801	1976
17.802 - 29.244	1977
29.245 - 29.805	1978

Homologated by the Italian Ministry of Transport on the 27th of December 1974 and launched by Piaggio in the spring of 1975, the 125 TS was destined to join the GT R which remained on sale alongside the TS through to 1977. This new model had bodywork that was almost identical to that of the 200 Rally; on the left-hand side it had the same spare wheel mount, with the underlying sheet metal being the same shape and not, as is so often claimed, like that of the GT R.
In fact, we find the position of the frame designation and chassis number shifted to the engine side and the TS was not fitted with the third reinforcing cross member below the footboard like the GT R. The only substantial difference was the absence of the indent where the Femsa coil was attached on the 200 Rally. A useful glovebox was fitted behind the leg shield – this model was the first 125 to adopt this feature, which had already been seen on the larger displacements. Also appearing for the first time was the spare wheel under the left-hand side panel, although this was an optional extra costing 19,000 Lire. This was not the only option to be offered, as clients could also specify Chiaro di Luna metallic paint at a cost of 7,000 Lire. The seat was slightly different with a hint of a tail at the rear and the Piaggio lettering on the back screen-printed in white. On the leg shield we find the horizontal Vespa lettering on a black ground as on the second series of the GT R, while on the back we find the 125 t.s badging, also set horizontally. The handlebar was the same as the one fitted to the 200 Rally, Sprint Veloce and GT R, with the large 130 mm diameter headlight. In the centre we find the lights on tell-tale and the hexagonal Piaggio coat of arms. The 120 kph speedometer with a black dial and is back-lit when the lights are switched on, as with the other models fitted with the same instrumentation.

▲ Dal 1977 era disponibile il Verde.
Green was available from 1977.

▲ Posizione DGM, sigla telaio e numerazione.
DGM position, chassis designation and numbering.

▼ Il primo anno, l'unico colore di serie era il Rosso Katmandu, a richiesta come optional il Chiaro di Luna metallizzato.
For the first year, the only standard colour was Rosso Katmandu, with Chiaro di Luna metallic available on request.

▼ Posizione sigla motore e numerazione.
Engine designation and numbering position.

▶ Colore Biancospino disponibile dal 1976.
Biancospino (Hawthorn white), a colour available from 1976.

anni '70

precedente modello GT R, che ora ha 8 CV e le permette di raggiungere 93 km/h di velocità massima. Questa soluzione sarà poi, nell'anno successivo, adottata anche sulla 125 Primavera ET3. Nonostante tutto risulta un mezzo economico nei consumi e molto affidabile nella meccanica. Non subisce grandi cambiamenti nei quattro anni di vita e rimane a listino anche dopo il lancio della nuova P125X, che ne ha ereditato il motore.

◀ La scatola del filtro dell'aria ha IGM 3884 S.
The air filter box inscribed with IGM 3884 S.

◀ Nella parte sinistra, come sulla Rally, troviamo lo stesso supporto per fissare la ruota di scorta e la medesima forma del lamierato sottostante con incise le 2 X.
On the left hand side, as on the Rally, we find the same spare wheel mount and the same two X-shaped indents in the sheet metal.

▲ Il grosso faro Vedalux DGM 12964.
The large Veralux DGM 12964 rear light.

▼ Come si può notare ci sono solo due traverse di rinforzo sotto alla pedana.
As can be seen, there were only two reinforcing cross members under the footboard.

However, the real novelty lay in the engine with a third transfer port, which gave it an extra horsepower with respect to the earlier GT R model, now developing 8 hp which was good for a maximum speed of 93 kph. This feature would also be adopted the following year on the 125 Primavera ET3. The TS was nonetheless an economical scooter and very reliable mechanically. It was not subjected to any major changes over the course of its four-year production run and continued to be offered even after the launch of the new P125X, which inherited its engine.

▶ Il grosso faro da 130 mm di diametro marca Siem con doppia lampadina e dotato di ghiera cromata.
The large 130 mm diameter Siem headlight with dual bulb and chrome-plated bezel.

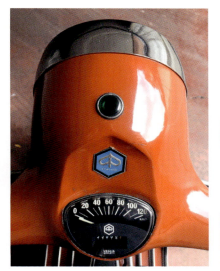

▲ Bloccasterzo ovale con para polvere marchiato Neiman.
Oval Neiman-branded steering lock with dust cover.

▲ Sul manubrio troviamo la spia delle luci, sotto il logo Piaggio esagonale e sotto ancora il contachilometri a fondo nero scala 120 km/h.
On the handlebar we find the lights on tell-tale, below the hexagonal Piaggio logo and the 120 kph speedometer with a black dial.

◀ Serratura Neiman con disegno doppio cerchio.
Neiman lock with a double circle design.

▲ La sella con la scritta Piaggio serigrafata in bianco si alza pigiando il pulsantino in basso al centro. Sopra al faro troviamo la targhetta identificativa orizzontale.
The seat with Piaggio lettering screen printed in white could be raised by pressing the button in the centre towards the bottom. Above the rear light we find the horizontal model badging.

▼ L'unica differenza è che non ha questo bollino rientrante che serviva a fissare la bobina Femsa sulla 200 Rally.
The only difference was that it lack this indent that served to attach the Femsa coil on the 200 Rally.

▲ In pratica la scocca è quasi identica a quella della 200 Rally.
In practice the frame was almost identical to that of the 200 Rally.

201

anni '70

Vespa P125X - VNX1T

P125X

Totale esemplari prodotti
Total no. of examples produced
197.248

Certificato di omologazione
Homologation certificate
n° 16772 OM
30 maggio /*May* 1977
DGM 16772 OM

Sigla motore **VNL3M**
Engine designation **VNL3M**

VNX1T	
1.001 – 5.004	1977
5.005 – 32.785	1978
32.786 – 74.935	1979
74.936 – 130.379	1980
130.380 – 195.563	1981
195.564 – 198.248	1982

Correva l'anno 1977 e in Casa Piaggio debutta la PX, un fortunatissimo modello venduto, con qualche sospensione negli anni della produzione, per quarant'anni fino a dicembre 2016 con milioni di pezzi commercializzati in tutto il mondo.
Esattamente il 19 ottobre 1977 la Piaggio presenta alla stampa, nello stabilimento di Pontedera, la "Nuova Linea", denominata PX. Il significato della sigla è per alcuni Piaggio eXtra, per altri Progetto o Project eXtra. Una vera rivoluzione stilistica: dopo anni di linee tondeggianti si passa a una linea più squadrata e un telaio più grande e imponente. Il suo debutto in pubblico è al 45° Salone del Motociclo di Milano, dove un PX gigante, svettava esposto su una pedana rotonda nello stand della Piaggio. Era lungo più di tre metri e pesava più di 700 kg, sopra alla pedana, in piedi, delle ragazze, altre sedute sull'enorme sella, tutte vestite con la tuta da meccanico. In Piaggio con il Vespone gigante centrarono l'obbiettivo, la nuova PX divenne subito un grande successo. Durante i giorni del Salone migliaia di visitatori ammirarono la nuova PX, allora l'esposizione si teneva ogni due anni, e dal 19 al 27 novembre si decretò il successo della "Nuova Linea". D'altra parte chi amava lo scooter poteva contare solo sull'acquisto di una Vespa, la Piaggio all'epoca non aveva concorrenti.
La P125X era un progetto molto importante. Doveva infatti sostituire i modelli Large Frame, la 125 GT R e la 125 TS, che ormai accusavano il peso degli anni, insomma un compito non facile. La linea era di nuova concezione, con cofani laterali più stretti rispetto alle precedenti panciute Large Frame, con una modanatura che veniva ripresa anche sul parafango anteriore, dalla linea squadrata, su cui era fissata una cresta color antracite scurissima che nei primi modelli era più stretta e in zama (art. 990850-2C). Il manubrio è per la prima volta composto da una parte in fusione di lega leggera e da un guscio superiore in plastica su cui sono alloggiate due spie: quella di destra chiusa con un tappo nero (diventerà poi il lampeggio degli indicatori) e quella a sinistra verde che è la spia luci. È predisposto per l'applicazione di un parabrezza, dotato di un grande faro di 130 mm di diametro e di una nuova strumentazione circolare grande e retro illuminata. Nuova anche la forma del capiente bauletto dietro lo scudo, squadrato, fornito di uno sportellino ampio e di forma rettangolare e piatta. Al centro dello scudo, come sulla precedente piccola 50 Special, troviamo un nasello in plastica, questa volta in tinta con la scocca, che copre clacson e parte della forcella, asportabile, per facilitare la manutenzione. Completamente nuovo il sistema di funzionamento della sospensione anteriore, viene così quasi eliminato l'eccessivo affondamento dell'ammortizzatore in frenata che

It was 1977 when Piaggio introduced the PX, what was to be a highly successful model that was sold, with a few interruptions during the production years, for four decades through to December 2016, millions of examples being sold worldwide. Piaggio presented its "Nuova Linea" or "New Line", designated as the PX, to the press at the Pontedera plant on the 19th of October that year. For some, the name PX stands for Piaggio eXtra, for others Project or Project eXtra. It represented a true stylistic revolution: after years of rounded lines, the firm adopted a more square-cut style and a larger, more imposing frame. It made its public debut at the 45th Milan Motorcycle Show, where a giant PX loomed over proceedings on a round platform on the Piaggio stand. Over three metres long, the mock-up weighed more than 700 kg. Girls stood and sat on the footplate, while others sat on the huge saddle, all of them dressed in mechanics' overalls. Piaggio scored a bullseye with this giant Vespone, the new PX becoming an immediate success with thousands of visitors admiring the new model during the show. At that time, the motorcycle show was held every two years and between the 19th and the 27th of November, the success of the "New Line" was decreed. Then again, scooter enthusiasts could only really count on the purchase of a Vespa, as at that time Piaggio had no real competitors. The P125X was a crucially important project. It was designed for the by no means easy task of replacing the Large Frame models, the 125 GT R and the 125 TS, which were now beginning to show their age. The styling was innovative, with narrower side panels than the preceding rounded Large Frame models, with a crease line that carried through to the square-cut front mudguard that carried a dark anthracite crest, which on the earliest examples was narrower and made of Zama zinc alloy (art. 990850-2C). The handlebar was for the first time composed of a light alloy casting and an upper half-shell in plastic on which two warning lights were set: the one on the right was closed with a black cap (it was to become the indicator tell-tale) while the green one on the left was the headlight warning light. The handlebar was configured for the fitting of a windscreen and equipped with a large headlight with a diameter of 130 mm and new and larger back-lit instrumentation. The shape of the capacious glovebox behind the leg shield was also modified and featured a large hatch, rectangular and flat in shape. At the centre of the leg shield, as on the earlier 50 Special, we find a plastic cover, this time finished in the same colour as the bodywork, covering the horn and part of the fork. This cover was removable to facilitate maintenance. The front suspension design

◀ Per la prima volta una Large Frame ha un nasello in plastica al centro dello scudo.
For the first time a Large Frame model had the plastic cover at the centre of the leg shield.

▼ Posizione DGM, sigla telaio e numerazione.
DGM position, chassis designation and numbering.

▲ Posizione sigla motore e numerazione.
Engine designation and numbering.

▼ Il Blu Marine, uno dei tre colori disponibili nel 1977.
Blu Marine was one of the three colours available in 1977.

▼ Biancospino, colore disponibile dal 1977 al 1982.
Biancospino (Hawthorn), a colour available from 1977 to 1982.

anni '70

contraddistingueva tutti i modelli precedenti. Fino al 1979 il fodero inferiore ammortizzatore anteriore in metallo è verniciato color alluminio. Sempre anteriormente il perno di snodo della levetta oscillante della sospensione è piccolo e dal n° di telaio 36.568 aumenta di dimensioni. Comoda la grossa sella dotata di serratura sotto la quale si trova il foro dell'aspirazione del carburatore, due pratici ganci per agganciare in sicurezza due caschi durante la sosta e, per finire, il tappo del serbatoio carburante. Altra modifica riguarda il pedale del freno ora agganciato sotto la scocca come negli Small Frame, questo per ridurre lo sforzo sul pedale e aumentare la forza di frenata. Fino al telaio n° 68.766 il cavalletto ha sezione diametro 20 mm, poi diventa diametro 22 mm. Il motore era lo stesso dalla 125 TS con pedivella accensione corta e dotato di accensione a puntine che faceva raggiungere alla P125X la velocità massima 95 km/h. Sulle prime serie la cuffia copri cilindro in plastica non era provvista di guida per i cavi.

was completely revised and almost eliminated the excessive dive under braking that had distinguished all the previous models. Through to 1979, the lower front damper shroud in metal was painted in an aluminium silver colour. Again at the front, the suspension pivot pin was small and from frame No. 36.568 was increased in size. The large, comfortable seat concealed the fuel breather hole, two practical hooks for securely stowing two helmets when parked and the fuel filler cap. The seat was equipped with a lock. Another modification concerned the brake pedal which was now attached beneath the bodyshell, as on the Small Frame models. This was designed to reduce pedal effort and increase braking power. Through to frame No. 68.766, the stand had a section of 20 mm, then increased to a diameter of 22 mm. The engine was the same as that of the 125 TS with the short kick start lever and contact breaker ignition. The unit provided with the P125X with a top speed of 95 kph. On the early series, the plastic cylinder shroud was not fitted with cable guides.

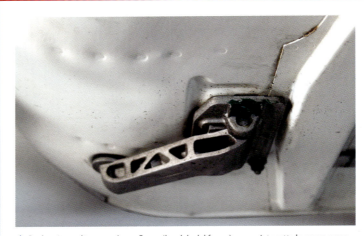

▲ Per la prima volta su una Large Frame il pedale del freno è agganciato sotto la scocca come sulle Small Frame, questo per ridurre lo sforzo sul pedale e aumentare la forza di frenata.
For the first time on a Large Frame model, the brake pedal was attached beneath the bodyshell, as on the Small Frame models. This was designed to reduce pedal effort and increase braking power.

▲ Dal 1977 al 1980 la cresta del parafango è fine e in zama antracite scurissima; poi dal 1981 al 1983 è della stessa forma ma in plastica color nero marca Omniplast o Iniectostamp.
From 1977 to 1980, the crest on the mudguard was narrow and in very dark anthracite Zama; from 1981 to 1983 it had the same shape but was in black plastic made by Omniplast or Iniectostamp.

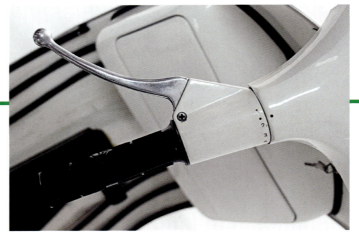

◀ La manetta del cambio non presenta l'alloggiamento per il comando degli indicatori di direzione, mentre le leve hanno pallino di sicurezza grosso.
The gear change shroud did not have a housing for the indicator switch, while the levers had large ball-ends.

▲ Sul cofano sinistro troviamo la targhetta identificativa P125X.
The left-hand side panel carries the P125X badging.

▲ La sella è ampia e accoglie bene due passeggeri, comoda grazie all'abbondante imbottitura.

The seat was large enough to carry two and comfortable thanks to ample padding.

▼ Nella parte bassa in fusione di lega leggera del manubrio troviamo i fori filettati cui fissare il parabrezza. Presenti anche quattro viti che fissano il guscio superiore.

The lower part of the handlebar, a casing in light alloy, had threaded holes for the fitting of a windscreen. Four screws attached the upper half-shell.

▲ Strumentazione di forma circolare e retro illuminata; sopra di essa troviamo le due spie, quella di destra con tappo in plastica nera e quella a sinistra trasparente che indica se i fari sono accesi.

Circular, back-lit instrumentation. Above, there is provision for two warning lights, the right-hand one covered with a black plastic blank and the transparent one on the right indicating when the lights are switched on.

▲ Sulla marmitta troviamo incisi il Logo Piaggio e il DGM 10119 S.

The silencer was inscribed with the Piaggio logo and DGM 10119 S.

▲ Completamente nuovo il sistema di funzionamento della sospensione anteriore; viene così quasi eliminato l'eccessivo affondamento dell'ammortizzatore in frenata.

The front suspension design was completely revised and almost eliminated the excessive front damper compression under braking.

▲ La scatola del filtro dell'aria ha IGM 3884 S, lo stesso della 125 TS.

The air filter box inscribed with IGM 3884 S, the same as the 125 TS.

▲ Sulla P125X la ruota di scorta rimane un optional come sulla 125 TS.

On the P125X, the spare wheel was still optional, as on the 125 TS.

◀ I cofani hanno i ganci esterni come le Large Frame precedenti fino a ottobre 1981.

The side panels have external clasps like those of the earlier Large Frame models through to October 1981.

Vespa P150X - VLX1T

P150X

Totale esemplari prodotti
Total no. of examples produced
344.648

Certificato di omologazione
Homologation certificate
n° 16772 OM EST 17733
4 febbraio/*February* 1978
DGM 16772 OM

Sigla motore **VLX1M**
*Engine designation **VLX1M***

VLX1T	
1.001 – 60.627	1978
60.628 – 135.880	1979
135.881 – 240.136	1980
240.137 – 345.648	1981

▶ Il 4 febbraio 1978, pochi mesi dopo la presentazione alla stampa del 19 ottobre 1977 dei modelli P125X e P200E, viene omologata la versione P150X che si aggiunge a listino per completare la gamma. Con questa variante la Piaggio rafforza ancor più il successo della nuova PX, la cilindrata 150 cc diventa il modello più richiesto e le vendite a fine 1978 parlano chiaro: 66.526 di P150X venduti, contro i 27.780 della P125X e i 13.185 della P200E. Questo modello era molto apprezzato perché poteva viaggiare in autostrada, aveva un motore elastico con una buona potenza ed era parco nei consumi. Inoltre era dotato di ruota di scorta di serie. Anche la P150X era un progetto molto importante per la Piaggio. Doveva infatti sostituire la 150 Sprint Veloce, modello Large Frame molto apprezzato dal pubblico, che rimase a listino, assieme al nuovo modello, dal 1977 al 1979, ma che ormai accusava il peso degli anni, insomma un compito non facile. Come sugli altri due modelli la linea era rinnovata nel design, con cofani laterali più stretti rispetto alle precedenti panciute Large Frame, con una modanatura che veniva ripresa anche sul parafango anteriore, dalla linea squadrata, su cui era fissata una cresta color antracite scurissima che nei primi modelli era più stretta e in zama (art. 990850-2C). Il manubrio è per la prima volta composto da una parte in fusione di lega leggera e da un guscio superiore in plastica su cui sono alloggiate due spie: quella di destra chiusa con un tappo nero (diventerà poi il lampeggio degli indicatori) e quella a sinistra verde che è la spia luci. È predisposto per l'applicazione di un parabrezza, dotato di un grande faro di 130 mm di diametro e di una nuova strumentazione circolare grande e retro illuminata. Nuova anche la forma del capiente bauletto dietro lo scudo, squadrato, fornito di uno sportellino ampio e di forma rettangolare e piatta. Al centro dello scudo, come sulla precedente piccola 50 Special, troviamo un nasello in plastica, questa volta in tinta con la scocca, che copre clacson e parte della forcella asportabile, per facilitare la manutenzione. Completamente nuovo il sistema di funzionamento della sospensione anteriore, viene così

▶ Azzurro Cina, colore disponibile dal 1978 al 1979.
Azzurro Cina (China Blue), colour available from 1978 to 1979.

▶ On the 4th of February 1978, a few months after the press presentation of the P125X and P200E models on the 19th of October 1977, Piaggio homologated the P150X to complete its PX range. With this variant, the manufacturer further reinforced the success of the new PX, with the 150 cc displacement going on to become the most popular as the sales figures for 1978 clearly show: 66,526 examples of the P150X sold, against 27,780 for the P125X and 13,185 for the P200E. This model was particularly in demand because it could legally be ridden on the autostrada, had a reasonably powerful, flexible engine and good fuel economy. It was also equipped with a spare wheel as standard. The P150X was another crucially important project for Piaggio. It was in fact designed to replace the 150 Sprint Veloce, a very popular Large Frame model that actually remained on sale alongside the new scooter from 1977 to 1979, but which was now beginning to show its age. Hardly the easiest of tasks. As with the other two versions, the styling was innovative, with narrower side panels than the preceding rounded Large Frame models, with a crease line that carried through to the square-cut front mudguard that featured a very dark anthracite crest, which on the earliest examples was narrower and made of Zama zinc alloy (art. 990850-2C). The handlebar was for the first time composed of a light alloy casting and an upper half-shell in plastic on which two warning lights were set: the one on the right was closed with a black cap (it was to become the indicator tell-tale) while the green one on the left was the headlight warning light. The handlebar was configured for the fitting of a windscreen and equipped with a large headlight with a diameter of 130 mm and new and larger back-lit instrumentation. The shape of the capacious glovebox behind the leg shield was also modified and featured a large hatch, rectangular and flat in shape. At the centre of the leg shield, as on the earlier 50 Special, we find a plastic fairing, this time finished in the same colour as the bodywork, covering the horn and part of the fork. This cover was removable to facilitate maintenance. The front suspension design was completely revised

◀ Posizione DGM, sigla telaio e numerazione.
DGM position, chassis designation and numbering.

▲ Biancospino, colore disponibile dal 1978 al 1979.
Biancospino (Hawthorn white), a colour available from 1978 to 1979.

◀ Cilindrata che era molto apprezzata perché poteva viaggiare in autostrada.
A displacement that was very possible as the scooter could be ridden on the autostrada.

▼ Posizione sigla motore e numerazione.
Engine designation and numbering.

quasi eliminato l'eccessivo affondamento dell'ammortizzatore in frenata che contraddistingueva tutti i modelli precedenti. Fino al 1979 il fodero inferiore ammortizzatore anteriore è in metallo, verniciato color alluminio. Sempre anteriormente il perno di snodo della levetta oscillante della sospensione è piccolo e dal numero di telaio 72.366 aumenta di dimensioni. Comoda la grossa sella dotata di serratura sotto la quale si trova il foro dell'aspirazione del carburatore, due pratici ganci per agganciare in sicurezza due caschi durante la sosta e per finire il tappo del serbatoio carburante. Altra modifica riguarda il pedale del freno ora agganciato sotto la scocca come negli Small Frame, questo per ridurre lo sforzo sul pedale e aumentare la forza di frenata. Fino al telaio n° 124.323 il cavalletto ha sezione diametro 20 mm, poi diventa diametro 22 mm. Il motore, aumentato di cilindrata, era derivato dalla 125 TS con pedivella accensione corta e dotato di accensione a puntine che faceva raggiungere alla P150X la velocità massima 99 km/h.

and almost eliminated the excessive dive under braking that had distinguished all the previous models. Through to 1979, the metal lower front damper sheath was painted in an aluminium silver colour. Again at the front, the suspension pivot pin was small and from frame No. 72.366 was increased in size. The large, comfortable seat concealed the fuel breather hole, two practical hooks for securely stowing two helmets when parked and the fuel filler cap. The seat was equipped with a lock. Another modification concerned the brake pedal, which was now attached beneath the bodyshell, as on the Small Frame models. This was designed to reduce pedal effort and increase braking power. Through to frame No. 124.323, the stand had a section of 20 mm, then increased to a diameter of 22 mm. The engine, with its increased displacement, was derived from that of the 125 TS with the short kick start lever and contact breaker ignition. The unit provided with the P150X with a top speed of 99 kph.

◀ Sul cofano sinistro troviamo la targhetta identificativa P150X.
The left-hand side panel carries the P150X badging.

▼ Strumentazione di forma circolare e retro illuminata; sopra di essa troviamo le due spie, quella di destra con tappo in plastica nera e quella a sinistra trasparente che indica se i fari sono accesi.
Circular, back-lit instrumentation. Above, there is provision for two warning lights, the right-hand one covered with a black plastic blank and the transparent one on the right indicating when the lights are switched on.

▲ Dal 1978 al 1980 la cresta del parafango è fine e in zama antracite scurissima, poi dal 1981 al 1983 rimane della stessa forma ma in plastica color nero marca Omniplast o Iniectostamp.
From 1978 to 1980, the crest on the mudguard was narrow and in very dark anthracite Zama; from 1981 to 1983 it had the same shape but was in black plastic made by Omniplast or Iniectostamp.

▲ La scatola del filtro dell'aria ha IGM 3884 S, lo stesso della 125 TS.
The air filter box inscribed with IGM 3884 S, the same as the 125 TS.

▲ Ecco il ricambio del tappo di plastica nera che chiude il foro della spia di destra.

The black plastic blank covering the hole for the right-hand warning light.

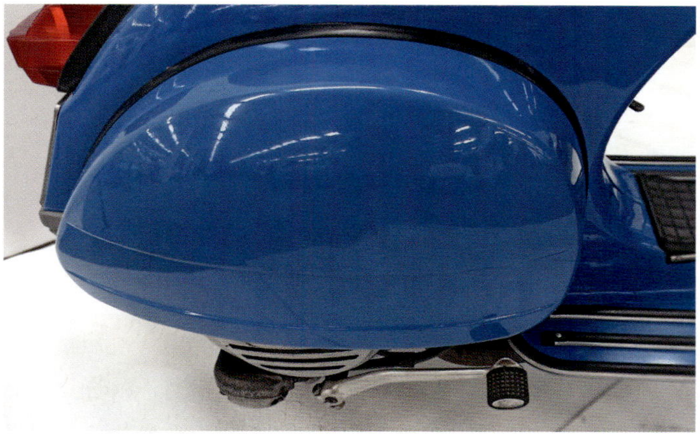

▲ Sia sul P125X che sul P150X la pedivella d'accensione è corta, la stessa della 125 TS.

On both the P125X and the P150X, the starting lever is short, the same as the one on the 125 TS.

▼ I cofani hanno i ganci esterni come le Large Frame precedenti fino a ottobre 1981.

The side panels have external clasps like those of the earlier Large Frame models through to October 1981.

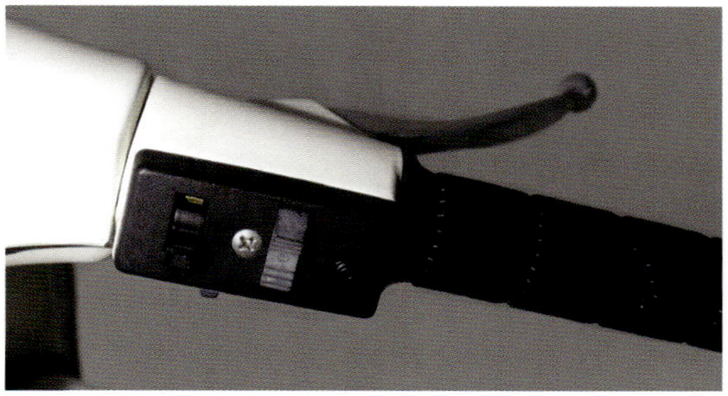

◀ Come sulla P125X, non essendoci il blocchetto con chiave sul manubrio, anche sulla P150X sotto il devioluci troviamo il pulsante per spegnere il motore.

As on the P125X, as there was no ignition lock with a key on the handlebar, on the P150X we find an ignition kill switch below the light switch unit.

◀ Particolare della fibbia della maniglia delle selle PX di tutte le cilindrate.

Detail of the strap fastener on the seats of the PX models of all displacements.

▲ La serratura del bauletto marca Neiman con due cerchi, con cilindretto decentrato.

The Neiman-branded glovebox lock with two circles, the cylinder being off-centre.

◀ Fino al 1980 la serratura marca Neiman con unica chiave bloccasterzo e bauletto.

Through to 1980, the Neiman lock with a single key for steering and glovebox locks.

▶ Particolare del clacson della prima serie dei PX.

A detail of the horn on the first series PX models.

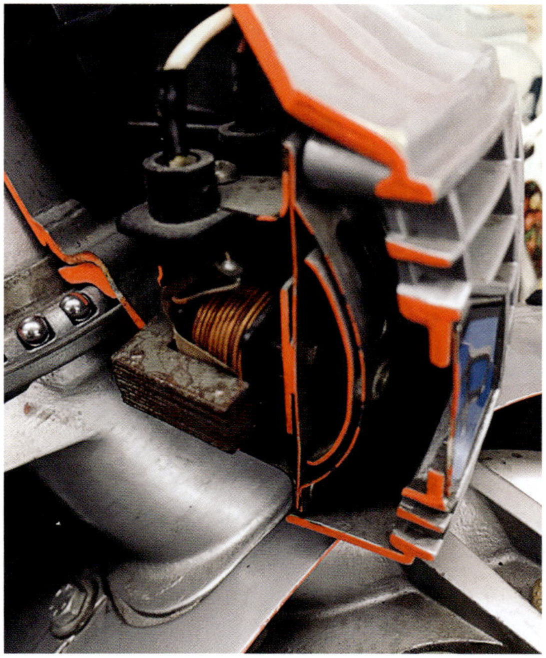

200 Rally - VSE1T

200 Rally

Totale esemplari prodotti
Totale esemplari prodotti
41.275

Certificato di omologazione
Total no. of examples produced
n° 10118 OM
4 aprile/*April* 1972
DGM 10118 OM

Sigla motore **VSE1M**
Engine designation **VSE1M**

VSE1T	
1.001 - 4.593	1972
4.594 - 11.698	1973
11.699 - 21.939	1974
21.940 - 28.695	1975
28.696 - 33.949	1976
33.950 - 40.265	1977
40.266 - 41.774	1978
41.775 - 42.275	1979

▶ Il 21 e 22 aprile 1972 la Piaggio presenta, sulla motonave Enrico C ormeggiata al porto di Genova in occasione della Fiera del Mare, alla rete vendita e alla stampa, l'evoluzione della 180 Rally. Le maggiori novità erano l'accensione elettronica e la maggior cilindrata disponibile fino a quel momento su una Vespa. Osservandola da lontano, la differenza maggiore che si nota è la presenza di scritte adesive di colore bianco sui cofani e sul parafango anteriore; sul cofano sinistro figura la dicitura "ELECTRONIC", che indica la dotazione di accensione elettronica. Al suo esordio la scritta Vespa sullo scudo era in carattere vecchio stile corsivo, posizionata orizzontalmente; sul retro appariva la scritta "RALLY 200" in stampatello maiuscolo. Nel 1973, dal n° di telaio 10.824, le scritte sullo scudo vengono sostituite con lettere cromate su striscia nera opaca (uniformandosi agli altri modelli di allora e delle future PX); posteriormente rimane la stessa didascalia ma in carattere minuscolo. Livrea sportiva molto apprezzata, che in seguito sarà ripresa anche sulla 125 ET3 nel 1976, che conferisce alla Rally una "grinta" che ben gli si addice quale erede delle gloriose e sportive GS. Non subisce grandi cambiamenti, nel corso della sua produzione durata dal 1972 al 1977 sono stati assemblati 41.275 esemplari con la sigla di telaio VSE1T. Inizialmente era dotata di un pulsante di massa sotto la sella, posizionato vicino al gancio portaborse e alla manetta del comando dell'aria, che dal 1974, dal n° di telaio 18.101, verrà sostituito con la chiave di massa sul manubrio. Fino al telaio n° 41.606 il bloccasterzo era ovale con aletta para polvere, in seguito diventerà cilindrico e verrà prodotto sempre dalla Neiman. Dal n° di telaio 29.499 (1976) le leve subiscono la stessa evoluzione che hanno avuto altri modelli: la sfera finale viene ingrandita. Dai primi esemplari assemblati il grosso faro posteriore aveva il "tegolo" verniciato in nero opaco, differenziandosi da quello in tinta con la carrozzeria della 180 Rally. La cresta sul parafango cambia forma e viene verniciata in colore nero opaco. Molto comoda e ben imbottita la sella, che accoglie comodamente anche il passeggero. Il telaio della 200 Rally è il migliore in assoluto prima della nascita della PX, molto stabile in ogni situazione, dotato di sospensioni all'altezza delle alte prestazioni, così come i freni a tamburo potenti e allo stesso tempo ben modulabili.

MOTORE

A Pontedera cresce la voglia di innovare, oltre a incrementare la cilindrata a 197,97, con il carburatore Dell'Orto SI 24/24, anche adottando un impianto di accensione elettronica. Per questo la Piaggio si rivolge alla spagnola Femsa, una ditta molto affermata nel settore delle accensioni elettroniche che cominciavano a quei tempi a fare le prime apparizioni. Ciò consentiva alla nuova

▶ *On the 21st and 22nd of April 1972, Piaggio took advantage of the cruise ship Enrico C, moored in the port of Genoa for the Fiera del Mare, to present the evolution of the 180 Rally to its sales network and the press. The most important novelties were the electronic ignition system and what was the largest displacement available to date on a Vespa. At first sight, the most significant difference you notice is the presence of white adhesive lettering on the side panels and front mudguard. The left-hand side panel features the inscription "ELECTRONIC", referencing the new modern ignition system. On the model's debut, the Vespa script on the leg shield was in the old cursive style, positioned horizontally; on the rear appeared the inscription "RALLY 200" in block capitals. In 1973, from frame No. 10.10,824 onwards, the leg shield inscriptions were replaced with chrome letters on a matte black stripe (in line with the other contemporary models and the future PX scooters); at the rear the script remained the same, but presented in lower case characters. The sporting livery was very popular and was subsequently to be reprised on the 125 ET3 in 1976. It lent the Rally a degree of "muscularity" that was well suited to the heir to the glorious and sporting GS models. The Rally was not subjected to any major changes; during its production run from 1972 to 1977, 41,275 units were assembled with the frame designation VSE1T. Initially it was equipped with an ignition kill switch under the seat, located close to the bag hook and the choke control, but in 1974, from frame No. 18.101, this was replaced with an ignition lock and key on the handlebar. Through to chassis No. 41.606, the steering lock was oval with a dust seal and subsequently became cylindrical and continued to be manufactured by Neiman. From frame no. 29.499 (1976), the handlebar levers followed the same evolution as the other models, with the ball ends becoming larger. From the earliest examples assembled, the large rear light had the "roof" painted matte black, in contrast with the body-coloured component of the 180 Rally. The shape of the crest on the mudguard was changed and painted matte black. The seat was very well-upholstered and comfortable, providing plenty of room for a passenger. The frame and running gear of the 200 Rally was the best ever on a Vespa before the introduction of the PX, very stable in every situation, equipped with suspension to match the high performance, along with powerful yet sensitive drum brakes.*

ENGINE

There was a growing desire to innovate at Pontedera and as well as increasing the

▲ Posizione DGM, sigla telaio e numerazione.
DGM position, chassis designation and numbering.

▲ Posizione sigla motore e numerazione.
Engine designation and numbering.

▲ 200 Rally 1972 colore Rosso Canyon.
200 Rally 1972, Rosso Canyon.

▼ Grigio Polaris, l'unica colorazione italiana ad adottare strisce grigio chiaro.
Grigio Polaris, the only Italian colour to adopt light grey stripes.

▲ Esemplare anno 1973 nella colorazione Rosso Corsa.
Example from 1973, finished in Rosso Corsa.

anni '70

200 Rally di sviluppare ben 12,35 CV di potenza, con cui si voleva sbalordire i più affezionati clienti sportivi della Casa: da 0 a 100 km/h in 42 secondi per una velocità massima dichiarata di 95,5 Km/h. Anche se spinto, il motore erogava potenza sin dai bassi regimi e bastava accelerare per raggiungere in pochi secondi la velocità massima. Nonostante il potente propulsore, la Rally percorreva fino a 280 chilometri con un pieno di carburante, venendo quindi apprezzata anche da chi la usava per fare turismo. Dal 1974 poteva essere dotata di miscelatore automatico. Coperchio scatola filtro d'aria IGM 3884 S. La marmitta – DGM 10119 S – abbandona la sagoma a botticella tornando alla classica forma a padella. Il collettore ha dimensioni mai usate prima sulla Vespa e l'ingresso nella padella della marmitta è centrale, mentre il tubo di uscita, molto corto, è saldato sul lato sinistro della stessa. Questo tipo di marmitta resterà inalterata nel tempo e verrà adottata anche sulle future versioni della PX. Nel 1977, dal n° di telaio 33.997, la centralina elettronica Femsa e il relativo volano magnete, vengono sostituiti da analoghi componenti di marca Ducati; il volano magnete che è calettato diversamente sull'albero motore diverrà un'importante modifica meccanica. Con questa nuova centralina vennero prodotti 8.278 esemplari. Questo motore verrà montato anche sulla P200E prima serie, presentata nello stesso anno.

▲ Sul cofano sinistro vediamo la dicitura "ELECTRONIC".
The left-hand side panel carries the "ELECTRONIC" script.

▲ La prima versione di scritta sullo scudo.
The first version of the leg shield script.

▲ Fino al telaio n° 41.606 il bloccasterzo era ovale con aletta per polvere, in seguito diventerà cilindrico, sempre marca Neiman.
Through to chassis No. 41.606, the steering lock was oval with a dust cover and subsequently became cylindrical, again a Neiman item.

▲ Fino al n° di telaio 10.823 scritta RALLY in maiuscolo.
Through to frame No. 10.823 the RALLY script was formed in block capitals.

▲ La seconda versione di scritta sullo scudo.
The second version of the leg shield script.

---

displacement of the engine to 197.97 cc, a Dell'Orto SI 24/24 carburettor was fitted together with an electronic ignition system. For the latter, Piaggio turned to Femsa, a Spanish firm with considerable experience with the electronic ignition systems that were beginning to appear in that period. These developments allowed the new 200 Rally to develop a healthy 12.35 hp with which the manufacturer intended to stun its most faithful sporting clients: 0-100 kph in 42 seconds and a declared maximum speed of 95.5 kph. Even though it was highly tuned, the engine delivered power from low revs and would accelerate to maximum speed in a few seconds. Despite its powerful engine, the Rally would still cover up to 280 kilometres on a full tank and was therefore popular with touring enthusiasts. From 1974 it could be ordered with an automatic fuel-oil mixing system. IGM 3884 S air filter box cover. The exhaust silencer – DGM 10119 S – abandoned the barrel shape in favour of the classic flattened style. The manifold had dimensions never previously seen on a Vespa and entered the flat silencer centrally, while the very short exit pipe was welded on to the left-hand side. This type of silencer was to remain unchanged over time and was also to be adopted on the future versions of the PX. In 1977, from chassis No. 33.997, the Femsa electronic control unit and its flywheel magneto were replaced with similar Ducati-branded components; the flywheel magneto was keyed differently on the crankshaft and was to become an important mechanical modification. 8,278 examples were produced with this new control unit. This engine was also to be fitted to the first series P200E, presented that same year.

▲ La centralina elettronica Femsa utilizzata fino al telaio n° 33.996. All'interno della scocca, in corrispondenza dei due dadi che la fissano, troviamo un rinforzo che verrà successivamente eliminato.

The Femsa electronic control unit used through to frame No. 33.996. Inside the frame, in correspondence with the two nuts securing it we find a reinforcement that was later eliminated.

▲ Dal telaio n° 10.824 scritta rally in minuscolo.

From frame No. 10.824 the rally script was formed in lower case letters.

◀ La nuova marmitta che abbandona la sagoma a botticella per riprendere la classica forma a padella.

The new silencer that abandoned the barrel shape in favour of the classic flat component.

◀ Fino al telaio n° 18.100 troviamo il pulsante di massa sotto la sella.

Through to frame No. 18.100 the ignition kill switch is found under the saddle.

▲ Fino a quando c'è il pulsante sotto la sella non è presente il blocchetto di massa con chiave sul manubrio.

While the ignition kill switch below the seat was fitted, there was no ignition lock and key on the handlebar.

▲ Dal telaio n° 18.101 troviamo il blocchetto massa con chiave sul manubrio.

From frame No. 18.101, the ignition lock and key is found on the handlebar.

◀ Il parafango è dotato all'interno di una traversa di rinforzo per attenuare le vibrazioni del potente motore.

The inside of the mudguard was fitted with a reinforcing strut to attenuate the vibrations of the powerful engine.

P200E - VSX1T

Le differenze a livello estetico rispetto alle due cilindrate minori, che contraddistinguono la 200PE, consistono nel posizionamento del blocchetto accensione sul manubrio e nelle scritte identificative. Per il resto è uguale in tutto. Adotta il motore migliorato dell'ultima serie della 200 Rally: quella dotata di accensione elettronica Ducati che fa raggiungere i 116 km/h. Una particolarità è che tutte e tre le cilindrate hanno diverso alesaggio, mentre rimane invariata la corsa di 57 mm. Addirittura hanno lo stesso carburatore, segno che la maggiore cilindrata serve a incrementare la coppia ai bassi regimi più che creare maggiore potenza (rispettivamente 8 CV per la P125X, 9 CV per la P150X e 12,35 CV per la P200E). Anche la P200E era un progetto molto importante per la Piaggio. Infatti doveva sostituire la sportiva 200 Rally Large Frame, che aveva avuto un buon successo commerciale ma ormai accusava il peso degli anni, insomma anche per lei un compito non facile.
Il motore di 197,97 cc fornisce una buona potenza per uno scooter con un buon tiro e preferisce i bassi regimi, agli alti dà segni di pigrizia. La vera novità su tutta la serie PX è rappresentata dal nuovo tipo di cambio. Per facilitare i cambi di marcia e migliorare la precisione è stato adottato un preselettore e sono stati sostituiti i rinvii meccanici con altri di resina poliammidica.

▼ Sabbia, colore disponibile dal 1981 al 1983.
Sabbia (Sand), colour available from 1981 to 1983.

P200E
Totale esemplari prodotti
Total no. of examples produced
159.000

Certificato di omologazione
Homologation certificate
n° 16773 OM EST 17733
31 maggio/*May* 1977
DGM 16773 OM

Sigla motore **VSE1M**
Engine designation **VSE1M**

VSX1T	
1.001 - 2.041	1977
2.042 - 15.227	1978
15.228 - 36.559	1979
36.560 - 73.334	1980
73.335 - 116.614	1981
116.615 - 160.000	1982

The cosmetic differences distinguishing the 200PE with respect to the two smaller displacements concern the positioning of the ignition switch on the handlebar and the identification markings. Otherwise, the model was identical in every respect. It adopted the improved engine from the final series of the 200 Rally: the version equipped with Ducati electronic ignition, which permitted a maximum speed of 116 kph. One peculiarity was that all three displacements had different bores, while the 57 mm stroke remained unchanged. All three engines were fitted with the same carburettor, a sign that the larger displacement served to increase torque at low revs rather than create more power (8 hp for the P125X, 9 hp for the P150X and 12.35 hp for the P200E). The P200E was another very important project for Piaggio as it was designed to replace the sporting Large Frame 200 Rally that had enjoyed significant commercial success but was now feeling the weight of its years – by no means an easy task for the new model.

The 197.97 cc engine provided reasonable power for a scooter and pulled well. It was happier at low revs, showing signs of sluggishness at higher revs. The true novelty of the entire PX series was the new type of gearbox. To facilitate gear changing and improve precision, a pre-selector was adopted with the mechanical selectors being replaced with ones in polyamide resin. The result was excellent; it was now very difficult to find neutral between gears. The tried and tested clutch, on the other hand, remained unchanged. The fuel/oil mixer was an optional extra while the spare wheel was included in the list price. Curiously, the P200E designation was the only one without and X, with the E standing electronic. Compared to the 200 Rally, the new silent blocks dampened vibration and gave the feeling

▶ Azzurro metallizzato, colore disponibile dal 1981.
Metallic blue, colour available from 1981.

▼ Rosso Lacca colore, disponibile dal 1977 al 1979.
Biancospino (Hawthorn white), colour available from 1977 to 1979.

▲ Posizione DGM, sigla telaio e numerazione.
DGM position, chassis designation and numbering.

◀ Posizione sigla motore e numerazione.
Engine designation and numbering.

anni '70

Il risultato è ottimo; ora è veramente difficile sfollare tra una marcia e l'altra. Immutata invece la collaudata frizione. Il miscelatore era un optional mentre la ruota di scorta era compresa nel prezzo di listino. Curiosa la denominazione P200E, l'unica a non avere la X, dove la E indica l'iniziale di elettronica. I nuovi silent block, rispetto alla 200 Rally, attenuano le vibrazioni e danno la sensazione di un motore più "rotondo" che non infastidisce ad alcun regime. Fino al 1979 il fodero inferiore ammortizzatore anteriore è in metallo verniciato color alluminio. Sempre anteriormente il perno di snodo della levetta oscillante della sospensione è piccolo e dal n° di telaio 16.165 aumenta di dimensioni. Il tubo dello sterzo era inizialmente di diametro 18 mm e aumenta a diametro 22 mm a partire dal telaio n° 112.625. Fino al telaio n° 33.284 il cavalletto ha sezione diametro 20 mm, poi aumentato a 22 mm. I cofani sono fissati alla scocca da ganci esterni, come le Large Frame precedenti, fino a ottobre 1981.

of a "smoother" engine that did not annoy at any speed. Through to 1979, the metal lower front shock absorber sheath was painted in an aluminium silver. Again at the front, the suspension rocker arm pivot pin was small and from frame No. 16.165 was increased in size. The steering tube was initially 18 mm in diameter and increased to 22 mm in diameter from frame No. 112.625. Through to frame No. 33.284 the stand had a 20 mm diameter section, which was later increased to 22 mm.

▲ Sul cofano sinistro troviamo la targhetta identificativa P200E, dove E indica l'iniziale di elettronica.
The left-hand side panel carries the P200E badging, with the E standing for electronic.

▲ In questa foto del tamburo sezionato possiamo vedere le ganasce e l'ingranaggio del contachilometri.
In this photo of the sectioned drum brake we can see the shoes and the odometer drive.

▲ Fino al 1980 troviamo la serratura del bloccasterzo e il bauletto di marca Neiman.
Through to 1980 Neiman-branded steering and glovebox locks were fitted.

▲ Nei primi mesi di produzione dei PX di tutte le cilindrate (parliamo di poche migliaia di unità) le viti superiori che fissavano il bauletto non erano passanti sebbene fossero celate dal nasello. Infatti sul telaio erano saldate delle nicchie di lamiera, come sulle precedenti TS – Rally, il tutto fissato con viti a testa esagonale, poi sostituite da quelle bombate a taglio una volta introdotti i fori passanti.
In the early months of PX production of all the displacements (a matter of a few thousand examples), the upper glovebox attachments were not through-screws although they were concealed by the fairing. In fact, sheet metal niches were welded to the frame, as on the earlier TS and Rally models, with everything fixed with hexagon-headed screws, later replaced with slotted round-headed screws once the passing holes were introduced.

▶ Il miscelatore era un optional.
The mixer was optional.

▲ Era l'unica, a differenza delle due cilindrate minori, ad avere il blocchetto accensione sul manubrio.
This was the only model, in contrast with the two smaller displacements, to have an ignition key on the handlebar.

▲ La gomma di scorta era di serie.
The spare wheel was fitted as standard.

▲ Fino a una parte della produzione, solo nei telai 200 compariva un bollino rientrante come sulle 200 Rally.
For part of the production run, the 200 frames only featured an indent like that on the 200 Rally.

▲ Ecco il bollino rientrante della 200 Rally che serviva a fissare la bobina Femsa.
Here is the indent on the 200 Rally that served to attach the Femsa coil.

Doveva chiamarsi Rally 200

Come si può vedere in queste foto, in cui è raffigurato uno strano e sconosciuto prototipo di PX, appare evidente una singolare forcella tele idraulica, per intenderci tipo quelle adottate dalle motociclette. Guardando attentamente queste foto possiamo notare che sia sul nasello anteriore, in prossimità del faro, che sulla sella, sprovvista di serratura, capeggia il nome Rally 200. Notare la forma del parafango più slanciata, che un po' ricorda quello poi montato nel 1985 sulla sportiva 125 T5.
Ringraziamo il collezionista Marco Fumagalli per averci messo gentilmente a disposizione queste inedite tre foto tratte dal suo ricco archivio.

It should have been the Rally 200

What stands out in these photos depicting a strange, unknown PX prototype, is an unusual telescopic hydraulic fork like those used on motorbikes. Looing carefully at the photos we can see the Rally 200 name on both the front fairing, in proximity to the headlight, and on the seat, which was not fitted with a lock. Note that the mudguard was slimmer, resembling to some extent the one that was to be fitted to the sporting 125 T5 in 1985.
We would like to thank the collector Marco Fumagalli for kindly having made available these previously unpublished photographs drawn from his extensive archive.

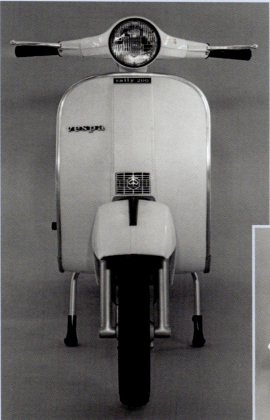

Vespa PX125E - VNX2T

Sebbene gli indicatori di direzione fossero segnati come optional già nel 1977 al lancio della nuova linea, in realtà furono disponibili solo l'anno successivo. Infatti, furono adottati i lampeggiatori con la relativa modifica dell'impianto elettrico da 6 Volt a 12 Volt grazie all'Estensione di omologazione 17.733 del 4 febbraio 1978. Ma non era finita: in Piaggio arrivano ulteriori novità per i modelli PX che nel frattempo stavano riscuotendo un grosso successo commerciale. Infatti, nel novembre 1981, approda l'accensione elettronica, di marca Ducati, e il modello P125X cambia denominazione diventando PX125E.

L'adozione dell'accensione elettronica porta il motore ad acquistare un cavallo in più, ora 9 CV a 6000 g/min. Vengono leggermente ingranditi anche i denti del cambio. Altra novità è che scompaiono i ganci esterni che fissavano i cofani laterali, oggetto di numerosi furti, e al loro posto vengono montati dei ganci antifurto posti sotto la sella, che una volta chiusi a chiave rendevano impossibile la loro sottrazione. Il cambio di sistema del blocco dei cofani laterali fece emergere un punto critico: la parte inferiore della scocca, dove una volta erano inseriti i due ganci esterni e agiva il tirante tendeva a cedere. Per questo motivo la Piaggio studiò una variante ufficiale per ovviare al problema e irrobustire tale zona intervenendo già in fase di costruzione. Dal telaio numero 66.811 fu saldato all'interno della scocca un supporto in lamiera in corrispondenza dell'asola del gancio di fissaggio del cofano. Per i modelli precedenti era consigliato di irrobustire la zona con una dettagliata descrizione ufficiale a pagina 15 del libretto "Variante al manuale per stazioni di servizio

Although indicators were marked as an optional extra as early as 1977 on the launch of the new range, it was not until the following year that they were actually available. In fact, thanks to homologation extension 17,733 of the 4th of February 1978, flashing indicators were adopted and the electrical system was changed from 6 Volts to 12 Volts. This was not all: Piaggio also introduced further novelties for the PX models that were in the meantime enjoying great commercial success. In the November of 1981, Ducati-branded electronic ignition made its debut, with the P125X model name being changed to PX125E. The adoption of electronic ignition brought the engine an extra horsepower and it now delivered 9 hp at 6000 rpm. The gear teeth were also slightly enlarged. Another new feature was that the external clasps securing the side panels, which were frequently stolen, were eliminated in favour of anti-theft hooks clasps beneath the saddle, which once locked made it impossible to remove the panels. The change in the side panel fastening system also allowed another critical issue with the frame to come to light: low down on the body, where the two external clasps used to be fitted and the tie rod acted the area tended to give way. For this reason Piaggio designed an official variant to remedy the problem and strengthen the are, taking preventative action during the assembly phase. From frame No. 66.811, a sheet metal support was welded inside of the bodyshell in correspondence with the side panel clasp slot. The company advised that on earlier models the area should be reinforced, with

PX125E
Totale esemplari prodotti
Total no. of examples produced
134.401

Certificato di omologazione
Homologation certificate
n° 16772 OM Est. 20804
5 novembre/*November* 1981
DGM 16772 OM

Sigla motore **VNX1M**
Engine designation **VNX1M**

VNX2T	
1.001 - 11.295	1981
11.296 - 87.953	1982
87.954 - 135.401	1983

▶ Posizione sigla motore e numerazione.
Engine designation and numbering position.

◀ Dal 1978 la P125X poteva essere dotata di indicatori di direzione.
From 1978, the P125X could be equipped with indicators.

▲ Posizione DGM, sigla telaio e numerazione.
DGM, chassis designation and numbering position.

▼ La pedivella di accensione è più lunga.
The starting lever was longer.

▼ Azzurro metallizzato, disponibile dal 1980.
Metallic blue, available from 1980.

Vespa dis. 2100060". Da numero di telaio 1.116 il tubo dello sterzo, in origine con asse ruota di diametro 18 mm, aumenta a 22 mm. Dal telaio numero 100.050 per il devioluci e devioindicatori di direzione vengono adottati i tasti, che saranno utilizzati successivamente anche sulla versione Arcobaleno, al posto delle levette. La scritta sulla sella è di colore argento su fondo nero. Per il resto non furono apportate altre modifiche. Ulteriori novità verranno apportate a novembre 1983 con l'introduzione del nuovo modello chiamato Arcobaleno.

◀ La nuova targhetta di identificazione dove la E sta per elettronica.
The new badging, with the E standing for electronic.

◀ Libretto "Variante al manuale per stazioni di servizio Vespa dis. 2100060".
"Vespa Service Station Manual Variant dis. 2100060" booklet.

▲ Fino al telaio numero 66.810 era il tallone d'Achille di questo modello.
Through to frame No. 66.810 this was the model's Achille's heel.

▼ Sulla sella troviamo un supporto in plastica nera su cui è fissata una etichetta nera con scritta Piaggio in argento.
On the seat we find a black plastic bracket to which a black label with Piaggio written in silver is attached.

a detailed official description inserted on page 15 of the booklet "Vespa Service Station Manual Variant dis. 2100060". From frame No. 1.116, the wheel axle diameter of the steering tube was increased from the original 18 mm to 22 mm. From frame No. 100.050 for the light and indicator switched used buttons instead of the levers, a feature later adopted on the Arcobaleno version too. The lettering on the saddle was silver on black a background. No further modifications were made until November 1983 with the introduction of the new Arcobaleno model.

▲ La centralina elettronica marca Ducati.
The Ducati-branded electronic control unit.

◀ Il motore con la nuova centralina elettronica acquista un cavallo di potenza in più.
The engine with the new electronic control unit delivered an extra horsepower.

▶ Una parte di cuffie motore erano prodotte dalla Iniectostamp di Opera Milano, come le creste del parafango.
Some of the engine shrouds were manufactured by Iniectostamp of Opera Milano, as were the mudguard crests.

▲ Anche la cilindrata 125 ha il blocchetto di contatto con la chiave.
The 125 version also featured the ignition lock with a key.

▲ Prima versione del devio, la levetta sotto serve per azionare gli indicatori di direzione.
The first version of the switching unit, the lower lever serving to engage the indicators.

▼ Ecco la prima versione del devio della PX125E che avendo la chiave sul manubrio non ha più il pulsantino della massa nella parte inferiore (Vedi P150X pag. 209).
This is the first version of the switch unit of the PX125E, which having the ignition key on the handlebar no longer required the ignition button on the lower part (see the P150X p. 209).

▲ Seconda versione del devio, il pulsante serve per azionare gli indicatori di direzione.
The second version of the switching unit, the button serving to engage the indicators.

▼ È la seconda versione del devio con i due grossi pulsanti.
The second version of the switch unit with the two large buttons.

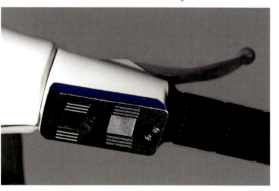

221

anni '70

Vespa PX150E - VLX1T

PX150E

Totale esemplari prodotti
Total no. of examples produced
157.484

Certificato di omologazione
Homologation certificate
n° 16772 OM Est 17733
4 febbraio/*February* 1978
più Est. 20816
16 novembre/*November* 1981
DGM 16772 OM

Sigla motore VLX1M
Engine designation **VLX1M**

VLX1T	
345.649 - 363.301	1981
363.302 - 455.339	1982
455.340 - 503.132	1983

▶ Sebbene già nel 1977, al lancio della nuova linea, gli indicatori di direzione fossero indicati come optional, in realtà furono disponibili solo dall'anno successivo. Infatti, grazie all'Estensione omologazione 17.733 del 4 febbraio 1978, furono adottati i lampeggiatori con relativa modifica impianto elettrico da 6 Volts a 12 Volts, come documentato nella prova su strada della rivista *Motociclismo* dello stesso anno, utilizzando una P150X n° di telaio 41.316, una delle prime dotate dell'optional che costava 55.000 lire.
Ma non era finita: in Piaggio arrivano ulteriori novità per i modelli PX che nel frattempo stavano riscuotendo un grosso successo commerciale. Infatti, nel novembre 1981, appare l'accensione elettronica, di marca Ducati, e il modello da P150X viene denominato PX150E. Altra novità è che scompaiono i ganci esterni che fissavano i cofani laterali, facilmente asportabili, e al loro posto vengono montati dei ganci antifurto posti sotto la sella, che una volta chiusa a chiave rendeva impossibile la loro sottrazione. Il cambio di sistema del blocco dei cofani laterali fece emergere un punto critico della scocca. In basso, dove una volta erano inseriti i due ganci esterni e agiva il tirante, la zona tendeva a cedere. Per questo motivo la Piaggio studiò una variante ufficiale per ovviare al problema e irrobustire tale zona intervenendo preventivamente in fase di costruzione. Dal telaio n° 439.920 fu saldato all'interno della scocca un elemento in lamiera in corrispondenza dell'asola del gancio di fissaggio del cofano. Per i modelli precedenti era consigliato irrobustire tale parte con una dettagliata descrizione ufficiale inserita a pagina 15 del libretto "Variante al manuale per stazioni di servizio Vespa dis. 2100060".

▼ *Azzurro metallizzato utilizzato anche su questa versione.*
Metallic blue also used on this version.

▶ *Although indicators were already being marketed as an optional extra in 1977 when the new range was launched, in reality it was not until the following year that they were actually available. In fact, thanks to homologation extension 17,733 of the 4th of February 1978, flashing indicators were adopted and the electrical system was changed from 6 Volts to 12 Volts, as documented in Motociclismo magazine's road test from that year, using a P150X frame No. 41,316, one of the first equipped with the optional extra that cost 55,000 Lire.*
This was not all: Piaggio also introduced further novelties for the PX models that were in the meantime enjoying great commercial success. In the November of 1981, Ducati-branded electronic ignition made its debut, with the P150X model name being changed to PX150E. Another new feature was that the easily opened external clasps securing the side panels disappeared, to be replaced with anti-theft clasps beneath the seat, which once locked made it impossible to remove the panels. The change in the side panel fastening system also allowed another critical issue with the frame to come to light. Low down, where the two external clasps were previously located and exerted pressure, the area tended to give way. For this reason, Piaggio designed an official variant to overcome the problem and strengthen the area, taking preventative action during the assembly phase. From fame No. 439,920, a sheet metal item was welded to the frame in correspondence with the side panel fixing clasp slot. The company advised that on earlier models the part should be reinforced, with a detailed official description inserted on page 15 of the "Vespa Service Station Manual Variant dis. 2100060".

▲ Posizione DGM, sigla telaio e numerazione.
DGM, chassis designation and numbering position.

▶ Azzurro Cina, colore utilizzato solo per questa versione.
Azzurro Cina (China Blue), a colour used on this version alone.

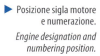

◀ Biancospino, colore utilizzato su tutte le tre cilindrate.
Biancospino (Hawthorn White), a colour used on all three displacements.

▶ Posizione sigla motore e numerazione.
Engine designation and numbering position.

Da n° di telaio 346.431 il tubo dello sterzo, in origine con asse ruota di diametro 18 mm, aumenta a 22 mm. Nei modelli di produzione 1982, dal telaio n° 410.581 e anche nella cilindrata minore (vedi PX125X), il devioluci e il devioindicatori di direzione sono azionati con tasti al posto delle levette, modello poi adottato anche nella successiva versione Arcobaleno.
La scritta sulla sella è di colore argento su fondo nero. Per il resto non vengono apportate altre modifiche. Per avere grosse novità bisognerà aspettare il novembre 1983 con il lancio del nuovo modello chiamato Arcobaleno.

▲ La nuova targhetta di identificazione dove la E indica elettronica.
The new identification plate, with the E standing for electronic.

▶ Serratura bauletto marca Zadi.
Zadi-branded glovebox lock.

▼ Dal 1977 al 1980 la cresta del parafango è fine e in zama antracite scurissima; dal 1981 al 1983 permane la stessa forma ma in plastica color nero marca Omniplast o Iniectostamp.
From 1977 to 1980, the crest on the mudguard was narrow and in very dark anthracite Zama; from 1981 to 1983 it had the same shape but was in black plastic made by Omniplast or Iniectostamp.

From frame No. 346.346,431, the wheel axle diameter of the steering tube was increased from the original 18 mm to 22 mm. In the 1982 production models from chassis no. 410.581 and also in the smaller engine size (see PX125X), the light switch and indicator switch are operated with buttons instead of levers, a model also adopted in the later Arcobaleno version.
The lettering on the seat was silver on a black ground. No other modifications were made. The Vespisti had to wait for major modifications until November 1983 and the launch of the new Arcobaleno model.

▲ La parte interna della sella con l'abbondante imbottitura e il sistema di molleggio.
The internal part of the seat with the ample padding and the springing system.

◀ Le due levette per sganciare i cofani laterali. Le due gomme verdi scelte dal proprietario in sostituzione delle originali nere.
The two levers for unlocking the side panels. The two green rubber stops chosen by the owner to replace the black originals.

▲ Sulla sella troviamo un supporto in plastica nera su cui è fissata una etichetta nera con scritta Piaggio in argento.

On the seat we find a black plastic bracket to which a black label with Piaggio written in silver is attached.

▲ All'interno del bauletto troviamo il retro degli indicatori di direzione con i loro collegamenti elettrici.

On the inside of the glovebox we find the backs of the indicator units with their electrical wiring.

▼ Anche la cilindrata 150 ha il blocchetto di contatto con la chiave. La spia verde a sinistra indica luci accese, quella a destra arancione il funzionamento degli indicatori di direzione.

The 150 displacement also features the ignition lock with a key. The green tell-tale on the left indicates lights on, the orange one on the right the direction indicators in operation.

▲ Prima versione del devio, la levetta sotto serve per azionare gli indicatori di direzione.

The first version of the switching unit, the lower lever served to engage the indicators.

▲ Il nuovo modello di devio luci e indicatori di direzione utilizzato sugli esemplari prodotti nel 1982 dal telaio n° 410.581.

The new lighting and indicator switching unit used on the examples produced in 1982 from frame No. 410.581.

▼ La centralina elettronica marca Ducati.

The Ducati-branded electronic control unit.

▲ Ecco la prima versione del devio della PX150E, che avendo la chiave sul manubrio non ha più il pulsantino della massa nella parte inferiore (vedi P125X pag. 205).

This is the first version of the switch unit of the PX150E, which having the ignition key on the handlebar no longer required the button on the lower part (see the P125X p. 205).

225

anni '70

Vespa PX200E - VSX1T

PX200E

Totale esemplari prodotti
Total no. of examples produced
35.574

Certificato di omologazione
Homologation certificate
n° 16773 OM
Est 21005
3 luglio/*July* 1982
DGM 16773 OM

Sigla motore VSE1M
Engine designation VSE1M

VSX1T	
160.001 - 165.842	1982
165.843 - 184.910	1983
184.911 - 191.833	1984
191.834 - 195.545	1985
195.546 - 195.574	1986

La produzione della serie PX200E è continuata anche dopo il lancio e messa a listino della successiva serie Arcobaleno nel 1983.

Production of the PX200E series continued even after the launch of the new Arcobaleno series in 1983.

▶ Sebbene già nel 1977, al lancio della nuova linea, gli indicatori di direzione fossero indicati come optional, in realtà furono disponibili solo dall'anno successivo. Potevano infatti essere adottati i lampeggiatori con la modifica dell'impianto elettrico da 6 Volts a 12 Volts solo a partire dal n° di telaio 2.501. Ma non era finita: in Piaggio arrivano ulteriori novità per i modelli PX, che nel frattempo stavano riscuotendo un grosso successo commerciale. Con l'Estensione di omologazione OM 16.773 Est. 21005 del 3 luglio 1982 dal telaio n° 160.001 cambia la denominazione da P200E a PX200E. Ulteriore novità è che scompaiono i ganci esterni che fissavano i cofani laterali, facilmente asportabili, e al loro posto vengono montati dei ganci antifurto posti sotto la sella, che una volta chiusa a chiave rendeva impossibile la loro sottrazione. Il cambio di sistema del blocco dei cofani laterali fece emergere un punto critico della scocca. In basso, dove una volta erano inseriti i due ganci esterni e agiva il tirante, la parte tendeva a cedere. Per questo motivo la Piaggio studiò una variante ufficiale, per ovviare al problema e irrobustire tale zona, intervenendo già in fase di costruzione dal telaio n° 148.944, saldando all'interno della scocca un elemento in lamiera in corrispondenza dell'asola del gancio di fissaggio del cofano. Per i modelli precedenti, Piaggio consigliava di irrobustire tale parte inserendo una dettagliata

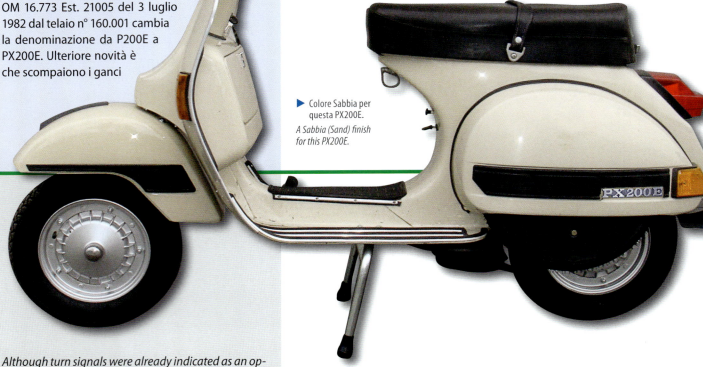

▶ Colore Sabbia per questa PX200E.
A Sabbia (Sand) finish for this PX200E.

▶ *Although turn signals were already indicated as an option at the launch of the new range in 1977, in reality they were only available from the following year. In fact, indicators could only be adopted with the modification of the electrical system from 6 Volts to 12 Volts starting with frame No. 2.501. However, there was more to come: further innovations arrived from Piaggio with regard to the PX models, which had in the meantime been enjoying great commercial success. With the homologation extension OM 16.773 Est. 21005 of 3 July 1982 from frame No. 160.001 the name changed from P200E to PX200E. Another novelty was that the external clasps securing the side panels, which were all too easy to remove, were eliminated in favour of anti-theft clasps installed under the saddle, which once locked made it impossible for the panels to be stolen. This change in the system of locking the side panels highlighted a critical issue with the bodywork. At the bottom, where the two outer clasps used to be inserted and the tie rod acted, the section tended to give way. For this reason, Piaggio*

▲ Posizione DGM, sigla telaio e numerazione.
DGM position, chassis designation and numbering.

▼ Versione P200E dotata di indicatori di direzione e ganci interni utilizzati dal telaio 111.992 del 1981.
The P200E version equipped with indicators and internal clasps used from frame 111.992 from 1981.

▲ Azzurro metallizzato anche per questo modello.
Metallic blue for this model too.

▼ Posizione sigla motore e numerazione.
Engine designation and numbering position.

descrizione ufficiale a pagina 15 del libretto: "Variante al manuale per stazioni di servizio Vespa dis. 2100060". Dal n° di telaio 112.625 il tubo dello sterzo, in origine con asse ruota di diametro 18 mm, aumenta a 22 mm. Nei modelli di produzione 1982, dal telaio n° 137.654 il devioluci e il devioindicatori di direzione, come nelle cilindrate minori (vedi PX125X), sono con tasti al posto delle levette, stessa tipologia poi adottata anche sulla successiva versione Arcobaleno. La scritta sulla sella è di colore argento su fondo nero. Per il resto non vengono apportate altre modifiche. Per avere grosse novità bisognerà aspettare novembre 1983 con l'esordio del nuovo modello chiamato Arcobaleno.

▲ La nuova targhetta di identificazione.
The new badging.

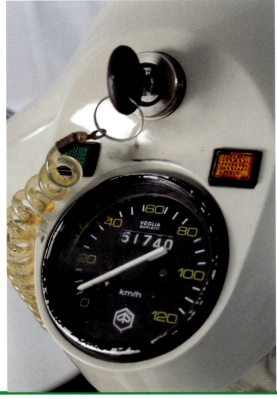

▲ Il manubrio non cambia rispetto alla versione P200E con indicatori di direzione. La spia verde a sinistra indica luci accese, quella a destra arancione, il funzionamento degli indicatori di direzione.
The handlebar was unchanged with respect to the P200E version with indicators. The green tell-tale on the left indicates lights on, the orange one on the right the direction indicators in operation.

designed an official variant to remedy the problem and strengthen this area, intervening in the construction phase from frame No. 148.944 by welding a sheet metal element inside the bodywork in correspondence with the slot for the side panel clasp. For earlier models, Piaggio recommended reinforcing this area with a detailed official description on page 15 of the booklet: "Variant to the Vespa service station manual dis. 2100060". From frame No. 112.625 the 18 mm axle diameter of the steering tube was increased to 22 mm. On the 1982 production models, from frame No. 137.654 the light indicator switches, as on the smaller displacement models (see PX125X), had buttons instead of levers, the same type subsequently adopted on the later Arcobaleno version. The lettering on the saddle was silver on a black ground. Otherwise, no changes were made. We would have to wait until November 1983 for major innovations with the debut of the new Arcobaleno model.

▲ Sulla sella troviamo un supporto in plastica nera su cui è fissata una etichetta nera con scritta Piaggio in argento.
On the seat we find a black plastic bracket to which a black label with Piaggio written in silver is attached.

▶ Le due levette per sganciare i cofani laterali con le guarnizioni nere originali.
The two levers for unclasping the side panels with the original black seals.

▲ La spia per verificare la presenza di olio nel serbatoio dei modelli dotati di miscelatore, un optional su tutte e tre le cilindrate.
The tell-tale indicating the presence of oil in the tank on those models with a mixer, an optional extra on all three displacements.

▲ Fin dalla presentazione il modello P200E era dotato di centralina elettronica.
From its presentation the P200E model was fitted with an electronic control unit.

▲ Il motore sezionato consente di vedere tutti i suoi componenti.
The sectioned engine allows all its components to be seen.

▼ Questo è un accessorio non ufficiale che, sostituendo il devio originale e modificando i contatti elettrici, permetteva di avere le quattro frecce lampeggianti (parking).
This was an after market accessory that, replacing the original switch and modifying the electrical contacts, permitted four flashing indicators for parking.

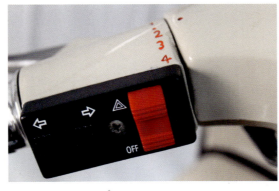

▼ Il grosso pedale a sezione quadrata che equipaggia tutte e tre le cilindrate.
The large square section pedal fitted to all three displacements.

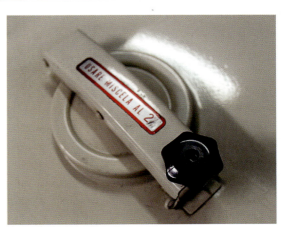

▲ La chiusura del tappo del serbatoio con il pomello nero.
The fuel filler closure with the black knob.

▲ Sotto il nasello in plastica sono nascoste le viti che fissano bauletto e clacson.
The screws securing the glove box and the horn were concealed behind the plastic fairing.

◄ Manubrio sezionato: particolare della manetta del cambio con la ghiera per fissare i due cavi che comandano le marce.
A sectioned handlebar showing the gearbox twist grip with the pulley securing the two cables actuating the gear changes.

anni '70

Codici colore • Colour codes

Vespa 98

- Grigio, Grigio Perla, Amaranto, Blu e Argento metallizzato opaco.

Per tutte fondo Antiruggine Rosso Opaco.

Solo per questo modello non riportiamo tutti i codici precisi dei colori dello smalto Bilux della MaxMeyer. Le formule precise ricostruite a campione sono riportate sul libro *Vespa 98, Risorgere su due ruote* di Roberto Donati e Paolo Zanon.

125 Elastica - Bacchetta

Unico per tutta la produzione. Fino a dicembre 1948 la vernice era a base nitro cellulosica denominata Tinta Piaggio n° 5, sostituita poi con il tipo di origine sintetica denominato "Vernice Trasparente" per via della sua lucentezza denominata Tinta Piaggio n° 10.

- Verde argento pallido riconducibile al codice MaxMeyer 6000M

Antiruggine Rosso Opaco codice MaxMeyer 10055M

125 Modello 1951

- Unico colore Verde Metallizzato codice MaxMeyer 6002M

Antiruggine Rosso Opaco codice MaxMeyer 10055M

125 VM1T

- Unico colore Grigio codice MaxMeyer 15048

Antiruggine Rosso Opaco codice MaxMeyer 10055M

125 VM2T

- Unico colore Grigio codice MaxMeyer 15048

Antiruggine Rosso Opaco codice MaxMeyer 10055M

125 VU1T

- Unico colore Verde Pastello codice MaxMeyer 1.289.6334

Antiruggine Rosso Opaco codice MaxMeyer 10055M

125 VN1T

- Unico colore Grigio codice MaxMeyer 15048

Antiruggine Rosso Opaco codiceMax Meyer 10055M

125 VN2T

- Unico colore Grigio codice MaxMeyer 15081

Antiruggine Rosso Opaco codice MaxMeyer 10055M

125 VNA1T

- Unico colore Grigio Pastello codice MaxMeyer 15046

Antiruggine Rosso Opaco codice MaxMeyer 10055M (nelle primissime con n° telaio lato destro) poi antiruggine Grigio codice MaxMeyer 8012M

Vespa 98

- Grey, Pearl Grey, Amaranto Maroon, Blue and matte Metallic Silver.

Matte red rust proofing for all.

For this model only, we have not reproduced the precise codes for the MaxMeyer Bilux enamel. The precise formulas reconstructed in samples are available in the book Vespa 98, Risorgere su due ruote *by Roberto Donati and Paolo Zanon.*

125 Elastica - Bacchetta

A single colour throughout the production run. Through to December 1948, the paint was nitro cellulose denominated Tinta Piaggio no 5, later replaced with a synthetic "Transparent Paint" denominated Tinta Piaggio n° 10.

- *Pale silver green equating to MaxMeyer code 6000M*

Matte red rustproofing, MaxMeyer code 10055M

125 Modello 1951

- *Single colour Metallic Green MaxMeyer code 6002M*

Matte Red rustrproofing MaxMeyercode 10055M

125 VM1T

- *Single colour Grey MaxMeyer code 15048*

Matte Red rustproofing MaxMeyer code 10055M

125 VM2T

- *Single colour Grey MaxMeyer code 15048*

Matte Red rustproofing MaxMeyer code 1055M

125 VU1T

- *Singe colour Solid Green MaxMeyer code 1.289.6334*

Matte Red rustproofing MaxMeyer code 10055M

125 VN1T

- *Single colour Grey MaxMeyer code 15048*

Matte Red rustproofing MaxMeyer code 10055M

125 VN2T

- *Single colour Grey MaxMeyer code 15081*

Matte Red rustproofing MaxMeyer code 10055M

125 VNA1T

- *Single colour Solid Grey MaxMeyer code 15046*

Matte Red rustproofing MaxMeyer code 10055M (in the earliest example with

Copriventola Alluminio codice MaxMeyer 1.268.0983

125 VNA2T
- Unico colore Grigio Beige chiaro
  codice MaxMeyer 15099

Antiruggine Grigio codice MaxMeyer 8012M

Copriventola Alluminio codice MaxMeyer 1.268.0983

125 VNB1T
- Unico colore Grigio Celeste chiaro
  codice MaxMeyer 1.298.8840

Antiruggine Nocciola codice MaxMeyer 3000M

Copriventola Alluminio codice MaxMeyer 1.268.0983

150 VL1T – VL2T – VL3T

VL1T – VL2T
- Unico colore Grigio codice MaxMeyer 15048*

Antiruggine Rosso Opaco codice MaxMeyer 10055M

Sono stati segnalati alcuni esemplari delle ultime produzioni VL2T Grigio Codice MaxMeyer 15081

VL3T
- Unico colore Grigio codice MaxMeyer 15081

Antiruggine Rosso Opaco codice MaxMeyer 10055M

150 VB1T
- Unico colore Grigio Azzurro Metallizzato
  codice MaxMeyer 15028

Antiruggine Rosso Opaco codice MaxMeyer 10055M

150 VBA1T
- Unico colore Azzurro Metallizzato
codice MaxMeyer 15067

Antiruggine Nocciola codice MaxMeyer 3000M

Copriventola Alluminio codice MaxMeyer 1.268.0983

150 GS VS1T – VS2T – VS3T – VS4T – VS5T
- Unico colore Grigio Metallizzato
  codice MaxMeyer 15005

Antiruggine Rosso Opaco codice MaxMeyer 10055M

Sugli ultimi esemplari VS5T Antiruggine Verde Codice MaxMeyer 6006M

50 V5A1T

▷ **1963**
- Disponibile solo Verde
  codice MaxMeyer 1.293.6301 (Piaggio P 301)

▷ **1964**
- Verde
  codice MaxMeyer 1.293.6301 (Piaggio P 301)
- Grigio Ametista dal telaio n° 6961 a 61.346
  codice MaxMeyer 1.298.8710
- Rosso dal telaio n° 6961 a 61.346
  codice MaxMeyer 1.298.5847

▷ **Dal 1965**
- Azzurro Chiaro dal telaio n° 92.877
  codice MaxMeyer 1.298.7400
- Rosso dal telaio n° 92.877 a 200.000
  codice MaxMeyer 1.298.5850
- Verde chiaro dal telaio n° 140.366 a 200.000
  codice MaxMeyer 1.298.6303
- Verde Mela dal telaio n° 200.001 in poi
  codice MaxMeyer 1.298.6302
- Azzurro Acquamarina dal telaio n° 200.001 in poi
  codice MaxMeyer 1.298.7305
- Turchese dal telaio n° 200.001 in poi
  codice MaxMeyer 1.298.7240
- Giallo Positano dal telaio n°200.001 in poi
  codice MaxMeyer 1.298.2902
- Chiaro di Luna Metallizzato dal telaio n° 200.001 in poi
  codice MaxMeyer 1.298.0108

Fondo Antiruggine Nocciola
codice MaxMeyer 3000M fino al 1967 poi

---

frame No. on the right) then Grey rustproofing MaxMeyer code 8012M

Fan cover Aluminium Silver MaxMeyer code 1.268.0983

125 VNA2T
- *Single colour light Beige Grey MaxMeyer code 15099*

Grey rustproofing MaxMeyer code 8012M

Fan cover Aluminium Silver MaxMeyer code 1.268.0983

125 VNB1T
- *Single colour light Sky Blue MaxMeyer code 1.298.8840*

Hazelnut rustproofing MaxMeyer code 3000M

Fan cover Aluminium Silver MaxMeyer code 1.268.0983

150 VL1T - VL2T - VL3T

VL1T – VL2T
- *Single colour Grey MaxMeyer code 15048**

Matte Red rustproofing MaxMeyer code 10055M

*A number of examples have been reported from the last VL2T batch with Grey MaxMeyer code 15081

VL3T
- *Single colour Grey MaxMeyer code 15081*

Matte Red rustproofing MaxMeyer code 10055M

150 VB1T
- *Single colour Metallic Grey Blue MaxMeyer code 15028*

Matte Red rustproofing MaxMeyer code 15028

150 VBA1T
- *Single colour Metallic Blue MaxMeyer code 15067*

Hazelnut rustproofing MaxMeyer code 3000M

Fan cover Aluminium Silver MaxMeyer code 1.268.0983

150 GS VS1T - VS2T - VS3T - VS4T - VS5T
- *Single colour Metallic Grey MaxMeyer code 15005*

Matte Red rustproofing MaxMeyer code 10055M

On the final VS5T examples Green rustproofing MaxMeyer code 6006M

50 V5A1T

▷ **1963**
- *Only colour available Green*
  MaxMeyer code 1.293.6301 (Piaggio P 301)

▷ **1964**
- *Green*
  MaxMeyer code 1.293.6301 (Piaggio P 301)
- *Amythyst Grey from frame No. 6961 to 61.346*
  MaxMeyer code 1.298.8710
- *Red from frame No. 6961 to 61.346*
  MaxMeyer code 1.298.5847

▷ **From 1965**
- *Light Blue from frame No. 92.877*
  MaxMeyer code 1.298.7400
- *Red from frame No. 92.877 to 200.000*
  MaxMeyer code 1.298.5850
- *Light Green from frame No. 140.366 to 200.000*
  MaxMeyer code 1.298.6303
- *Apple Green from frame No. 200.001 onwards*
  MaxMeyer code 1.298.6302
- *Marine Blue from frame No. 200.001 onwards*
  MaxMeyer code 1.298.7305
- *Turquoise from frame No. 200.001 onwards*
  MaxMeyer code 1.298.7240
- *Positano yellow from frame No. 200.001 onwards*
  MaxMeyer code 1.298.2902
- *Metallic Chiaro di Luna from frame No. 200.001*
  MaxMeyer code 1.298.0108

fondo Antiruggine Grigio codice MaxMeyer 8012M

Dal 1964 cerchi, tamburi, mozzi, forcella e copriventola color Alluminio codice MaxMeyer 1.298.0983

NB: Nel 1964 gli esemplari Verdi avevano ancora questi pezzi in tinta con la scocca come la produzione 1963.

50 L V5A1T

- Azzurro Metallizzato dal telaio n° 500.001 a 540.000 codice MaxMeyer 1.298.7114
- Azzurro Metallizzato Chiaro dal telaio n° 540.000 codice MaxMeyer 1.298.0110
- Giallo Arancio dal telaio n° 500.001 codice MaxMeyer 1.298.2916
- Giallo Positano dal telaio n 500.001 codice MaxMeyer 1.298.2902
- Avorio dal telaio n° 540.000 codice MaxMeyer 1.298.3901
- Verde Mela dal telaio n° 540.000 codice MaxMeyer 1.298.6302
- Rosa Shocking dal telaio n° 500.001 a 540.000 codice MaxMeyer 1.298.5801

Fondo Antiruggine Nocciola codice MaxMeyer 3000M fino al 1967 poi fondo Antiruggine Grigio codice MaxMeyer 8012M

Cerchi, tamburi, mozzi, forcella e copriventola color Alluminio codice MaxMeyer 1.298.0983

50 SS V5SS1T

- Unico colore Bianco codice MaxMeyer 1.298.5178

Fondo Antiruggine Nocciola codice MaxMeyer 3000M fino al 1967 poi fondo Antiruggine Grigio codice MaxMeyer 8012M

Cerchi, tamburi, mozzi, forcella e copriventola color Alluminio codice MaxMeyer 1.298.0983

90 V9A1T

- Unico colore Azzurro codice MaxMeyer 1.298.7220

Fondo Antiruggine Nocciola codice MaxMeyer 3000M

Forcella e copriventola in tinta carrozzeria

Cerchioni e mozzi alluminio codice MaxMeyer 1.268.0983

90 SS V9SS1T

- Blu pavone codice MaxMeyer 1.298.7220 dal 1965 per tutta la produzione.
- Rosso codice MaxMeyer 1.268.5850 dal 1965 al 1967
- Rosso codice MaxMeyer 2.268.5802 dal 1968 al 1969
- Rosso codice MaxMeyer 1.298.5811 dal 1970 al 1971

Fondo Antiruggine Nocciola codice MaxMeyer 3000M fino al 1967 poi fondo Antiruggine Grigio codice MaxMeyer 8012M

Cerchi, tamburi, mozzi, forcella e copriventola color Alluminio codice MaxMeyer 1.298.0983

125 VNB2T – 3T – 4T – 5T – 6T

▷ VNB2T
- Unico colore Celeste Chiaro codice MaxMeyer 1.298.8840

▷ VNB3T
- Unico colore Grigio codice MaxMeyer 15210

▷ VNB4T
- Unico colore Grigio chiaro codice MaxMeyer 1.298.8707

▷ VNB5T
- Unico colore Grigio ametista codice MaxMeyer 1.298.8710

▷ VNB6T

Hazelnut rustproofing MaxMeyer code 3000M until 1967 then Grey rustproofing MaxMeyer code 8012M

From 1964 wheels, drums, hubs, fork and fan cover Aluminium Silver MaxMeyer code 1.298.0983

NB: In 1964 the Green examples still had these parts body-coloured like those produced in 1963.

50 L V5A1T

- *Metallic Blue from frame No. 500.001 to 540.000 MaxMeyer code 1.298.7114*
- *Metallic Light Blue from frame No. 540.000 MaxMeyer code 1.298.0110*
- *Orange Yellow from frame No. 500.001 MaxMeyer code 1.298.2916*
- *Positano yellow from frame No. 500.001 MaxMeyer code 1.298.2902*
- *Ivory from frame No. 540.000 MaxMeyer code 1.298.3901*
- *Apple Green from frame No. 540.000 MaxMeyer code 1.298.6302*
- *Shocking Pink from frame No. 500.001 to 540.000 MaxMeyer code 1.298.5801*

Hazelnut rustproofing MaxMeyer code 3000M until 1967 then Grey rustproofing MaxMeyer code 8012M

Wheels, drums, hubs fork and fan cover Aluminium Silver MaxMeyer code 1.298.0983

50 SS V5SS1T

- *Single colour White MaxMeyer code 1.298.5178*

Hazelnut rustproofing MaxMeyer code 3000M until 1967 then Grey rustproofing MaxMeyer code 8012M

Wheels, drums, hubs, fork and fan cover Aluminium Silver MaxMeyer code 1.298.0983

90 V9A1T

- *Single colour Blue MaxMeyer code 1.298.7220*

Hazelnut rustproofing MaxMeyer code 3000M

Body-coloured fork and fan cover

Wheels and hubs Aluminium Silver MaxMeyer code 1.268.0983

90 SS V9SS1T

- *Peacock Blue MaxMeyer code 1.298.7220 from 1965 throughout production.*
- *Red MaxMeyer code 1.268.5850 from 1965 to 1967*
- *Red MaxMeyer code 2.268.5802 from 1968 to 1969*
- *Red MaxMeyer code 1.298.5811 from 1970 to 1971*

Hazelnut rustproofing MaxMeyer code 3000M until 1967 then Grey rustproofing MaxMeyer code 8012M

Wheels, drums, hubs, fork and fan cover Aluminium Silver MaxMeyer code 1.298.0983

125 VNB2T - 3T - 4T - 5T - 6T

▷ VNB2T
- *Single colour Light Sky Blue MaxMeyer code 1.298.8840*

▷ VNB3T
- *Single colour Grey MaxMeyer code 15210*

▷ VNB4T
- *Single colour Light Grey MaxMeyer code 1.298.8707*

- Unico colore Azzurro Chiaro
  codice MaxMeyer 1.298.7400

Antiruggine Nocciola codice MaxMeyer 3000M

Cerchioni, mozzi e forcella in tinta carrozzeria fino alla serie VNB5T

Copriventola Alluminio codice MaxMeyer 1.268.0983 nella serie VNB6T anche i cerchioni e mozzi.

125 Super VNC1T

- Verde Chiaro
  codice MaxMeyer 1.298.6303
- Bianco
  codice MaxMeyer 1.298.3412

Fondo Antiruggine Nocciola
codice MaxMeyer 3000M fino al 1967 poi
fondo Antiruggine Grigio codice MaxMeyer 8012M

Cerchi, tamburi, mozzi, forcella e copriventola
color Alluminio codice MaxMeyer 1.298.0983

125 GT VNL2T

- Azzurro Acqua Marina
  codice MaxMeyer 1.298.7305 (tutta la produzione)
- Azzurro Metallizzato chiaro
  codice MaxMeyer 1.268.0110 (dal 1969)
- Verde Pastello
  codice MaxMeyer 1.298.6399 (dal 1969)

Fondo Antiruggine Nocciola
codice MaxMeyer 3000M fino al 1967 poi
fondo Antiruggine Grigio codice MaxMeyer 8012M

125 Nuova VMA1T

- Unico colore Azzurro chiaro metallizzato
  codice MaxMeyer 1.268.0110

Fondo Antiruggine Nocciola
codice MaxMeyer 3000M fino al 1967 poi
fondo Antiruggine Grigio codice MaxMeyer 8012M

Cerchi, tamburi, mozzi, forcella e copriventola
color Alluminio codice MaxMeyer 1.298.0983

125 Primavera VMA2T

- Biancospino
  codice MaxMeyer 1.298.1715 (P9/6) dal 1967 per tutta la produzione
- Chiaro di Luna metallizzato
  codice MaxMeyer 1.268.108 dal 1972 al 1979
- Marrone metallizzato "Coca Cola"
  codice MaxMeyer 1.268.5130 dal 1974 al 1976
- Blu Marine
  codice MaxMeyer 1.298.7275 dal 1976 al 1977
- Verde Vallombrosa
  codice MaxMeyer 1.298.6590 1978
- Amaranto
  codice MaxMeyer 1.298.5835 1974
- Azzurro metallizzato
  codice Piaggio P 5/2 dal 1980 al 1981
- Grigio azzurro metallizzato
  codice Piaggio P 5/4 1982 al 1983

Fondo Antiruggine Grigio codice MaxMeyer 8012M
dal 1982 Grigio Scuro 730 (Nero 1M)

Cerchi, tamburi, mozzi, forcella e copriventola
color Alluminio codice MaxMeyer 1.298.0983

125 GTR VNL2T

- Azzurro Acqua Marina
  codice MaxMeyer 1.298.7305 dal 1968 al 1969
- Verde Pastello
  codice MaxMeyer 1.298.6399 dal 1968 al 1969
- Chiaro di Luna metallizzato
  codice MaxMeyer 2.268.0108 dal 1969
- Rosso Corallo
  codice MaxMeyer 1.298.5811 dal 1971
- Blu
  codice MaxMeyer 2.298.7230 dal 1972
- Azzurro Cina
  codice MaxMeyer 1,298.7402 dal 1973

▷ **VNB5T**
- *Single colour Amythyst Grey*
  MaxMeyer code 1.298.8710

▷ **VNB6T**
- *Single Colour Light Blue*
  MaxMeyer code 1.298.7400

Hazelnut rustproofing MaxMeyer code 3000M

Body-coloured wheels hubs and fork through to the VNB5T series

Fan cover Aluminium Silver MaxMeyer code 1.268.0983 on the VNB6T series also the wheels and hubs.

125 Super VNC1T

- *Light Green*
  MaxMeyer code 1.298.6303
- *White*
  MaxMeyer code 1.298.3412

Hazelnut rustproofing MaxMeyer code until 1967 then grey rustproofing MaxMeyer code 8012M

Wheels, drums, hubs fork and fan cover Aluminium Silver MaxMayer code 1.298.0983

125 GT VNL2T

- *Marine Blue*
  MaxMayer code 1.298.7305 (throughout production)
- *Metallic Light Blue*
  MaxMayer code 1.268.0110 (from 1969)
- *Solid Green*
  MaxMayer code 1.298.6399 (from 1969)

Hazelnut rustproofing MaxMayer code 3000M until 1967 then Grey rustproofing MaxMayer code 8012M

125 Nuova VMA1T

- *Single colour Metallic Light Blue*
  MaxMayer code 1.268.0110

Hazelnut rustproofing MaxMayer code 300M until 1967 then Grey rustproofing MaxMayer code 8012M

Wheels, drums, hubs, fork and fan cover Aluminium Silver MaxMayer code 1.298.0983

125 Primavera VMA2T

- *Hawthorn White*
  MaxMayer code 1.298.1715 (P9/6) from 1967 throughout production
- *Metallic Chiaro di Luna*
  MaxMayer code 1.268.108 from 1972 to 1979
- *Metallic "Coca Cola" Brown*
  MaxMayer code 1.268.5130 from 1974 to 1976
- *Marine Blue*
  MaxMayer code 1.298.7275 from 1976 to 1977
- *Verde Vallombrosa*
  code MaxMayer 1.298.6590 1978
- *Amaranto Maroon*
  MaxMayer code 1.298.5835 1974
- *Metallic Blue*
  Piaggio code P 5/2 from 1980 to 1981
- *Metallic Blue Grey*
  Piaggio code P 5/4 1982 to 1983

Grey rustproofing MaxMayer code 8012M from 1982 Dark Grey 730 (Nero 1M)

Wheels, drums, hubs, fork and fan cover Aluminium Silver MaxMayer code 1.298.0983

125 GTR VNL2T

- *Marine Blue*
  MaxMayer code 1.298.7305 from 1968 to 1969
- *Solid Green*

- Grigio Polaris
  codice MaxMeyer 1.268.8200 dal 1973

Fondo Antiruggine Grigio codice MaxMeyer 8012M

Cerchi, tamburi, mozzi, forcella e copriventola color Alluminio codice MaxMeyer 1.298.0983

150 VBB1T

- Unico colore Azzurro Metallizzato
  codice MaxMeyer 1.268.0890

Fondo Antiruggine Nocciola codice MaxMeyer 3000M

Cerchioni, mozzi e forcella in tinta carrozzeria

Copriventola Alluminio codice MaxMeyer 1.268.0983

150 VBB2T

- Unico colore Blu medio pastello
  codice MaxMeyer 1.268.7213

Fondo Antiruggine Nocciola codice MaxMeyer 3000M

Cerchioni, mozzi e forcella in tinta carrozzeria

Copriventola Alluminio codice MaxMeyer 1.268.0983

150 GL VLA1T

- Unico colore Avorio
  codice MaxMeyer 1.298.3909

Fondo Antiruggine Nocciola codice MaxMeyer 3000M

Cerchi, tamburi, mozzi, forcella in tinta carrozzeria

Copriventola Alluminio codice MaxMeyer 1.268.0983

150 Super VBC1T

- Unico colore Blu Chiaro
  codice MaxMeyer 1.298.7210

Fondo Antiruggine Nocciola codice MaxMeyer 3000M fino al 1967 poi fondo Antiruggine Grigio codice MaxMeyer 8012M

Cerchi, tamburi, mozzi, forcella e copriventola color Alluminio codice MaxMeyer 1.298.0983

150 Sprint VLB1T - VLB2T

- Unico colore Grigio Azzurro Metallizzato
  codice MaxMeyer 1.268.0110

Fondo Antiruggine Nocciola codice MaxMeyer 3000M fino al 1967 poi fondo Antiruggine Grigio codice MaxMeyer 8012M

Cerchi, tamburi, mozzi, forcella e copriventola color Alluminio codice MaxMeyer 1.298.0983

160 GS VSB1T

- Unico colore Grigio Biacca
  codice MaxMeyer 1.298.8714

Cerchi ruote, copriventola, copriruota di scorta e mozzo anteriore colore Alluminio codice Max Meyer 1,298,0983

Fondo Antiruggine Nocciola codice MaxMeyer 3000M

Cerchi, tamburi, mozzi, forcella e copriventola color Alluminio codice MaxMeyer 1.298.0983

180 SS VSC1T

- Biancospino
  codice Max Meyer 1.298.1715 fino al telaio 36.700
- Rosso
  codice Max Meyer 1.298.5847 fino al telaio 16.000
- Rosso
  codice Max Meyer 1.298.5850 dal telaio 16.001 al 36.700
- Blu Pavone
  codice Max Meyer 1.298.7220 dal 1966 tutta la produzione

Fondo Antiruggine Nocciola codice MaxMeyer 3000M fino al 1967 poi fondo Antiruggine Grigio codice MaxMeyer 8012M

Cerchi, tamburi, mozzi, forcella e copriventola color Alluminio codice MaxMeyer 1.298.0983

180 Rally VSD1T

- Argento metallizzato Lunacrom

MaxMayer code 1.298.6399 from 1968 to 1969
- *Metallic Chiaro di Luna*
  MaxMayer code 2.268.0108 from 1969
- *Coral Red*
  MaxMayer code 1.298.5811 from 1971
- *Blue*
  MaxMayer code 2.298.7230 from 1972
- *China Blue*
  MaxMayer code 1.298.7402 from 1973
- *Polaris Grey*
  MaxMayer code 1.268.8200 from 1973

Grey rustproofing MaxMayer code 8012M

Wheels, drums, hubs, fork and fan cover Aluminium Silver MaxMayer code 1.298.0983

150 VBB1T

- *Single colour Metallic Blue*
  MaxMayer code 1.268.0890

Hazelnut rustproofing MaxMayer code 3000M

Body-coloured wheels, hubs and fork

Fan cover Aluminium Silver MaxMayer code 1.268.0983

150 VBB2T

- *Single colour solid Mid Blue*
  MaxMayer code 1.268.7213
- *Hazelnut rustproofing*
  MaxMayer code 3000M

Body-coloured wheels, hubs and fork

Fan cover Aluminium Silver MaxMayer code 1.268.0983

150 GL VLA1T

- *Single colour Ivory*
  MaxMayer code 1.298.3909
- *Hazelnut rustproofing*
  MaxMayer code 3000M

Body-coloured wheels, drums, hubs and fork

Fan cover Aluminium Silver MaxMayer code 1.268.0983

150 Super VBC1T

- *Single colour Light Blue*
  MaxMayer code 1.298.7210

Hazelnut rustproofing MaxMayer code 3000M until 1967 then Grey rustproofing MaxMeyer code 8012M

Wheels, drums, hubs, fork and fan cover Aluminium Silver MaxMayer code 1.268.0983

150 Sprint VLB1T - VLB2T

- *Single colour Metallic Blue Grey*
  MaxMayer code 1.268.0110

Hazelnut rustproofing 3000M until 1967 then Grey rustproofing MaxMeyer code 8012M

Wheels, drums, hubs, fork and fan cover Aluminium Silver MaxMayer code 1.298.0983

160 GS VSB1T

- *Single colour Lead Grey*
  MaxMayer code 1.298.8714

Wheel rims, fan cover, spare wheel cover and front hub Aluminium Silver MaxMayer code 1.298.0983

Hazelnut rustproofing MaxMeyer code 3000M

Wheels, drums, hubs, fork and fan cover Aluminium Silver MaxMeyer code 1.298.0983

180 SS VSC1T

- *Hawthorn White*
  MaxMeyer code 1.298.1715 until frame No. 36.700
- *Red*

- codice MaxMeyer 2.268.0103 dal 1969*
- Giallo Positano
codice MaxMayer 1.298.2902 dal 1968 al 1969
- Giallo Arancio
codice MaxMayer 1.298.2916 dal 1968 al 1969
- Argento Metallizzato
codice MaxMayer 1.268.0103 dal 1969 al 1970
- Chiaro di Luna metallizzato
codice MaxMeyer 1.268.108 dal 1970 al 1973
- Giallo Cromo
codice MaxMayer 1.298.2933 - dal 1970 al 1973

Fondo Antiruggine Grigio codice MaxMeyer 8012M

Cerchi, tamburi, mozzi, forcella e copriventola color Alluminio codice MaxMeyer 1.298.0983

*Colore soprannominato cipolla perché invecchiando tendeva al rossastro.

50 R V5A1T

- Argento metallizzato Lunacrom
codice MaxMeyer 2.268.0103 dal 1969*
- Turchese
codice MaxMeyer 1.298.7240 - 1969
- Giallo Positano
codice MaxMeyer 1.298.2902 - 1970
- Chiaro di Luna metallizzato
codice MaxMeyer 2.268.0108 – dal 1970 al 1979

- Giallo Cromo
codice MaxMeyer 1.298.2933 - 1972
- Blu
codice MaxMeyer 1.298.7490 -1972
- Arancio
codice MaxMeyer 1.298.4907 - 1973
- Azzurro Cina
codice MaxMeyer 1.298.7402 – 1973
- Amaranto
codice MaxMeyer 1.298.5835 - 1974
- Blu
codice MaxMeyer 1.298.7450 – 1974
- Rosso Corsa
codice MaxMeyer 1.298.5806 - 1975
- Beige Versailles
codice MaxMeyer 1.298.2580 – 1975
- Blu Marine
codice MaxMeyer 1.298.7275 - dal 1976 al 1983
- Giallo Texas
codice MaxMeyer 1.298.2935 - 1976
- Rosso Lacca
codice MaxMeyer 1.298.5895
- Grigio Metallizzato
codice Piaggio PM 2/1 -1980

Fondo Antiruggine Grigio codice MaxMeyer 8012M, dal 1982 più scuro indicato come RAL 7010.

Cerchi, tamburi, mozzi, forcella e copriventola color Alluminio codice MaxMeyer 1.298.0983

*Colore soprannominato cipolla perché invecchiando tendeva al rossastro.

50 Special V5A2T – V5B1T – V5B3T

- Argento metallizzato Lunacrom
codice MaxMeyer 2.268.0103 dal 1969*
- Giallo Cromo
codice MaxMeyer 1.298.2933 dal 1969
- Chiaro di luna metallizzato
codice MaxMeyer 2.268.0108 dal 1970
- Rosso Corallo
codice MaxMeyer 1.298.5811 (PIA 801) dal 1971
- Biancospino
codice MaxMeyer 1.298.1715 (PIA715) dal 1971
- Rosso
codice MaxMeyer 1.298.5847 (PIA 2/1) dal 1972
- Rosso corsa
codice MaxMeyer 1.298.5806 (PIA 2/5) dal 1973
- Rosso Katmandu
codice MaxMeyer 1.298.5875 dal 1975
- Rosso Tenerife
codice MaxMeyer 1.298.5870 (PIA 870) dal 1975
- Verde Jungla

MaxMeyer code 1.298.5847 until frame No. 16.000
- Red
MaxMeyer code 1.298.5850 from frame No. 16.001 to 36.700
- Peacock Blue
MaxMeyer code 1.298.7220 from 1966 to end production

Hazelnut rustproofing MaxMeyer code 3000M until 1967 then Grey rustproofing MaxMeyer code 8012M

Wheels, drums, hubs, fork and fan cover Aluminium Silver MaxMeyer code 1.298.0983

180 Rally VSD1T

- *Lunacrom Metallic Silver*
MaxMeyer code 2.268.0103 from 1969*
- *Positano Yellow*
MaxMeyer code 1.298.2902 from 1968 to 1969
- *Orange Yellow*
MaxMeyer code 1.298.2916 from 1968 to 1969
- *Metallic silver*
MaxMeyer code 1.268.0103 from 1969 to 1970
- *Metallic Chiaro di Luna*
MaxMeyer code 1.268.108 from 1970 to 1973
- *Chrome Yellow*

MaxMeyer code 1.298.2933 - from 1970 to 1973

Grey rustproofing MaxMeyer code 8012M

Wheels, drums, hubs, fork and fan cover MaxMeyer code 1.298.0983

*Colour nicknamed "Cipolla" or Onion as it tended to redden as it aged.

50 R V5A1T

- *Lunacrom Metallic Silver*
MaxMeyer code 2.268.0103 from 1969*
- *Turquoise*
MaxMeyer code 1.298.7240 - 1969
- *Positano Yellow*
MaxMeyer cod 1.298.2902 - 1970
- *Metallic Chiaro di Luna*
MaxMeyer code 2.268.0108 – dal 1970 al 1979
- *Chrome Yellow*
MaxMeyer code 1.298.2933 - 1972
- *Blue*
MaxMeyer code 1.298.7490 -1972
- *Orange*
MaxMeyer code 1.298.4907 - 1973
- *Chine Blue*
MaxMeyer code 1.298.7402 – 1973

- *Amaranto MAroon*
MaxMeyer code 1.298.5835 - 1974
- *Blue*
MaxMeyer code 1.298.7450 – 1974
- *Rosso Corsa*
MaxMeyer code 1.298.5806 - 1975
- *Versailles Beige*
MaxMeyer code 1.298.2580 – 1975
- *Marine Blue*
MaxMeyer code 1.298.7275 - from 1976 to 1983
- *Texas Yellow*
MaxMeyer code 1.298.2935 - 1976
- *Lacquer Red*
MaxMeyer code 1.298.5895
- *Metallic Grey*
Piaggio code PM 2/1 -1980

Grey rustproofing MaxMeyer code 8012M, from 1982 darker and indicated as RAL 7010.

Wheels, drums, hubs, fork and fan cover Aluminium Silver MaxMeyer code 1.298.0983

*Colour nicknamed "Cipolla" or Onion as it tended to redden as it aged.

- codice MaxMeyer 1.298.6380 (PIA 380) dal 1977
- Verde Vallombrosa
  codice MaxMeyer - 1.298.6590 (PIA 590) dal 1978
- Azzurro Cina
  codice MaxMeyer 1.298.7402 (P 402) (rinominato dal 1980 P 8/1) dal 1979
- Rosso tabacco
  codice P 3/3 dal 1980
- Arancio
  codice P 3/3 dal 1980
- Azzurro
  codice metallizzato: P 5/2 dal 1981

Fondo Antiruggine Grigio codice MaxMeyer 8012M, dal 1982 più scuro indicato come RAL 7010.

Cerchi, tamburi, mozzi, forcella e copriventola color Alluminio codice MaxMeyer 1.298.0983

*Colore soprannominato cipolla perché invecchiando tendeva al rossastro.

50 Elestart V5A3T – V5B2T – V5B4T

- Argento metallizzato Lunacrom
  codice MaxMeyer 2.268.0103 dal 1969*
- Blu
  codice MaxMeyer 1.298.7490 dal 1969
- Giallo Cromo
  codice MaxMeyer 1.298.2933 dal 1969

- Chiaro di Luna metallizzato
  codice MaxMeyer 2.268.0108 dal 1970
- Biancospino
  codice MaxMeyer 1.298.1715 dal 1971
- Rosso corallo
  codice MaxMeyer 1.298.5880 dal 1971
- Rosso
  codice MaxMeyer 1.298.5847 dal 1972
- Rosso Corsa
  codice MaxMeyer 1.298.5806 dal 1973
- Rosso Katmandu
  codice MaxMeyer 1.298.5875 dal 1975

Fondo Antiruggine Grigio codice MaxMeyer 8012M

Cerchi, tamburi, mozzi, forcella e copriventola color Alluminio codice MaxMeyer 1.298.0983

*Colore soprannominato cipolla perché invecchiando tendeva al rossastro.

125 ET3 VMB1T

- Blu Jeans
  codice MaxMeyer 1.298.7228 dal 1976 al 1977
- Biancospino
  codice MaxMeyer 1.298.1715 o PM 9/6 dal 1976 *
- Nero pastello 601**
- Chiaro di Luna Metallizzato
  codice MaxMeyer 1.268.108 dal 1977

- Blu Marine
  codice MaxMeyer 1.298.7275 dal 1977 a fine produzione
- Vallombrosa
  codice MaxMeyer 1.298.6590 dal 1977 *
- Grigio Metallizzato
  Codice PM 2/1 dal 1980
- Rosso
  codice P 2/1 dal 1980
- Azzurro Metallizzato
  codice MaxMeyer 1.298.7201 o PM 5/2 dal 1982 a fine produzione

Fondo Antiruggine Grigio codice MaxMeyer 8012M, dal 1982 più scuro indicato come RAL 7010

Cerchi, tamburi, mozzi e forcella color Alluminio codice MaxMeyer 1.298.0983

Copriventola, fodero dell'ammortizzatore anteriore, biscotto copri mozzo e supporto porta targa: Grigio Scuro quasi nero - codice RAL 7021 grigio/nerastro

*colore utilizzato ma non riportato nelle tabelle ufficiali Piaggio ma esaminati esemplari conservati.
**colore su ordinazione dal 1976.

125 TS VNL3T

- Chiaro di Luna metallizzato

---

50 Special V5A2T - V5B1T - V5B3T

- Lunacrom metallic silver
  MaxMeyer code 2.268.0103 from 1969*
- Chrome Yellow
  MaxMeyer code 1.298.2933 from 1969
- Metallic Chiaro di luna
  MaxMeyer code 2.268.0108 from 1970
- Coral Red
  MaxMeyer code 1.298.5811 (PIA 801) from 1971
- Hawthorn White
  MaxMeyer code 1.298.1715 (PIA715) from 1971
- Red
  MaxMeyer code 1.298.5847 (PIA 2/1) from 1972
- Rosso corsa
  MaxMeyer code 1.298.5806 (PIA 2/5) from 1973
- Katmandu Red
  MaxMeyer code 1.298.5875 from 1975
- Tenerife Red
  MaxMeyer code 1.298.5870 (PIA 870) from 1975
- Jungle Green
  MaxMeyer code 1.298.6380 (PIA 380) from 1977
- Vallombrosa Green
  MaxMeyer code 1.298.6590 (PIA 590) from 1978

- Chine Blue
  MaxMeyer code 1.298.7402 (P 402) (renamed from 1980 P 8/1) from 1979
- Tobacco Red
  P code 3/3 from 1980
- Orange
  P code 3/3 from 1980
- Metallic Blue
  P code 5/2 from 1981

Grey rustproofinng MaxMeyer code 8012M, from 1982 darker and indicated as RAL 7010.

Wheels, drums, hubs, fork and fan cover Aluminium Silver MaxMeyer code 1.298.0983

*Colour nicknamed "Cipolla" or Onion as it tended to redden as it aged.

50 Elestart V5A3T - V5B2T - V5B4T

- Lunacrom Metallic Silver
  MaxMeyer code 2.268.0103 from 1969*
- Blue
  MaxMeyer code 1.298.7490 from 1969
- Chrome Yellow
  MaxMeyer code 1.298.2933 from 1969
- Metallic Chiaro di Luna
  MaxMeyer code 2.268.0108 from 1970
- Hawthorn White
  MaxMeyer code 1.298.1715 from 1971
- Coral Red
  MaxMeyer code 1.298.5880 from 1971
- Red
  MaxMeyer code 1.298.5847 from 1972
- Rosso Corsa
  MaxMeyer code 1.298.5806 from 1973
- Katmandu Red
  MaxMeyer code 1.298.5875 from 1975

Grey rustproofing MaxMeyer code 8012M

Wheels, drums, hubs, fork and fan cover Aluminium Silver MaxMeyer code 1.298.0983

*Colour nicknamed "Cipolla" or Onion as it tended to redden as it aged.

125 ET3 VMB1T

- Blue Jeans
  MaxMeyer code 1.298.7228 from 1976 to 1977
- Hawthord White
  MaxMeyer code 1.298.1715 or PM 9/6 from 1976 *
- Solid Black 601**
- Metallic Chiaro di Luna

codice MaxMeyer 2.268.0108 dal 1975 al 1977 *
- Rosso Katmandu
  codice MaxMeyer 1.298.5875 dal 1975
- Biancospino
  codice MaxMeyer 1.298.1715 dal 1976
- Verde
  codice MaxMeyer 1.298.6380 dal 1977

Fondo Antiruggine Grigio codice MaxMeyer 8012M

Cerchi, tamburi, mozzi, forcella e copriventola color Alluminio codice MaxMeyer 1.298.0983

*Colore optional a pagamento.

P125X VNX1T - PX125E VNX2T

- Biancospino
  codice MaxMeyer 1.298.1715 (codice P9/6) dal 1977 al 1983
- Blu marine
  codice MaxMeyer 1.298.7275 (codice P8/9) dal 1977 al 1979
- Chiaro di luna metallizzato
  codice MaxMeyer 1.268.0108 (codice P 108) dal 1977 al 1979
- Nero
  codice MaxMeyer 9000M (P9/10) dal 1980 al 1983 solo su richiesta

- Rosso
  codice MaxMeyer (P2/1) dal 1980
- Azzurro Metallizzato
  codice MaxMeyer 7002M (PM 5/2) dal 1980 al 1983

Fondo Antiruggine Grigio codice MaxMeyer 8012M

Cerchi, tamburi, mozzi, forcella e copriventola color Alluminio codice MaxMeyer 1.298.0983

150 Sprint Veloce VLB1T

- Argento metallizzato "Lunacrom"
  codice MaxMeyer 1.268.0103 dal 1969 *
- Blu
  codice MaxMeyer 1.298.7230 dal 1970
- Chiaro di Luna metallizzato
  codice MaxMeyer 2.268.0108 dal 1971
- Rosso
  codice MaxMeyer 1.298.5847 dal 1972
- Verde Ascot
  codice MaxMeyer 1.298.6307 dal 1973 al 1974
- Verde Vallombrosa
  codice MaxMeyer 1.298.6590 dal 1975
- Blu Marine
  codice MaxMeyer 1.298.7275 dal 1976
- Grigio Polaris
  codice MaxMeyer 1.268.8200 dal 1976

Fondo Antiruggine Grigio codice MaxMeyer 8012M

Cerchi, tamburi, mozzi, forcella e copriventola color Alluminio codice MaxMeyer 1.298.0983

*Colore soprannominato cipolla perché invecchiando tendeva al rossastro.

P150X – PX150E VLX1T

- Biancospino
  codice MaxMeyer 1.298.1715 (P9/6) dal 1978 al 1979
- Blu Marine
  codice MaxMeyer 1.298.7275 (P8/9) dal 1978 al 1983
- Chiaro di Luna metallizzato
  codice MaxMeyer 1.268.0108 (P 108) dal 1978 al 1979
- Azzurro Cina
  codice MaxMeyer 1.298.7402 (P402) dal 1978 al 1979
- Sabbia
  codice MaxMeyer 3002M (P4/5) dal 1980 al 1983
- Azzurro Metallizzato
  codice MaxMeyer 7002M (P5/2) dal 1981 al 1983

Fondo Antiruggine Grigio codice MaxMeyer 8012M

Cerchi, tamburi, mozzi, forcella e copriventola color Alluminio codice MaxMeyer 1.298.0983

200 Rally VSE1T

- Rosso Canyon
  codice MaxMayer 1.298.5921 dal 1972

MaxMeyer code 1.268.108 from 1977
- Marine Blue
  MaxMeyer code 1.298.7275 from 1977 to end production
- Vallombrosa Green
  MaxMeyer code 1.298.6590 from 1977 *
- Metallic Grey
  PM code 2/1 from 1980
- Red
  P code 2/1 from 1980
- Metallic Blue
  MaxMeyer code 1.298.7201 or PM 5/2 from 1982 to end production

Grey rustproofing MaxMeyer code 8012M, from 1982 darker and indicated as RAL 7010

Wheels, drums, hubs and fork Aluminium Silver MaxMeyer code 1.298.0983

Fan cover, front damper shroud, hub cover and number plate holder Dark Grey, almost Black, RAL 7021 blackish grey

*colour not recorded in the official Piaggio charts but used and examined on conserved examples.
**colour available to order from 1976.

125 TS VNL3T

- Metallic Chiaro di Luna

MaxMeyer code 2.268.0108 from 1975 to 1977 *
- Katmandu Red
  MaxMeyer code 1.298.5875 from 1975
- Hawthorn White
  MaxMeyer code 1.298.1715 from 1976
- Green
  MaxMeyer code 1.298.6380 from 1977

Grey rustproofing MaxMeyer code 8012M

Wheels, drums, hubs, fork and fan cover Aluminium Silver MaxMeyer code 1.298.0983

*Optional colour at extra cost.

P125X VNX1T - PX125E VNX2T

- Hawthorn white
  MaxMeyer code 1.298.1715 (P9/6) from 1977 to 1983
- Marine Blue
  MaxMeyer code 1.298.7275 (P8/9) from 1977 to 1979
- Metallic Chiaro di luna
  MaxMeyer code 1.268.0108 (P 108) from 1977 to 1979
- Black
  MaxMeyer code 9000M (P9/10) from 1980 to 1983 to order only
- Red

MaxMeyer code (P2/1) from 1980
- Metallic Blue
  MaxMeyer code 7002M (PM 5/2) from 1980 to 1983

Grey rustproofing MaxMeyer code 8012M

Wheels, drums, hubs, fork and fan colour Aluminium Silver MaxMeyer code 1.298.0983

150 Sprint Veloce VLB1T

- Lunacrom Metallic Silver
  MaxMeyer code 1.268.0103 from 1969*
- Blue
  MaxMeyer code 1.298.7230 from 1970
- Metallic Chiaro di Luna metallizzato
  MaxMeyer code 2.268.0108 from 1971
- Red
  MaxMeyer code 1.298.5847 from 1972
- Ascot Green
  MaxMeyer code 1.298.6307 from 1973 to 1974
- Vallombrosa Green
  MaxMeyer code 1.298.6590 from 1975
- Marine Blue
  MaxMeyer code 1.298.7275 from 1976
- Polaris Grey

237

- Grigio Polaris
  codice MaxMayer 1.268.8200 dal 1972
- Rosso Corsa
  codice MaxMayer 1.298.5806 dal 1973 al 1975
- Chiaro di Luna metallizzato
  codice MaxMayer 2.268.0108 dal 1973 al 1979
- Rosso Lacca
  codice MaxMayer 1.298.5895 dal 1977 al 1979
- Rosso Corallo
  codice MaxMayer 1.298.5880 dal 1976

Fondo Antiruggine Grigio codice MaxMeyer 8012M

Cerchi, tamburi, mozzi, forcella e copriventola color Alluminio codice MaxMeyer 1.298.0983

P200E – PX200E VSX1T

- Rosso Lacca
  codice MaxMeyer 1.298.5895 dal 1977 al 1979
- Blu marine
  codice MaxMeyer 1.298.7275 (P8/9) dal 1977 al 1978
- Chiaro di Luna metallizzato
  codice MaxMeyer 1.268.0108 (P 108) dal 1977 al 1979
- Biancospino
  codice MaxMeyer 1.298.1715 (P9/6) dal 1977 al 1979
- Azzurro Metallizzato
  codice MaxMeyer 7002M (P5/2) dal 1981

- Tabacco
  codice MaxMeyer 3003M (codificato Piaggio come Arancio 3/3) dal 1980
- Rosso
  codice P2/1dal 1981 al 1982
- Sabbia
  codice MaxMeyer 3002M (P4/5) dal 1981 al 1983
- Grigio Azzurro Metallizzato
  PM5/4 dal 1982 al 1983
- Rosso Cina
  codice P2/4) dal 1983

Fondo Antiruggine Grigio codice MaxMeyer 8012M

Cerchi, tamburi, mozzi, forcella e copriventola color Alluminio codice MaxMeyer 1.298.0983

MaxMeyer code 1.268.8200 from 1976

Grey rustproofing MaxMeyer code 8012M

Wheels, drums, hubs, fork and fan cover Aluminium Silver MaxMeyer code 1.298.0983

*Colour nicknamed "Cipolla" or Onion as it tended to redden as it aged.

P150X - PX150E VLX1T

- Hawthorn White
  MaxMeyer code 1.298.1715 (P9/6) from 1978 to 1979
- Marine Blue
  MaxMeyer code 1.298.7275 (P8/9) from 1978 to 1983
- Metallic Chiaro di Luna
  MaxMeyer code 1.298.1715 (P9/6) from 1978 to 1979
- Marine Blue
  MaxMeyer code 1.298.7275 (P8/9) from 1978 to 1983
- Metallic Chiaro di Luna
  MaxMeyer code 1.268.0108 (P 108) from 1978 to 1979
- China Blue
  MaxMeyer code 1.298.7402 (P402) from 1978 to 1979
- Sand
  MaxMeyer code 3002M (P4/5) from 1980 to 1983
- Metallic Blue
  MaxMeyer code 7002M (P5/2) from 1981 to 1983

Grey rustproofing MaxMeyer code 8012M

Wheels, drums, hubs, fork and fan cover Aluminium Silver MaxMeyer code 1.298.0983

200 Rally VSE1T

- Canyon Red
  MaxMeyer code 1.298.5921 from 1972
- Polaris Grey
  MaxMeyer code 1.268.8200 from 1972
- Rosso Corsa
  MaxMeyer code 1.298.5806 from 1973 to 1975
- Metallic Chiaro di Luna
  MaxMeyer code 2.268.0108 from 1973 to 1979
- Lacquer Red
  MaxMeyer code 1.298.5895 from 1977 to 1979
- Coral Red
  MaxMeyer code 1.298.5880 from 1976

Grey rustproofing MaxMeyer code 8012M

Wheels, drums, hubs, fork and fan cover Aluminium Silver MaxMeyer code 1.298.0983

P200E - PX200E VSX1T

- Lacquer Red
  MaxMeyer code 1.298.5895 from 1977 to 1979
- Marine Blue
  MaxMeyer code 1.298.7275 (P8/9) from 1977 to 1978
- Metallic Chiaro di Luna
  MaxMeyer code 1.268.0108 (P 108) from 1977 to 1979
- Hawthorn White
  MaxMeyer code 1.298.1715 (P9/6) from 1977 to 1979
- Metallic Blue
  MaxMeyer code 7002M (P5/2) from 1981
- Tobacco
  MaxMeyer code 3003M (Piaggio code as per Orange 3/3) from 1980
- Red
  code P2/1 from 1981 to 1982
- Sand
  MaxMeyer code 3002M (P4/5) from 1981 to 1983
- Metallic Grey Blue
  PM5/4 from 1982 to 1983
- China
  Red P2/4 from 1983

Grey rustproofing MaxMeyer code 8012M

Wheels, drums, hubs, fork and fan cover Aluminium Silver MaxMeyer code 1.298.0983

Quando la passione diventa impresa

Mauro Pascoli si appassiona ai motori fin da bambino, grazie all'influenza del padre, proprietario di un'area di servizio Shell a Marina Romea. Nel 1975 si unisce come sub agente al concessionario Piaggio di Ravenna, dando inizio alla sua promettente carriera nel settore. Nel 1978 viene selezionato per partecipare ai corsi di aggiornamento professionale presso la rinomata scuola Piaggio a Pontedera e, negli anni '80, inizia a collezionare oggetti legati alla prestigiosa Casa Piaggio. Nel 1999 Pascoli decide di chiudere la concessionaria Piaggio al fine di concentrarsi sulla produzione di ricambi per Vespa vintage, dei quali, dal 1996, in occasione del 50° anniversario della Vespa, la richiesta era aumentata in maniera esponenziale. Grazie alla sua esperienza e all'accurata selezione di pezzi, si ritrova ad avere nel suo magazzino tutto ciò che i collezionisti e gli appassionati di Vespa cercavano. L'anno successivo, nel 2000, Pascoli inaugura il Museo della Vespa a Ravenna. Con il passare del tempo la sua collezione è cresciuta a tal punto da richiedere uno spazio più ampio e così il Museo ha trovato la sua collocazione in 500 metri quadrati presso il centro commerciale "MIR" per poi essere incluso nel circuito della Motor Valley accanto a marchi come Ferrari, Lamborghini e Maserati.
Oggi la sua collezione conta più di 200 esemplari esposti tra Vespa, Ape, Ciao, Vespa 400 e motori nautici, oltre a numerosi modellini, accessori originali e oggetti d'epoca legati alla cultura della Vespa in Italia.
La collezione è in costante crescita.
Pascoli è oggi un imprenditore, appassionato di mezzi Piaggio, specializzato nella rivendita e produzione di pezzi di ricambio vintage. La sua principale preoccupazione è assicurare la massima qualità dei pezzi. In altre parole, Pascoli si considera prima di tutto un appassionato collezionista che ha poi messo a disposizione di tutti i collezionisti la sua lunga esperienza.

When passion becomes business

Mauro Pascoli's mechanical passion developed as a child, thanks to the influence of his father, owner of a Shell service station in Marina Romea. In 1975 he joined the Piaggio dealer in Ravenna as a sub-agent, beginning what was promising career in the sector. In 1978, he was selected to attend refresher courses at the renowned Piaggio school in Pontedera and, in the 1980s, began collecting objects related to the prestigious Piaggio company. In 1999, Pascoli decided to close the Piaggio dealership and focus on the production of vintage Vespa parts, for which demand had increased exponentially since 1996, the Vespa's 50th anniversary. Thanks to his experience and careful selection of parts, he found himself with everything collectors and Vespa enthusiasts were looking for in his warehouse. The following year, in 2000, Pascoli opened the Vespa Museum in Ravenna. As time passed, his collection grew to such an extent that it required larger premises and the Museum found a home in 500 square metres at the "MIR" shopping centre and was then included in the Motor Valley circuit alongside marques such as Ferrari, Lamborghini and Maserati.
Today, its collection boasts more than 200 exhibits including examples of the Vespa, Ape, Ciao, Vespa 400 and marine engines, as well as numerous models, original accessories and vintage objects related to Vespa culture in Italy. The collection is constantly growing.
Pascoli is now an entrepreneur a Piaggio enthusiast and a specialist in the production and retailing of vintage spare parts. His main concern is to ensure the utmost quality of parts. In short, Pascoli considers himself first and foremost a passionate collector who has proudly made his long experience available to all collectors.

Finito di stampare presso D'Auria Printing, aprile 2024
Printed by D'Auria Printing, April 2024